A Pedagogia na Escola das Diferenças

Sobre o autor

Philippe Perrenoud, sociólogo, é professor na Université de Genève. Seus trabalhos sobres as desigualdades e o fracasso escolar fizeram com que se interessasse pela diferenciação do ensino e, mais globalmente, pelo currículo, pelo trabalho escolar, pelas práticas pedagógicas, pela inovação e pela formação dos professores.

Tem publicado pela Artmed: *Avaliação: da excelência à regulação das aprendizagens*, 1999; *Pedagogia diferenciada: das intenções à ação*, 2000; *Dez novas competências para ensinar*, 2000; *Ensinar: agir na urgência, decidir na incerteza*, 2001. Juntamente com Paquay, Altet e Charlier: *Formando professores profissionais: Quais estratégias? Quais competências*, 2001.

P455p   Perrenoud, Philippe
            A pedagogia na escola das diferenças: fragmentos de uma sociologia do fracasso / Philippe Perrenoud; tradução Cláudia Schilling. – Porto Alegre: Artmed, 2001.
            230 p. ; 23 cm.

            ISBN 978-85-7307-839-8

            1. Educação – Sociologia pedagógica. I. Título.

                                               CDU 37.015.4

Catalogação na publicação: Mônica Ballejo Canto – CRB 10/1023

A Pedagogia na Escola das Diferenças
Fragmentos de uma sociologia do fracasso

PHILIPPE PERRENOUD
2ª edição

Tradução
Cláudia Schilling

Consultoria, supervisão e revisão técnica desta edição
Cristina Dias Allessandrini
*Doutora em Psicologia Escolar e do Desenvolvimento Humano pela Universidade de São Paulo.
Psicopedagoga e arte-terapeuta*

Reimpressão 2021

2001

Obra originalmente publicada sob o título
La pédagogie à l'école des différences

© ESF éditeur, 1996
ISBN 2-7101-1101-2

Capa:
Ângela Fayet – Programação Visual

Preparação do original:
Maria Lúcia Barbará

Leitura final:
Elisângela Rosa dos Santos

Supervisão editorial:
Mônica Ballejo Canto

Editoração eletrônica
Art & Layout – Assessoria e Produção Gráfica

Reservados todos os direitos de publicação, em língua portuguesa, à
ARTMED® EDITORA S.A.
Av. Jerônimo de Ornelas, 670 - Santana
90040-340 Porto Alegre RS
Fone (51) 3027-7000 Fax (51) 3027-7070

É proibida a duplicação ou reprodução deste volume, no todo ou em parte,
sob quaisquer formas ou por quaisquer meios (eletrônico, mecânico, gravação,
fotocópia, distribuição na Web e outros), sem permissão expressa da Editora.

SÃO PAULO
Av. Embaixador Macedo Soares, 10.735 - Pavilhão 5 - Cond. Espace Center
Vila Anastácio 05095-035 São Paulo SP
Fone (11) 3665-1100 Fax (11) 3667-1333

SAC 0800 703-3444

IMPRESSO NO BRASIL
PRINTED IN BRAZIL
Impresso sob demanda na Meta Brasil a pedido de Grupo A Educação.

Sumário

PRÓLOGO

O tratamento maciço das doenças infantis no planeta Kafka 9

INTRODUÇÃO

O fracasso escolar incomoda vocês?
Talvez seja possível fazer algo 15
    Em primeiro lugar, é preciso que o fracasso escolar incomode! 15
    A seguir, é preciso negar a fatalidade do fracasso 17
    Uma abordagem sistêmica 18
    A tríplice fabricação do fracasso 20
    Indiferença às diferenças, realmente? 22
    Entre a psicanálise e a antropologia 24
    Pedagogias diferenciadas 26
    Plano da obra 28

1 *Five Easy Pieces* 33
    Da individualização à diferenciação: tudo se complica! 33
    A diferenciação sonhada 37
    Diferenciar tudo logo! 42
    "A manteiga e o creme da manteiga":
    ambigüidades da diferenciação 48
    Cultura escolar, cultura elitista? 53

2 A desigualdade cotidiana diante do sistema de ensino: a ação pedagógica e a diferença 61

O tratamento das diferenças 61
Os professores do ensino fundamental e a desigualdade 66
Diversidade dos alunos e animação do grupo-classe 69
Relação pedagógica e distância cultural 78
A ação pedagógica não é indiferenciada 88
Imagens das diferenças, diferenciação das imagens 100
O ensino é um ofício impossível? 111

3 As novas pedagogias são elitistas? 117

Reflexões sobre as contradições da escola ativa 117
Uma questão com duas facetas 119
Uma ideologia próxima das novas classes médias 122
A organização invisível 124
A recusa da avaliação e da seleção 125
Relação com o saber e motores da aprendizagem 126
A criança no centro do mundo 127
Trabalho e jogo 128
Privilegiar as aprendizagens fundamentais 129
À guisa de conclusão 131

4 Diferenciação do ensino: resistências, lutos e paradoxos 133

Assumir o luto 134
Paradoxos 141

5 Organizar a individualização dos percursos de formação: medos a superar e habilidades a construir 145

O currículo real já é individualizado! 145
Contra uma individualização deixada ao acaso 151
Agir em diversos níveis 155

Os obstáculos no nível do sistema de ensino 158
Os obstáculos no nível do estabelecimento 165
Os obstáculos no nível das interações didáticas 170
Devemos nos desesperar? 176

6 Ciclos pedagógicos e projetos escolares: é fácil dizer! 179

Viver uma época formidável! 180
Enriquecer sua caixa de ferramentas 183
Aprender a trabalhar em conjunto 186
Trabalhar consigo mesmo 189
Concluir? 191

7 Perspectivas: contra o pensamento mágico! 193

Mudar de identidade e de satisfações profissionais 195
Mudar a relação com a cooperação profissional 197
Mudar a relação com os saberes, a aprendizagem, o sentido 202
Mudar a relação com as pessoas e as famílias 205
Mudar a relação com a mudança 206
De novo, a profissionalização do ofício 209
A reprodução acabou? 210

Referências bibliográficas 215

Prólogo

O TRATAMENTO MACIÇO DAS DOENÇAS INFANTIS NO PLANETA KAFKA[1]

Memorando para a Academia de etnografia extragalática
I. van Hill Hitch, sócio-explorador independente

Kafka é o único planeta habitado deste pequeno sistema escolar. Nele coexistem inúmeras espécies vivas. A espécie dominante conta com diversos bilhões de indivíduos, que formam sociedades diferentes, muitas vezes em conflito.

Nas sociedades mais ricas, todas as crianças parecem nascer com uma grave doença. Não é mortal; porém, se não for tratada a tempo, impede que o indivíduo torne-se um adulto pleno.

O tratamento é bastante longo e complicado, e não pode ser aplicado pelas próprias famílias. Disseram-me que, se cada criança fosse tratada em sua família por um médico, seria preciso um número tão grande de médicos que a produção de alimentos não seria suficiente. Por isso, as crianças são maciçamente internadas em hospitais. Para não perderem o vínculo com suas famílias, são colocadas em pequenos "hospitais-dia", próximos às suas casas. Neles, passam algumas horas pela manhã e pela tarde. No meio do dia, interrompem o tratamento para fazer uma refeição, ritual muito importante nessas sociedades.

Antigamente, apenas as famílias que quisessem iniciavam o tratamento de seus filhos. Muitas nem pensavam nisso ou não consideravam a cura necessária. Há cerca de 100 anos, porém, diante da insistência dos médicos, o tratamento tornou-se obrigatório. Os pais que se negam a tratar dos filhos são fortemente penalizados.

Por motivos que não consegui elucidar, o tratamento só é obrigatório depois dos seis anos de idade. Talvez seja para que a criança fique com a família no momento em que os pais estão mais ligados a ela. Talvez a internação de crianças muito pequenas seja complicada demais. Não sei. As autoridades aconselham que as próprias famílias comecem o tratamento o mais cedo possível. Elas recebem vários conselhos nesse sentido. Se estiverem preocupadas com a cura de seu filho, podem consultar um médico ou optar por uma hospitalização precoce a partir dos dois ou quatro anos. Não é obrigatório, mas as famílias que não tentam fazer nada antes dos seis anos são cada vez mais raras e são consideradas irresponsáveis pelo ambiente que as rodeia.

O tratamento estende-se por muitos anos, no mínimo nove. Os primeiros seis são exatamente iguais para todas as crianças, exceto para um número muito pequeno de casos mais graves, tratados por clínicas especializadas. Essa primeira parte, chamada de tratamento básico pelos médicos, é dividida em seis fases anuais. A partir dos seis anos, as crianças são hospitalizadas e passam a receber a primeira fase. Um ano depois, em geral para a segunda fase, um ano depois para a terceira, e assim por diante. Se a doença não regrediu o suficiente no final de uma fase anual, o médico, de acordo com o chefe da clínica, pode decidir por renovar a aplicação da mesma fase de tratamento. Parece que a passagem direta para a fase seguinte não seria benéfica. Cada fase é concebida para ser eficaz em uma etapa definida da cura. Alguns aspectos do tratamento são comuns a todas as fases, mas outros aspectos relacionam-se apenas aos primeiros anos, ou só são desenvolvidos mais tarde.

Em cada uma das fases do tratamento básico – que dura de seis a oito anos, conforme a evolução da doença –, as crianças são confiadas a clínicos gerais, formados para aplicar todas as facetas do tratamento. Relataram-se que, antes de os tratamentos tornarem-se obrigatórios, um médico assumia o cuidado de mais de 100 doentes, às vezes 150. Nesse caso, era auxiliado por uma ou várias enfermeiras. À medida que ocorreram progressos técnicos na produção de alimentos, tornou-se possível destinar um maior número de pessoas ativas à medicina. Na maioria dos hospitais-dia que visitei, confia-se atualmente cerca de 25 doentes a um médico, que se ocupa deles todos os dias durante o ano inteiro. Bem, quase todos os dias. Como o tratamento é bastante cansativo, é interrompido dois dias por semana e, às vezes, durante uma ou duas semanas consecutivas. Ouvi vários médicos queixarem-se de recaídas importantes nesses períodos. Outros se alegram por ter mais tempo para comer e dormir, ou mesmo para se formar em novas terapêuticas.

Falando com os médicos, pude constatar que muitos deles tinham a impressão de não serem tão eficazes quanto desejariam. Todos estão convencidos da necessidade de um tratamento de longa duração, mas alguns questionam a organização hospitalar. Eles percebem que as crianças enviadas para sua unidade de cuidados estão em condições muito diferentes do ponto de vista da regressão da doença. Em algumas, ocorre uma espécie de cura espontânea e elas poderiam limitar-se a um tratamento leve. Em outras, o tratamento começou desde a primeira infância e os progressos são satisfatórios. Em outras, porém nada foi feito, e seu estado é preocupante. Em porém, porém todas essas crianças diferentes são sujeitas à primeira fase do tratamento básico a partir dos seis anos de idade. Nem todas aproveitam essa primeira fase da mesma maneira, e as diferenças podem aumentar ano após ano. Uma minoria repete uma mesma fase, mas todos os médicos com quem falei não dissimularam seu ceticismo a esse respeito:

> Se ao menos, dizem eles, pudéssemos modular o tratamento, individualizá-lo... Mas isto é impossível. Cada caso mereceria uma terapia adaptada a seu estado, medicamentos particulares. Porém, a administração aplica os mesmos medicamentos a todos. No início do ano, recebemos uma verba proporcional ao efetivo de nossos doentes. Não é possível obter algo diferente. Devemos obedecer a um plano de tratamento muito limitado, que deve ter sido respeitado no final do ano. Isso restringe a escolha dos métodos terapêuticos. Por outro lado, nossa liberdade sobre esse ponto é bastante teórica. Os donos e os chefes da clínica são partidários de certos métodos. E nossa formação limita-se a eles.
>
> Se nos desviamos deles, temos de assumir o risco. Todavia, o que mais nos falta é tempo. Se dedicássemos duas horas por dia a cada doente, em particular, o tratamento progrediria otimamente. Para alguns, seria suficiente uma hora, enquanto outros exigiriam três horas. A cura seria garantida em nove anos, ou em muito menos. Contudo, não podemos nem sonhar com isso. Imaginem: as crianças mais jovens vêm ao hospital seis horas por dia.

Para 25 crianças, dá menos de dez minutos por pessoa! Então, somos obrigados a tratar todo o grupo coletivamente, ou pelo menos alguns subgrupos. Alguns doentes são bastante autônomos para se cuidar sozinhos. Outros se ajudam entre si. Mas isso é raro. Vocês sabem, são crianças. A maioria não percebe a gravidade de seu estado. Durante a infância e a adolescência, elas não sofrem, a doença não tem conseqüências. Nem imaginam o que as esperaria se nada fosse feito. Algumas tentam mas até mesmo evitar o tratamento! É preciso reconhecer que isso não é divertido todos os dias...

Encontrei muitos médicos desestimulados. Alguns pensam que não é possível fazer nada com um número tão grande de doentes. Outros afirmam que, se o tratamento fosse organizado de outra maneira, seria possível tratar de todos em menos tempo. No entanto, dizem eles, a administração hospitalar está preocupada, acima de tudo, em aplicar a ordem e gerenciar esse imenso conjunto de jovens doentes e médicos. Em particular, alguns administradores admitem que a divisão em fases de tratamento é discutível e que isso não é conveniente para todas as crianças. Também reconhecem que alguns aspectos dos tratamentos são inúteis para uma grande parte dos doentes. No entanto, preferem aplicá-los mesmo assim. Isso evita problemas com os pais, que estão muito interessados na cura de seus filhos. Quando os pais ouvem dizer que, em certo hospital, não se dispensa o mesmo tratamento que em outro, fazem um grande escândalo. Alguns médicos, amargos, consideram que muitos de seus colegas tiram partido da situação, aplicam sem maiores reflexões os tratamentos padronizados, redigem periodicamente seu relatório e dizem que, no fim das contas, quando uma doença é tão generalizada, não é possível curar a todos.

Outros, ao contrário, que são chamados de utópicos e sonhadores, dizem que, se as coisas mudassem e os tratamentos realmente fossem adaptados aos doentes, seria possível curar a todos, ou ao menos evitar, após seis anos de tratamento básico, que os doentes fossem orientados para caminhos diferentes.

Deve-se saber, com efeito, que no final do tratamento básico procede-se a um exame do estado de cada jovem doente, o que dá origem a um prognóstico. No caso de alguns, há muito se perdeu a esperança de uma cura total. Por isso, eles são orientados para alguns anos de tratamento final que lhes permitirá apenas sobreviver na sociedade, com um *status* social inferior e menor acesso aos bens alimentares ou outros. Se a cura parece possível, ou mesmo certa, a sociedade consente, então, em realizar um esforço particular. Seis anos de tratamento "pós-obrigatório" – além do tratamento básico – garantirão àqueles que são dignos um *status* mais invejados e um maior acesso ao consumo.

Nem todos se resignam a essa hierarquia social e econômica baseada no grau de cura, e o sistema hospitalar é tema de infinitos debates. Essa sociedade totalmente medicada, cuja organização é regida pela necessidade de cuidar de uma doença generalizada, é apenas uma das organizações estranhas que o viajante interestelar encontra quando se interessa pelas civilizações primitivas identificadas em galáxias longínquas. Sobre a própria doença, não posso dizer grande coisa. Ela não tem nada de comum com as raras patologias que subsistem em nosso planeta.

As poucas observações que consegui fazer fizeram-me lembrar algumas características da organização da nossa sociedade há 400 ou 500 anos. Acredita que, nos séculos XIX e XX, ainda não se dispunha de meios de aprendizagem instantâneos. A instrução das crianças preocupava muito os adultos, e eles criaram uma organização semelhante à da medicina no planeta Kafka. Um amigo historiador confirmou isso. Como observei que a cura de uma doença e a educação das crianças eram atividades muito pouco comparáveis, ele lembrou que os filantropos do final do século XIX gostavam de dizer o seguinte: "A doença mais grave, que ataca a todos e que deve ser tratada de forma prioritária, é a ignorância!" Naturalmente, isso não passava de uma metáfora. De qualquer modo, nego-me a acreditar que, mesmo há tantos séculos, tenha podido existir na Terra um sistema tão absurdo para a educação das crianças! No entanto, nos 100 anos em que percorro o universo, já vi inúmeras sociedades estranhas!

1º de abril de 2482

Nota

[1] Este documento excepcional levou-nos a uma deformação acidental do *continuum* espaço-temporal. Supomos que a projeção da escola no futuro, por uma compensação imprevisível, enviou fragmentos do futuro ao nosso presente (texto publicado em *Textes Libres Rapsodie*, 1982, n. 12, p. 65-72).

Introdução

O FRACASSO ESCOLAR INCOMODA VOCÊS? TALVEZ SEJA POSSÍVEL FAZER ALGO [1]

A primeira coisa a *ser feita* é refletir. Nos anos 60, surgiu a preocupação de lutar contra o fracasso escolar em diversos países, mas nunca foi elaborada uma teoria correta daquilo que acontece nem foram tiradas lições da experiência. A obsessão por passar à *ação* é uma tendência da maioria dos militantes dos movimentos pedagógicos e até mesmo dos pesquisadores da área da educação. Se fosse tão simples combater o fracasso escolar, o problema estaria resolvido. Mas a *realidade resiste,* temos de enfrentar a complexidade dos processos mentais e sociais, a ambivalência ou a incoerência dos atores e das instituições, as flutuações da vontade política, a renovação dos currículos e das didáticas, as rupturas teóricas e ideológicas ao longo das décadas. Para ter uma chance de combater de forma eficaz o fracasso escolar, para sair do pensamento mágico e dos esforços desordenados, precisamos, em primeiro lugar, de uma análise fundamentada, clara e compartilhada do problema.

Em primeiro lugar, é preciso que o fracasso incomode!

Isso não é evidente? Absolutamente. Tudo depende da imagem que se tem de suas causas e efeitos. Durante muito tempo, mesmo nas sociedades que caminhavam rumo à democracia e ao "progresso", considerou-se que a maioria das pessoas precisava apenas de uma instrução mínima. O fato de sair da escola aos 11 anos, mal sabendo ler e contar, não tinha nenhuma importância para as crianças destinadas a trabalhar no campo ou nas fábricas. Os espíritos mais esclarecidos chegavam a afirmar que a instrução é prejudicial para as almas simples, pois as incita a questionar sua condição e, às vezes, a ordem social.

O fracasso escolar é uma idéia moderna, que data de meados do século XX (Isambert-Jamati, 1985). Isso não significa que todas as crianças aprendiam na escola, mas que fazia parte da ordem das coisas que, no seio de uma geração, somente uma minoria tivesse pleno acesso à cultura. Sempre houve fracassos, porém eram parcialmente ocultos pela importância dos abandonos ou pela ausência total de escolarização. Os fracassos também eram mascarados pela estrutura escolar, que geralmente separava os alunos desde seu ingresso na escola: as crianças das classes favorecidas freqüentavam as pequenas classes dos liceus, enquanto as outras iam à escola primária*, que só, mais tarde em meados do século XX, tornou-se uma escola básica para todos. A segregação social precedia a seleção escolar e, até certo ponto, a dispensava, pois a condição de classe decidia o destino escolar mais que as aquisições intelectuais: um filho de burgueses não competia com um filho de camponeses ou de operários, pois jamais freqüentava os mesmos bancos escolares.

O fracasso escolar maciço, ao menos na escola elementar, só surgiu como fenômeno de massa quando quase todas as crianças foram reunidas e comparadas em um exame de ingresso no ensino secundário**. No entanto, isso não foi o bastante para, de repente, torna-se um problema. Parecia "normal" que a escola agrupasse crianças dotadas e outras não, crianças "nascidas para estudar" e outras nascidas para o trabalho manual a partir dos 12 anos. E mais normal ainda que o sucesso estivesse estreitamente vinculado à condição social de origem: era "a ordem das coisas". A exigência de igualdade não estava ausente, mas a escolarização e a alfabetização mínima de todos era suficiente para satisfazê-la. Para além disso aumentava o jogo, considerado "natural", das desigualdades.

---

* N. de R. Essas denominações referem-se ao sistema educacional francês.

**N. de R. O ensino secundário do sistema educacional francês equivale ao ensino médio do sistema educacional brasileiro

A PEDAGOGIA NA ESCOLA DAS DIFERENÇAS **17**

Seria preciso investigar a história de cada sistema escolar para descobrir o momento em que o fracasso escolar maciço dos filhos das classes populares tornou-se um problema social, um problema político no sentido amplo da organização da cidade, dos direitos e deveres dos cidadãos. Em geral, encontramos duas raízes:

– por um lado, a preocupação das classes dirigentes esclarecidas de sustentar a democracia e o desenvolvimento industrial, formando, ao mesmo tempo, eleitores e trabalhadores (os consumidores viriam mais tarde);
– por outro, as aspirações de justiça social das forças de esquerda.

A aliança dessas duas forças não é constante. Quando ocorre, é suficiente para gerar, ao mesmo tempo, uma má consciência e o sentimento de desperdício de talentos. Surge, então, a preocupação de democratizar o ensino e de garantir a alternância de diversas formas, mediante auxílios financeiros, medidas de descentralização, reformas de estruturas do ensino médio, além de medidas de luta contra o fracasso escolar desde os primeiros anos da escolaridade obrigatória.

A seguir, é preciso negar a fatalidade do fracasso

Durante séculos, a peste e todo tipo de doenças infecciosas foram consideradas maldições. A única forma de se proteger delas era rezar e não atrair a ira dos céus. Em nossa época, não contamos mais com a fé para evitar a desgraça. Isso não exclui o fatalismo diante de alguns fenômenos, por exemplo, as desigualdades ditas naturais. Quando estudamos de perto as desigualdades diante da doença ou da morte, a justiça ou o amor, percebemos que o papel do destino ou do acaso não é assim tão grande, que as desigualdades aparentemente mais biológicas ou genéticas estão enraizadas nas desigualdades sociais. O mesmo acontece com o fracasso escolar e as desigualdades escolares.

Nesses domínios, contam realmente apenas o saber e o sentido comuns, o que diz o homem da rua ou o que pensa a maioria das pessoas que se preocupa com a educação. É claro que a opinião de especialistas, psicólogos, geneticistas, lingüistas ou sociólogos pode influenciar as opiniões comuns. Assim, há alguns anos, Albert Jacquard, geneticista, está empenhando-se para acabar com a imagem da inteligência como patrimônio herdado, estável e mensurável. No entanto, os partidários daquilo que os soci-

18 PHILIPPE PERRENOUD

ólogos chamaram de *ideologia do dom* ainda formam uma legião. É bem mais simples e tranqüilizador pensar que existem crianças dotadas, que terão sucesso na escola, e outras menos dotadas, que devem resignar-se, se não ao fracasso, pelo menos a resultados medíocres que desembocarão em um destino sem glória. Podemos dizer, então, que isso está certo ou que é muito triste e injusto. Qual é a diferença, se não podemos fazer nada?

Os aborrecimentos começam quando pressentimos ou sabemos que "o fracasso escolar não é uma fatalidade" (CRESAS, 1981), que *o fracasso escolar é o fracasso da escola*, que as crianças não estão naturalmente destinadas a ser bons ou maus alunos, mas que assim se tornam devido a um funcionamento particular do sistema escolar. De repente, a escola é questionada ela é que deve mudar. Atualmente, isso não é evidente para todos. Em meados dos anos 60, Bloom (trad. 1979) demonstrava que, em situações adequadas de aprendizagem, 80% das crianças podem dominar 80% do programa da escola obrigatória. Esse é o postulado da *pedagogia de domínio* (Huberman, 1988). Poucas crianças são limitadas definitivamente por uma falta de desenvolvimento intelectual. A maioria delas é capaz de aprender coisas complexas, desde que ajustemos constantemente a mensagem e as exigências, os objetivos próximos e as situações didáticas aos seus recursos do momento.

Ao tratar todas as crianças como "iguais em direitos e deveres", conforme a expressão de Bourdieu (1966), a escola transforma diversas diferenças e desigualdades em fracassos e sucessos escolares. Embora algumas crianças já saibam ler e outras não, aos seis anos de idade, exige-se que todas saibam ler cerca de um ano mais tarde. Essa *indiferença às diferenças* (Bourdieu, 1966), própria da escola, contrasta com o tratamento diferenciado das pessoas no âmbito da saúde, da justiça e do trabalho social, por exemplo. Antes de apresentarmos a resposta evidente – é preciso diferenciar o ensino, partir para o *mastery learning* ou para *pedagogia do domínio* –, detenhamo-nos um instante na revolução que a perspectiva de Bloom ou Bourdieu representa com relação às explicações correntes das desigualdades no sucesso escolar.

Uma abordagem sistêmica

Se injetarmos o mesmo vírus em mil pessoas, não podemos esperar que todas reajam da mesma maneira: algumas morrerão ou quase, enquanto outras praticamente não serão afetadas. Para explicar tais diferenças, podemos invocar todo tipo de características individuais, que predispõem a contrair o vírus ou a reagir a ele. Tentamos, então, identificar os indivíduos com altos riscos, que acumulam *handicaps*. Esse modelo explicativo ainda funciona com relação ao fracasso escolar. Diante do mesmo tratamento – por exemplo, o ensino da leitura na primeira série – parece lógico que as crianças reajam de forma diferente em função de suas predisposições. Naturalmente, é importante saber se são características adquiridas, ou se estão sob o controle do patrimônio genético: isso não pode ser comparado, tanto no caso de uma doença viral quanto do fracasso escolar. Porém, nos dois casos, explicamos as diferenças individuais por meio de outras diferenças individuais, situadas mais acima na cadeia causal. Há um estímulo inicial, a injeção viral ou o ensino, mas como ele é o mesmo para todos, parece inútil discuti-lo.

Ora, o ensino é muito mais que um revelador das disposições individuais. É um *sistema de ação*, uma organização que transforma as pessoas, suas competências, assim como suas atitudes, suas representações, seus gostos. É um sistema que *pretende* instruir, exercer uma influência. Que diríamos de uma medicina que explicasse tudo pelas predisposições individuais, sem levar em conta o tratamento e seu eventual insucesso? A partir do momento em que pretendemos intervir, mudamos a configuração das causas. Atualmente, em uma sociedade desenvolvida, a medicina faz parte dos fatores de risco ou de sorte. A saúde deixou de ser um assunto puramente natural, pois o estado de saúde das pessoas manifesta, em parte, a qualidade dos cuidados preventivos ou curativos a elas oferecidos. Mesmo se esses cuidados fossem idênticos para todos em um determinado país, uma comparação internacional sumária mostraria que o estado de saúde da população depende do estado da medicina.

A responsabilidade do sistema escolar é mil vezes maior, já que nenhuma criança escapa dele e cada uma tem de ficar de 25 a 35 horas por semana, durante pelo menos 10 anos, sujeita à ação pedagógica da escola. Se a medicina preventiva pudesse encarregar-se das pessoas de uma forma assim tão autoritária e contínua, nenhuma doença seria perdoada!

A explicação do fracasso escolar não pode mais evitar a seguinte questão: se a escola dispõe de tanto poder sobre as pessoas, por que não consegue instruí-las? A intenção de instruir, aliada a recursos consideráveis, expõe à prestação de contas. Podemos apresentar o fato de maneira polêmica: *Para que serve ir à escola 9 ou 10 anos, se alguns saem dela sem ler fluentemente?* Ou podemos nos perguntar, mais serenamente, como tantos meios são incapazes de modificar a estrutura das desigualdades. O enunciado:

desigualdades iniciais $\Rightarrow$ ensino $\Rightarrow$ desigualdades finais

traduz uma enorme impotência de fazer outra coisa que simplesmente deslocar os desvios!

A tríplice fabricação do fracasso

Como a escola faz para fabricar sucessos e fracassos? Gostaria de distinguir três mecanismos complementares:

1. Em primeiro lugar está o currículo, em outras o caminho que desejamos que os alunos percorram. Nem todos palavras, partem do mesmo ponto e não dispõem dos mesmos recursos para avançar. Mas essa desigualdade, constantemente recriada ao longo dos cursos, por cada módulo de ensino um pouco novo, não é independente dos conteúdos, do nível de dificuldade, de abstração e de seletividade do currículo. Quando a cultura escolar é elitista, muito distanciada da língua e dos saberes das classes populares, aumentam os desvios. Isso é inevitável quando os objetivos de domínio ditam conteúdos exigentes ou aprendizagens precoces. Muitas vezes, os programas (currículo formal) são inutilmente elitistas, devido especialmente à tradição escolar, que perdura para além de estruturas e programas. O currículo real, transposição didática e tradução pragmática do currículo formal (Perrenoud, 1984, 1993d, 1994a), depende ainda mais da arbitrariedade dos estabelecimentos de ensino e dos professores. Estes últimos costumam antecipar os graus seguintes do programa ou introduzir objetos de ensino inventados por eles, o que provoca exigências exorbitantes. Uma das formas de fabricar desigualdades é por meio de escolhas de currículo (nos textos ou nas práticas), maximizar a distância inicial de alguns com relação à norma escolar, minimizando a distância dos outros. Há mui-

tas maneiras de nadar. Ao instituir uma delas como norma, privilegiamos todos os que estão familiarizados com ela, penalizando os outros. O mesmo acontece com a língua e os saberes.

2. A seguir, vem a ajuda que proporcionamos a cada um para percorrer o caminho. Aí surge o problema da indiferença às diferenças. Imaginemos que pessoas de diferentes condições queiram atingir o mesmo pico. As mais treinadas não precisarão de guia, enquanto as mais desfavorecidas precisarão de uma equipe inteira para chegar ao cume. Se propusermos a cada uma delas uma ajuda padronizada, no momento da chegada reencontraremos as desigualdades iniciais: as mais bem preparadas chegarão primeiro, enquanto as mais fracas nem alcançarão o objetivo. Essa é uma segunda forma de fabricar sucessos e fracassos. Voltarei a ela.

3. Por fim, conforme o momento e o modo de avaliação, contribuiremos para minimizar ou dramatizar as desigualdades bastante reais de aprendizagem. É verdade que, aos sete anos, nem todas as crianças terão o mesmo domínio da leitura, ou seja, essa competência deverá ser definida da maneira mais razoável e menos elitista possível, sendo que cada criança deverá contar com uma ajuda proporcional às suas necessidades. Que fazer, então? A escola pode optar por deixar as desigualdades na sombra, o que é uma forma de não dramatizá-las, mas também pode permitir que elas se instalem e aumentem incontrolavelmente. Ou, ao contrário, pode optar por iluminá-las e selecioná-las. Isso é o que acontece nos sistemas que fazem repetir um quarto dos alunos da primeira série. Ou, ainda, a escola pode estar consciente dos desvios, mas não sancioná-los, perseguir sua ação formadora e aumentar o período da aprendizagem inicial da leitura para dois ou três anos. Às vezes, a avaliação cria suas próprias desigualdades, quando inclina a estimativa das competências a favor dos bons alunos ou de crianças socialmente favorecidas (Perrenoud, 1982b), mas, mesmo sendo eqüitativa, ela fabrica desigualdade por meio da realidade dos desvios. A excelência, o sucesso e o fracasso são realidades construídas pelo sistema escolar (Perrenoud, 1984), representações que pesam no destino dos alunos muito mais que as desigualdades efetivas de competência: na vida, aos 10 anos, que diferença faz o fato de saber ou não gramática? A importância que a escola dá à hierarquia é que a torna decisiva.

Analisei mais aprofundadamente essa *tríplice fabricação* em outra (Perrenoud, 1989b, 1992c). Aqui me limitarei a evocá-la, para destacar que as estratégias de luta contra o fracasso escolar não podem ir apenas no sentido da diferenciação do ensino e das pedagogias de domínio. Seria melhor levar em conta, simultaneamente, o currículo e a avaliação. No entanto, podemos esperar mais da diferenciação dos alunos. O currículo está sob o controle da sociedade global ou local e, nesse nível, há limites para a ação: não podemos reduzir indefinidamente a distância entre os alunos carentes e a norma escolar, ou então baixamos o nível e estimulamos o desenvolvimento de escolas de excelência no setor privado e recriamos, assim, as desigualdades que queríamos combater. Quanto à avaliação, ela não pode diferir eternamente o reconhecimento da realidade dos desvios.

Em contrapartida, na consideração das diferenças, não há outros limites senão os materiais e didáticos. Se supusermos, é claro, que existe uma vontade política clara de luta contra o fracasso escolar e de democratização do ensino. Agora me dedicarei um pouco mais à diferenciação do ensino.

Indiferença às diferenças, realmente?

A fórmula de Bourdieu é forte, mas será justa? Será que realmente todos os alunos são tratados como "iguais em direitos e deveres?"

Para debater esse assunto, seria preciso primeiro estabelecer em que escala nos situamos. Só podemos comparar alunos que seguem o mesmo currículo formal. Portanto, colocamo-nos no interior de um sistema escolar, nacional ou regional, até mesmo local. Permanecem dois níveis bem distintos:

– o tratamento das diferenças no interior de um mesmo grupo-classe, definido como um conjunto de alunos que trabalham com um só professor ou uma mesma equipe educacional;

– o tratamento das diferenças na escola de um grupo que segue o mesmo programa em diversos grupos-classes e em diferentes estabelecimentos.

Nesse segundo nível, em um sistema burocrático, em princípio não há nenhuma diferença de tratamento. Na realidade, as variações entre classes e estabelecimentos são consideráveis, tanto no que se refere ao currículo real, ao nível de exigência, às atitudes e aos procedimentos, à qualidade, à orientação ideológica e ao envolvimento dos professores. Essas variações contribuem para a fabricação de desigualdades? Podemos considerar três casos:

1. O tratamento de certas diferenças *favorece os favorecidos*: esse é o caso, por exemplo, das escolas melhor localizadas (bairros residenciais, alunos de classe média alta), as quais dispõem de professores mais estáveis, qualificados e experientes, de infra-estruturas e equipamentos mais modernos, de ambientes mais propícios ao estudo, de efetivos menos sobrecarregados, etc.

2. O tratamento de certas diferenças *favorece os desfavorecidos*: em geral, isso não acontece por acaso, mas no contexto de um esforço de educação compensatório; por exemplo, quando se instituem zonas de educação prioritárias, dotadas de meios de ação mais substanciais.

3. O tratamento de certas diferenças não *favorece os favorecidos nem os desfavorecidos*: há uma concentração desigual de qualificações e equipamentos, que não está vinculada ao público da escola (o que não significa por acaso: nas organizações, as expectativas e as necessidades dos usuários não passam de um dos múltiplos fatores na divisão dos recursos).

Na escala de um grupo-classe, reencontraremos as mesmas figuras:

1. O tratamento de certas diferenças *favorece os favorecidos*: é normal que o professor se interesse de forma bastante espontânea pelos alunos que se parecem com ele, que respeitam as regras de comportamento, que trabalham e participam de seu jogo; porém tende a gostar um pouco menos, podendo chegar a rejeitar os que se desviam da norma, os contestadores, os apáticos, os desordenados, os brincalhões, os feios, os sujos, os mal-educados.

2. O tratamento de certas diferenças *favorece os desfavorecidos*: abrange todas as medidas de suporte, de apoio aos alunos em dificuldade e, evidentemente, as tentativas modestas ou ambiciosas de pedagogia individualizada.

3. O tratamento de certas diferenças *não favorece os favorecidos nem os desfavorecidos*: na interação social, praticam constantemente discriminações que refletem nossas preferências singulares, nossa falta de constância, nossas mudanças de humor, as variações do contexto (tempo disponível, contexto da interação, estresse, etc.); a mesma pergunta pode, independentemente do aluno que a faz, suscitar uma reação impaciente ou um interesse real, uma rejeição ou uma tentativa de compreendê-la, etc.

Assim, não há indiferença às diferenças. Há, isso sim, uma mescla de discriminações *negativas* (que aumentam as desigualdades), *positivas* (que as diminuem) ou *neutras* (sem efeito identificável). Isso sugere pelo menos duas direções de pesquisa e de inovação: por um lado, controlar as discriminações negativas para diminui-las; por outro, reforçar as discriminações positivas. Preocupados com as diferenciações do ensino, os psicopedagogos e os professores adotam com freqüência essa segunda via, que questiona menos as pessoas e permite uma maior concentração na didática, na gestão da classe, nos objetivos de domínio, na avaliação formativa. Entretanto, na relação pedagógica ocorrem certas coisas que encaramos do ponto de vista da distância pessoal ou cultural.

Entre a psicanálise e a antropologia

Não posso estender-me aqui sobre os aspectos relacionais e culturais da aprendizagem. Por isso, basta recordar algumas banalidades. Para aprender, é preciso:

– dar sentido ao que se faz e ao que se aprende;
– sentir-se reconhecido, respeitado como pessoa e como membro de uma família e de uma comunidade;
– não se sentir ameaçado em sua existência, sua segurança, seus hábitos e sua identidade;
– sentir-se compreendido e apoiado nos momentos de cansaço e fracasso;
– saber que se pode contar com a confiança dos outros, que o consideram capaz e desejoso de conseguir;
– acreditar que alguém dá valor ao que se faz ou aprende;
– e, melhor que tudo isso, sentir que se é amado...

Evidentemente, também é importante assistir a boas aulas, trabalhar com um material bem concebido, receber explicações claras e pertinentes no momento adequado, etc. Contudo, jamais insistiremos o bastante nos aspectos afetivos e relacionais. Aprender é uma atividade complexa, frágil, que mobiliza a imagem de si mesmo, o fantasma, a confiança, a criatividade, o gosto pelo risco e pela exploração, a angústia, o desejo, a identidade, aspectos fundamentais no âmbito pessoal e cultural.

Ora, nesse âmbito, os recursos são muito mal compartilhados por uma dupla razão:

– os professores e as equipes pedagógicas são bastante dominados pela sua "própria personalidade", deixando de lado uma verdadeira profissionalização no registro das relações, sejam elas interpessoais ou interculturais;

– a partir do momento em que cada um faz como sabe ou como acredita, passamos a depender de mecanismos conhecidos: assim como "só se empresta aos ricos", passamos a acreditar apenas em nosso semelhante nas relações humanas; a diferença assusta, provoca angústia ou questionamentos existenciais.

Portanto, de um ponto de vista psicanalítico e antropológico, é normal, que os professores prefiram certos alunos aqueles que os gratificam, compartilham seu respeito pelo conhecimento, pelo outro, pela higiene, pelos objetos, pelas regras de saber viver, pelas coisas bonitas, pelo trabalho bem-feito, pela sinceridade e pela honestidade, pelos códigos estabelecidos entre pessoas convenientes e de boa vontade. Os alunos que rejeitam a escola sem o saber rejeitam também o professor e seus valores, os que se aborrecem o magoam, os que fazem barulho o perturbam, os que recusam sua ajuda ou tentam enganá-lo o desconcertam, etc. Ora, os problemas de aprendizagem raramente se apresentam sob o aspecto de dificuldades cognitivas puras. Como causas ou conseqüências, existem neles todo tipo de atitudes, de maneiras de ser no mundo que interpelam o professor não como técnico das situações didáticas e dos processos de aprendizagem da multiplicação ou do pretérito simples, mas como pessoa que tem valores, hábitos e até mesmo manias, gostos e desgostos, desejos, medos, fragilidades e obsessões, egoísmos e entusiasmos.

Em geral, a discriminação negativa não está enraizado na intenção de prejudicar ou na vontade assumida de favorecer certos alunos. Ela provém mais de um duplo inconsciente, o da psicanálise e o da antropologia, que subjaz uma parte das práticas pedagógicas, as quais escapam da percepção clara dos interessados. O currículo, como *seqüência organizada de experiências formativas*, é, em última instância, individual: dois alunos sentados lado a lado não vivem a mesma jornada, mesmo em uma pedagogia frontal. A discriminação negativa instala-se em grande parte no *currículo oculto*. Nem todos os alunos recebem a mesma parcela de consideração, de atenção, de estímulo, de calor, de apoio, de amor, de humor, de confiança, etc. E, com freqüência, essas diferenças reforçam as desigualdades (Perrenoud, 1984, 1993d).

Para dominar tais fenômenos, não existem 36 soluções; somente a análise de si mesmo, de sua própria cultura, de suas reações, de suas práticas pode fazer com que se tome consciência de tudo isso e que se funcione diferentemente na sala de aula, na vida cotidiana. Se um professor nunca se perguntou com quais critérios trata os pedidos dos alunos, ignorando alguns, levando os outros mais ou menos a sério, ele não domina a parcela de desigualdade que, nas interações didáticas, está relacionada ao simples fato de que ele só ouve de forma regular e real, uma parte de seus alunos e não se dirige a todos do mesmo modo e com a mesma freqüência. Da mesma maneira, se não falarmos mais abertamente da sedução que alguns alunos exercem sobre o professor, por sua simples aparência física ou suas estratégias, não poderemos controlar o que Zimmermann (1982) chama de seleção não-verbal. E mais: se o professor não toma consciência de que a forma de olhar nos olhos ou de se manter a distância varia segundo as culturas, considerará insolência, falsidade, arrogância ou familiaridade o que reflete apenas o respeito por outro código cultural...

Para progredir nesse sentido, não são necessárias grandes reformas educativas: a principal variável a ser mudada é o professor. É preciso que ele sinta vontade de refletir e de mudar. Não resta dúvida de que a única chance é favorecer o trabalho conjunto sobre esses temas, eventualmente com pessoas-recursos, nos estabelecimentos e nas equipes pedagógicas (Gather Thurler, 1993a).

Pedagogias diferenciadas

Toda situação didática proposta ou imposta uniformemente a um grupo de alunos é inadequada para uma parcela deles. Para alguns, pode ser dominada facilmente e, por isso, não constitui um desafio nem provoca aprendizagem. Outros, porém, não conseguem entender a tarefa e, por isso, não se envolvem nela. Mesmo quando a situação está em harmonia com o nível de desenvolvimento e as capacidades cognitivas dos alunos, pode parecer desprovida de sentido, de interesse, e não gera nenhuma atividade notável em nível intelectual e, por conseguinte, nenhuma construção de novos conhecimentos nem um reforço das aquisições. Por esse motivo, uma definição possível da diferenciação do ensino é a seguinte: *diferenciar é organizar as interações e as atividades, de modo que cada aluno seja confrontado constantemente, ou ao menos com bastante freqüência, com as situações didáticas mais fecundas para ele.*

Como atingir esse ideal? Vamos distinguir, primeiro, dois casos:

– se visarmos ao mesmo nível de domínio, os alunos devem seguir um currículo único ou, no mínimo, os caminhos que conduzam, a princípio, às mesmas competências; nesse caso, falaremos de diferenciação restrita;

– se não visarmos ao mesmo nível de domínio, os alunos devem ser divididos em fileiras, grupos de níveis ou cursos com opções, cada um deles dotado de um currículo específico; nesse caso, falaremos de diferenciação extensa.

Em outra obra (Perrenoud, 1991d), discuti os limites da diversificação das formas de excelência e os possíveis efeitos perversos da diferenciação extensa. Aqui me limitarei à problemática da diferenciação restrita, no contexto de objetivos comuns. No entanto, devemos destacar de antemão que:

– ela não condena à uniformidade dos conteúdos, pois podemos atingir os mesmos níveis de domínio por itinerários diversos; portanto, a diferenciação restrita refere-se ao currículo como um conjunto de experiências formadoras;

– condena ainda menos à uniformidade dos ritmos de progressão, dos procedimentos e dos contratos didáticos;

– não quer dizer o "mais do mesmo", não se limita ao suporte ou às remediações clássicas;

– também não é sinônimo de individualização do ensino; é claro que não há diferenciação sem uma gestão mais individualizada dos processos de aprendizagem; isso não significa que os alunos trabalhem sozinhos ou apenas com o professor, mas que as regulações e os percursos sejam individualizados;

– não pode, enfim, ser encerrada em nenhuma metodologia, nenhum tipo de idade, nenhuma categoria de conteúdos ou domínios.

A diferenciação do ensino deve permanecer como um paradigma geral, bastante abstrato, separado desta ou daquela modalidade de realização.

Se fosse necessário caracterizá-la globalmente, diríamos que se trata de romper com a *indiferença às diferenças* analisada por Bourdieu (1966) e, portanto, de neutralizar um dos principais mecanismos de fabricação do fracasso escolar (Perrenoud, 1989c).

Bloom (1972, 1979) propôs um modelo particular de pedagogia diferenciada, a *pedagogia de domínio* (Huberman, 1988). Podemos discutir as teorias da aprendizagem, da avaliação e do ensino subjacentes aos primeiros trabalhos de Bloom. Assim como Allal (1988a), eu defenderia uma ampliação da pedagogia de domínio e, como Rieben (1988), um enfoque mais construtivista da aprendizagem. Essas divergências teóricas não nos autorizam a rejeitar o paradigma geral de uma *regulação individualizada dos processos e itinerários de aprendizagem.*

De acordo com os recursos de que dispomos, com o nível do curso em que trabalhamos, com os graus de liberdade consentidos pela instituição, com a escala de que se trata (classe, equipe, estabelecimento, sistema), com o credo pedagógico e com as teorias a serem aplicadas, podemos tentar concretizar a diferenciação do ensino de maneiras muito diferentes. Conhecemos tentativas bastante técnicas (objetivos, grades de critérios, regulações precisas), outras mais próximas da escola ativa (auto-avaliação, autonomia, pedagogia do projeto); tentativas partidárias da pedagogia de domínio ou das pedagogias por objetivos, outras totalmente avessas a elas; tentativas marginais e outras afianças pela instituição.

Plano da obra

Deixarei a outros, mais competentes, a preocupação de comparar e avaliar as diversas pedagogias diferenciadas para poder destacar apenas os obstáculos comuns. É claro que deve haver uma vontade política, programas nem muito complexos nem muito rígidos, objetivos claros, efetivos razoáveis, uma formação suficiente dos professores, uma certa flexibilidade na organização dos espaços e do tempo, meios de ensino e de avaliação adaptados. Gostaria de insistir na *complexidade*, nas contradições, nas ambivalências, nos paradoxos da luta contra o fracasso escolar e as desigualdades, convidando o leitor a fazer uma análise antes de construir dispositivos de ação. A história das tentativas de diferenciação está marcada pela precipitação, pelo fechamento em concepções demasiadamente estreitas da aprendizagem ou do ensino e, sobretudo, pela fragilidade dos modelos explicativos mobilizados.

Cada um dos ensaios aqui reunidos esclarece, a seu modo, uma faceta da complexidade.[2] Vamos apresentá-los agora de forma sucinta para que o leitor possa orientar-se.

O Capítulo 1, *Five Easy Pieces*, reúne cinco textos curtos, escritos com um intervalo de 10 anos, que apresentam a problemática global de tratamento das diferenças e das distâncias culturais na ação pedagógica. "Da individualização à diferenciação: tudo se complica!" tenta acabar com uma confusão clássica entre individualização e diferenciação, mostrando que a segunda não implica de maneira alguma a tutoria ou o isolamento do aprendiz; ao contrário, como diz o Cresas (1987), *"Não se aprende totalmente sozinho!"*. Em "A diferenciação sonhada", tentei dar forma a uma intuição: a diferenciação é muitas vezes sonhada antes de ser aplicada, ela se nutre de utopias e talvez de frustrações e remorsos. "Diferenciar logo!" combate a idéia de que é preciso primeiro transformar o sistema e criar uma "outra escola" para começar a diferenciar. "A manteiga e o creme da manteiga: ambigüidades da diferenciação" trata da obsessão pela igualdade que impede que os desfavorecidos sejam favorecidos em nome do direito de todos à mesma parcela de atenção didática. Por fim, "Cultura escolar, cultura elitista?" analisa brevemente a questão de saber se os programas criam uma distância inútil da cultura dos alunos.

O Capítulo 2, "A desigualdade cotidiana diante do sistema de ensino: a ação pedagógica e a diferença", é uma primeira tentativa de compreender como as diferenças entre alunos e as distâncias entre professores e alunos manifestam-se em uma sala de aula e como são tratadas. Antes de abordar as aprendizagens, é importante compreender como o professor enfrenta a diversidade dos alunos na simples animação do grupo-classe e como diferencia a relação que mantém com cada aluno, devido a uma distância cultural variável e a afinidades eletivas mais ou menos fortes. Isso nos permitirá mostrar que, no ensino fundamental, a ação pedagógica não é indiferenciada, indiferente às diferenças, mas que a maneira como as leva em conta pode tanto agravar as desigualdades quanto combatê-las. Em parte, o tratamento das diferenças passa por sua representação no espírito do professor: qual é sua imagem das diferenças entre os alunos? Qual é o grau de individualização de suas representações de cada um deles? Para concluir, insisto em um dos paradoxos do ensino, que contribui para torná-lo um ofício impossível: trabalhar em grupo para fazer aprender, em outros termos, para estimular processos muito individualizados e pessoais.

O Capítulo 3, "As novas pedagogias são elitistas? Reflexões sobre as contradições da escola ativa", apresenta uma hipótese que pode chocar: as pedagogias mais avançadas podem, mais que as tradicionais, favorecer os favorecidos pelos seguintes motivos: elas provêm de uma ideologia mais próxima das novas classes médias que das classes populares; elas apresentam uma "organização invisível", segundo a expressão de Bernstein, que é mais difícil de ser decodificada que as regras tradicionais; com freqüência, rejeitam a avaliação, contribuindo para acumular desigualdades pouco reversíveis; elas valorizam uma relação desinteressada com o saber; elas colocam a criança no centro do mundo; elas misturam o trabalho e a brincadeira; elas privilegiam as aprendizagens fundamentais menos fáceis de organizar e apreciar. O recurso às novas pedagogias é indispensável para quem deseja trabalhar pela democratização do ensino público; assim, é importante analisar e tentar neutralizar seus derivados elitistas.

O Capítulo 4, "Diferenciação do ensino: resistências, lutos e paradoxos", insiste na série de lutos impostos aos professores por uma evolução rumo à diferenciação do ensino. Com efeito, para diferenciar é preciso acabar com o fatalismo do fracasso, com a procura de um bode expiatório, com o prazer de se dar prazer, com a liberdade na relação pedagógica, com as rotinas relaxantes, com as certezas didáticas, com o esplêndido isolamento, com o poder magistral. Esses lutos só podem ser superados com duas condições principais: em primeiro lugar, poder falar deles, analisá-los, reconhecer a realidade das ambivalências e das resistências, saber lucidamente que os interesses dos alunos podem entrar em conflito com os dos professores; em segundo, encontrar outros prazeres, outras satisfações, em um nível mais elevado de profissionalismo. Quando nos dedicamos a esse ofício por gostar de crianças ou por ter um público cativo, somente podemos aceitar uma reorientação para a gestão individualizada das aprendizagens e para a engenharia didática se pressupomos uma mudança das expectativas e da identidade profissional.

O Capítulo 5, "Organizar a individualização dos percursos de formação: medos a superar e habilidade a construir", integra a análise dos lutos e uma visão mais global dos medos a serem combatidos e dos domínios a serem conquistados em três níveis: o sistema educativo, os estabelecimentos e as interações didáticas entre professores e alunos. Em primeiro lugar, aprofundamos a noção de percurso e de individualização a partir do conceito de currículo real (Perrenoud, 1984, 1993 d, 1994a). Na pedagogia mais frontal e na escola mais burocrática, os percursos educativos são diferentes, mesmo para dois alunos que progridem no curso sem se afastar um do outro durante 10 anos. Cada um irá entender, ver, compreender e, portanto, aprender uma coisa diferente, pois não viverá da mesma maneira situações aparentemente idênticas e não investirá os mesmos desejos e os mesmos significados. Diferenciar o ensino não é introduzir a diferença, mas dominar a individualização dos percursos. E, sobretudo, é fazê-lo de modo que os aspectos criadores de desigualdades sejam neutralizados em proveito de uma "discriminação positiva". Ora, isso complica terrivelmente a gestão do sistema escolar e dos estabelecimentos, assim como o trabalho dos professores. É o fim das estruturas simples, que garantem a justiça pela uniformidade; das estruturas estáveis, que se repetem todos os anos; das estruturas tranqüilizadoras, pois muitas vezes são testadas. A individualização dos percursos de formação obriga a reinventar a escola, os modos de agrupamento dos alunos e de sua progressão nos cursos, os modos de negociação e de divisão do trabalho entre professores, os modos de relação pedagógica e de organização didática.

O Capítulo 6, "Ciclos pedagógicos e projetos de escola: é fácil dizer!", analisa os obstáculos à diferenciação no contexto dos ciclos de aprendizagem aplicados na França em 1989, no contexto da *Nova política para a escola*. Tentativa de aplicar o princípio de individualização dos percursos de formação, os ciclos de aprendizagem mobilizam todos os medos e exigem todos os domínios analisados no capítulo anterior. Trata-se, além disso, de enriquecer sua "caixa de ferramentas": ferramentas de observação e de regulação, de transposição e de planejamento didáticos, de gestão de classe e de projetos, em suma, de comunicação e de negociação. Também se trata de melhor aprender a trabalhar juntos, a negociar um projeto de escola e, ainda, de trabalhar consigo mesmo, com medos, prazeres, dúvidas e certezas, atrações e rejeições.

O Capítulo 7, "Perspectivas: contra o pensamento mágico!", tenta, à guisa de conclusão, destacar as estratégias de mudança no âmbito da diferenciação do ensino e da individualização dos percursos de formação. Transforma a profissionalização do ofício de professor na condição de uma construção autônoma de dispositivos flexíveis e eficazes.[3]

Notas

[1] Elementos de uma conferência proferida na Universidade de Ottawa, em 10 de outubro de 1991.

[2] Agradeço aos editores e diretores das revistas que autorizaram a republicação desses artigos. Os textos foram revistos e suprimimos alguns elementos que tinham perdido validade, mas no fundo foram pouco modificados; as referências bibliográficas foram atualizadas e completadas.

[3] A maior parte desses textos é fruto de observações de campo ou de análises secundárias realizadas no contexto do Serviço da Pesquisa Sociológica. Agradeço a Walo Hutmacher por ter criado as condições de realizar uma ampla pesquisa sobre o fracasso escolar e a pedagogia diferenciada, no contexto de trabalhos conduzidos em interdeinterdependentes ou pelo menos em diálogo com os seus ou com os trabalhos de outros pesquisadores do centro de pesquisa em sociologia da educação criado por ele nos anos 60. Agradeço também a todos os professores que contribuíram com esses trabalhos, abrindo-me sua sala de aula, respondendo a minhas perguntas ou participando de grupos de pesquisa ou de formação.

Five Easy Pieces

1

DA INDIVIDUALIZAÇÃO À DIFERENCIAÇÃO: TUDO SE COMPLICA![1]

Diferenciar o ensino pode ser individualizar:
– as informações e as explicações dadas pelo professor;
– as atividades e o trabalho dos alunos, em sala de aula e em casa;
– a observação e a avaliação.

A diferenciação, porém, sem excluir essa individualização, não pode reduzir-se a ela, ao menos por três razões:

1. A individualização das intervenções do professor e das atividades dos alunos faz abstração da situação de grupo, ou a define essencialmente como uma limitação que impede uma individualização ótima: o professor precisa dividir seu tempo entre um número muito grande de alunos, deve ocupar-se da animação do conjunto e da manutenção da ordem, não consegue preparar atividades para todos, suas intervenções são muito dispersas ou fragmentados para serem eficazes, inúmeras informações fogem do seu alcance porque ele recebe uma quantidade excessiva de mensagens. Esses problemas são reais, mas tal enfoque desconhece a força do grupo como lugar de educação mútua e de aprendizagem, através da comunicação e da cooperação, no âmbito do grupo-classe ou de subgrupos. Tudo acontece como se o professor fosse a única fonte de aprendizagem, como se o grupo se reduzisse a uma rede em forma de estrela, na qual o professor ocuparia o centro, funcionando como um computador que divide seu tempo com usuários sem qualquer ligação entre si.

Contudo, o grupo-classe é algo totalmente diferente, sendo ao mesmo tempo uma rede muito rica de relações, de comunicação entre as crianças, um grupo capaz – se tiver oportunidade e tempo – de se organizar de maneira cooperativa, um ambiente de vida e de experiência. Nada garante *a priori* que essas propriedades do grupo favorecerão as aprendizagens previstas no programa escolar e menos ainda que elas reduzirão as desigualdades. Por isso, não se trata de confiar cegamente no grupo-classe. Pelo contrário, o professor deve, como animador, contribuir para a construção de uma identidade do grupo, o aprendizado de um funcionamento cooperativo ao nível de conselho de classe ou de trabalho em equipe, com a conscientização das diferenças e das desigualdades dos membros do grupo. Não estou dizendo que esse caminho seja mais fácil do que individualizar as intervenções e as atividades; também não estou afirmando que é preciso escolher entre a individualização e a mediação do grupo. Os dois procedimentos são complementares a diferenciação necessita de ambos.

2. A individualização das intervenções e das atividades não implica, em si mesma, uma menor distância cultural ou uma relação mais positiva entre o professor e os alunos em dificuldades escolares. Ao contrário, uma interação mais intensiva pode avivar um conflito e reações de rejeição, diminuir uma tolerância que, em um ensino pouco individualizado, pode estar relacionada a um simples desconhecimento dos fatos e gestos, das dificuldades e atitudes de cada um. Quanto mais uma relação se individualiza, mais intervém o gosto, a afetividade, a sensibilidade a uma forma de existir e de comunicar; ao mesmo tempo, quanto mais se aposta em um funcionamento coletivo em grupo-classe e em equipes, mais é dada a cada um a oportunidade de revelar outras facetas de sua personalidade: o uso da palavra, a sociabilidade, a cooperação, a partilha das tarefas e dos recursos, a liderança, as atitudes diante das desigualdades, da competição, do grupo; quanto mais a escola for aberta e de livre circulação, quanto mais ela se abre para o exterior, mais se multiplicam as oportunidades de viver diferenças culturais e conflitos relacionais.

Nesse caso, a diferenciação passa pela tomada de consciência e pelo respeito às diferenças, pela escuta ativa, pelo direito de se expressar livremente e de ser ouvido, pela possibilidade de encontrar seu próprio lugar, de ser reconhecido pelo grupo, sejam quais forem suas competências escolares ou sua origem cultural. O componente afetivo das relações interpessoais não é importante apenas entre o professor e cada aluno, mas entre cada um deles e o grupo.

3. Por fim, a individualização das intervenções e das atividades não é suficiente para lhe conferir sentido. É claro que uma parte da falta de sentido ou do pouco sentido das lições coletivas e das atividades escolares habituais está relacionada ao fato de que essas lições e atividades aborrecem os alunos mais rápidos ou mais adiantados e superam a capacidade daqueles que encontram maiores dificuldades. Uma atividade que pode ser dominada facilmente não motiva, exceto se encontra outro motor, como a competição ou a conformidade social. Ao contrário, uma tarefa inacessível confirma o sentimento de fracasso e desmobiliza o aluno. Ao contrário, é altamente desejável um ajuste das explicações, das informações, das tarefas e das responsabilidades de cada um.

Todavia, uma atividade adaptada às possibilidades intelectuais de uma criança é significativa para ela? Sem dúvida, em um sistema no qual as atividades são obrigatórias, nenhuma é completamente desprovida de sentido; o aluno sempre pode dizer que está trabalhando ou fingindo trabalhar para evitar problemas. Mas esse é um motor suficiente para garantir as aprendizagens? É possível adquirir o domínio da língua através da multiplicação infinita dos ditados e das correções, das frases a serem transformadas, das formas verbais a serem completadas, dos vocabulários e das regras a serem aprendidas de cor, dos grupos de palavras a serem circuladas, da concordância dos substantivos, dos verbos e dos adjetivos, dos questionários a serem respondidos, dos poemas a serem copiados? Podemos garantir o desenvolvimento lógico-matemático através de uma série inesgotável de operações, de classificações, de diagramas a serem completados, de trocas, de pesquisas de divisores e múltiplos, de grades e correspondências?

Essa análise não é nova. Ela está na base da renovação metodológica do ensino do francês, orientado para atividades e oficinas destinadas à pesquisa; ela inspira o desenvolvimento da aprendizagem por situações, especialmente na matemática; ela guia o estudo do ambiente, no sentido das pesquisas de campo e das experiências científicas; ela motiva a reabilitação das atividades criativas e do jogo em todas suas formas.

Atualmente, a renovação das atividades propostas na sala de aula é bastante parcial, e está distante das idéias gerais de sua realização cotidiana em sala de aula, embora possa inspirar correntes da escola ativa e da escola moderna que, desde sua emergência, destacaram a necessidade da realização de atividades significativas que impliquem um importante investimento afetivo. O desejo de diferenciação acrescenta outra dificuldade à busca dessas atividades: o sentido de uma atividade ou de uma situação varia de uma criança para outra, segundo sua personalidade, suas aspirações, seus interesses, seu capital cultural, sua relação com o jogo e com o trabalho. Assim, é preciso diferenciar as atividades globais ou os papéis individuais no contexto das mesmas para que cada um encontre nelas um sentido e a oportunidade de aprendizagens também significativas.

Em resumo, a uma concepção estreita da diferenciação, que a limitaria a uma individualização crescente das intervenções e das atividades, eu o poria uma definição mais ampla, que incluísse:

– a individualização em alguns âmbitos;
– a mediação pelo ensino mútuo e o funcionamento cooperativo em equipes e em grupo-classe;
– o respeito pelas diferenças e a construção de relações interpessoais positivas no grupo-classe;
– a busca de atividades e de situações de aprendizagem significativas e mobilizadoras, diversificadas em função das diferenças pessoais e culturais.

Nesse sentido, inovar é algo extremamente ambicioso. Naturalmente, não partimos do zero e podemos renovar tanto a didática e as teorias da aprendizagem – por situação, por conflitos cognitivos, por envolvimento no jogo, na resolução de problemas, na realização de projetos, na criação, na comunicação – quanto a experiência acumulada há décadas pelas correntes da escola moderna e da escola ativa. Porém, é preciso assimilar esses aportes, integrá-los a uma prática, adaptá-los ao programa, à avaliação, ao material disponível, conceber e realizar sua diferenciação no plano do material, da preparação e da animação.

Não há uma forma única de construir o edifício. Tudo fica de pé, mas é preciso começar com um objetivo. Há uma parte de alvenaria, composta de tentativa e erro. É inevitável e fecundo que cada equipe empunhe o problema da diferenciação da maneira mais conveniente para ela, naquilo em que se sente mais inspirada, melhor armada, menos angustiada. Isso dependerá da idade dos alunos, das expectativas dos pais, das obrigações do programa, das experiências e das competências dos professores, de suas vontades e projetos, da dinâmica da equipe.

O que importa é que cada equipe aprenda, em parte, através da experiência dos outros, sem precisar tatear, reinventar tudo. Parece-me que essa é a aposta dos próximos anos, a qual. Isto passa pela comunicação entre equipes e com o exterior. Para ganhar tal aposta, há duas condições principais:

– no interior, encontrar formas de comunicação e troca ainda mais eficazes, construir uma memória coletiva e garantir a coordenação não só no âmbito da gestão global do projeto, mas também no âmbito do funcionamento e da organização das equipes, da didática, do material, etc.;

– no exterior, ter tempo e não ser continuamente ameaçado por interpelações, redefinições da situação, processos de intenção, retiradas dos recursos ou de graus de liberdade.

A DIFERENCIAÇÃO SONHADA

Nas discussões sobre a diferenciação, com freqüência nos mantemos em silêncio sobre o que eu chamaria de *diferenciação sonhada*. O sonho opõe-se à realidade. Trata-se, portanto, da diferenciação como vontade, como projeto, como fantasma. Então, podemos situar-nos em dois planos: confrontados com os limites de sua ação, uma parte dos professores sonha às vezes com *outra escola*, com turmas menos numerosas, com uma organização mais flexível das classes e dos graus, com um sistema de avaliação mais individualizado, com uma divisão do trabalho entre as equipes pedagógicas, com programas menos rígidos, com objetivos mais claros. A diferenciação passa a ser considerada um sistema pedagógico mais ou menos utópico. Gostaria de abordar aqui os *sonhos cotidianos* que alimentam essa utopia, os sonhos que os professores têm quase todos os dias diante de casos particulares. Eles não sonham com outro sistema, mas simplesmente em poder ir um pouco mais longe, em ter tempo para distinguir as dificuldades de um aluno e de trabalhar com ele para superá-las. Assim, trata-se da diferenciação tal como ela é praticada, esboçada ou imaginada na escola *tal qual é*, com relação a casos particulares. Para ordenar um pouco essa análise, situarei a diferenciação tal como já é praticada em dois pólos:

1. Em um dos pólos, encontramos a *diferenciação imediata, muitas vezes espontânea, como resposta às milhares de situações da vida cotidiana*. A diferenciação insere-se no fluxo das interações da classe e do professor. Diante da diversidade das atitudes, dos esforços, das dificuldades, dos ritmos de trabalho, dos modos de participação dos alunos, tanto em uma atividade coletiva quanto em um momento de trabalho individual, o professor necessariamente diversifica suas intervenções. Não solicita a mesma participação de todos, não faz as mesmas perguntas, não distribui de modo igual ajuda, estímulos, reprimendas, conselhos, advertências ou felicitações. Essa diferenciação, limitada pela falta de tempo e pela necessidade de se ocupar de todos, permite apenas ajustes circunstanciais e superficiais.

2. No pólo oposto, encontramos *formas de diferenciação mais ambiciosas, que demandam mais tempo e que se vinculam a diferenças mais fundamentais*. Por exemplo, diante de um aluno com dificuldades em ortografia, em leitura, em cálculo mental ou em geometria, o professor pode considerar uma ação de remediação ou de suporte a longo prazo; diante de um aluno desorganizado, pode ajudá-lo a perseverar em uma tarefa, a fazer sozinho suas lições e exercícios, ou pode aplicar um sistema de controle e apoio durante várias semanas; se um aluno tem dificuldades de integração, vive conflitos freqüentes com alguns dos colegas ou está totalmente isolado, o professor pode decidir empreender uma ação a longo prazo, mudando-o de lugar, integrando-o a outro grupo, dando-lhe algumas responsabilidades; se um aluno cria problemas na sala de aula por causa de sua indisciplina, o professor pode optar por ter uma conversa séria com ele, convocar seus pais, ou seja, pode apelar para uma intervenção externa. Nesses diversos casos, diante de um aluno que apresenta um problema singular e de certa importância, o professor esforça-se para identificar os dados do problema, procura soluções, tenta aplicá-las. Assim, realiza uma diferenciação a mais longo prazo, mais ambiciosa.

Entre esses dois pólos, observamos diversas situações intermediárias. Toda forma concreta de diferenciação situa-se nesse *continuum*. Algumas diferenças que se manifestam em sala de aula exigem uma diferenciação imediata que, embora não seja suficiente para solucionar o problema, ao menos permite a continuidade da atividade em curso. No fogo da ação, em geral o professor só pode ocupar-se do mais apressado; para ir ao fundo do problema, precisaria ter mais tempo, tranqüilidade, reflexão. Se encontrar o tempo, a energia, a oportunidade, ou se a gravidade da situação assim o exigir, retomará mais tarde o problema e passará a uma forma de diferenciação mais ambiciosa. Com freqüência, porém, por não poder fazer tudo e por ignorar exatamente o que deve fazer e como deve agir, irá limitar-se a intervenções pontuais.

Justamente nesse jogo sobre a amplitude da diferenciação é que deve haver sonho. Ao longo do ano, o professor não pára de elaborar planos relativos a esse ou àquele aluno em dificuldade nesse ou naquele âmbito. Às vezes ele age, vai até o fim de seu plano e consegue fazer um balanço do que realizou. Também pode esboçar uma determinada ação e não perseverar nela, pois surgem outras urgências, ele perde de vista o objetivo, muda de opinião. Ainda pode acontecer – e esse sem dúvida é o caso mais freqüente – de o professor considerar *o que faria se...* O que faria se tivesse tempo, se o aluno mostrasse mais boa vontade, se contasse com a cooperação dos pais, se não restassem apenas três meses antes do final do ano escolar, se soubesse exatamente o que fazer, se tivesse material adequado, se as chances de sucesso fossem maiores, se...

Esses sonhos de diferenciação podem ser considerados nulos no plano das práticas observáveis, pois nem sequer houve o início de uma ação, ou ela foi tão insignificante que nem vale a pena mencioná-la. De qualquer forma, isto é o que os professores parecem pensar: interrogados sobre sua prática em matéria de diferenciação, falam do que foi tentado concretamente, ou da impossibilidade de fazer qualquer coisa séria nas condições atuais. No entanto, *o meio-termo é muito importante em sua experiência cotidiana das diferenças e do que podem fazer com relação a isso.*

O trabalho e o custo do sonho

Os sonhos de diferenciação não são, como os sonhos que temos enquanto dormimos, instantes fugidos, imagens que atravessam nosso campo de consciência durante alguns segundos; é claro que o professor entrevê incessantemente coisas que deveriam ser feitas e logo as esquece, pressionado por outros problemas. Mas, com freqüência, ele vai ainda mais longe: reserva um tempo para refletir, para reexaminar os cadernos ou as provas, para reler os boletins redigidos para os pais ou as observações de seu registro. Ele segue sua idéia, a esquece, a reencontra, toma uma decisão, renuncia a ela por realismo, volta a ela por idealismo. O sonho só se apresenta como tal *a posteriori*. O professor vive mais um estado de dúvida, de hesitação, de reflexão, de formação de hipóteses ou de estratégia, de avaliação dos custos e dos benefícios, de pesquisa de informações e de soluções, de recordação do que já foi feito ou planejado. *O sonho é um trabalho do espírito*. É aquilo que os psicanalistas destacam a propósito do que se trama no inconsciente. O sonho acordado também é um trabalho que leva tempo, mobiliza energia, torna-se indisponível para outras atividades. Mesmo se não leva a uma ação observável, ele existe, ocupa uma parte não-desprezível da jornada de cada professor. Podemos observar isso melhor quando os professores trabalham em equipe e sonham juntos durante alguns momentos: as horas seguintes de discussão dão uma idéia do que passa pela cabeça de cada um deles quando está sozinho com seus alunos!

Quando não se realiza, o sonho de diferenciação é vivido inevitavelmente sob a forma de renúncia, de frustração e, às vezes. Por isso, de culpa ele tem um preço *afetivo*; mais duramente que as discussões teóricas, recoloca todos diante dos limites de sua ação; *a parcela de sonho e de desilusão conta muito no "moral" de um professor*.

Uma idéia em mil

Em um laboratório de pesquisa, no âmbito das tecnologias de ponta, por exemplo, todos ficam contentes quando, em mil idéias, cem se concretizam, dez resistem ao exame crítico e uma chega à realização. Nosso cérebro não é mais eficaz do que isso. Quando saímos de nossas rotinas, para tomar uma decisão, temos de estudar alternativas e renunciar a algumas delas; nesse sentido, o sonho é o funcionamento ordinário de um indivíduo cuja ação não é programada; a renúncia e a frustração são, nessa perspectiva, o custo de uma verdadeira decisão; alguém que não sonha é alguém que nunca duvida, que sabe constantemente o que pode e deve fazer, que não conhece a incerteza nem a hesitação, que não perde um segundo para elaborar planos que não realizará; esse ser não corre o risco de inventar nada, já que a condição de sua eficácia é a de enfrentar apenas problemas cuja solução seja conhecida, com dados bem identificados; o desperdício de idéias às vezes representa energia e tempo perdidos, mas também é a condição da criatividade.

O sonho premonitório

Mesmo quando não levam a nada, mesmo quando a renúncia deixa o professor insatisfeito, os sonhos de diferenciação fazem avançar sua reflexão; batendo 100 vezes contra a mesma parede aprendemos a evitá-la; os sonhos não-realizados integram-se à experiência, assim como as ações concretas realizadas; eles podem "ensinar" a fragilidade de algumas esperanças e evitar que despertemos as mesmas ilusões da próxima vez; também podem renascer em uma situação análoga, realizando-se desta vez. Alguns problemas são excepcionais, ocorrem apenas uma ou duas vezes em uma vida profissional. Isso pode acontecer no ensino: é possível que um professor encontre, somente uma vez em toda a sua carreira, uma criança cujo funcionamento mental, o jeito de ser na classe, as "aptidões", o itinerário cultural, a situação familiar sejam fora do comum. Porém, os assemelhamse, ao menos em suas linhas gerais. Diante de um aluno que não aprende a ler ou não faz suas lições de casa, o professor tem uma impressão de *déjà vu*. Assim, ele parte do que *já fez* ou *já sonhou* em um caso semelhante. Nenhum sonho "se perde". Mesmo se ele não chegar a nada hoje, pode preparar a solução que surgirá mais tarde em um caso similar. Em um contexto no qual as situações problemáticas repetem-se e não há soluções testadas, eficazes, cada uma delas é uma oportunidade de ver o que pode servir e o que pode ser abandonado. Cada "reedição" de um tipo de situação aumenta a probabilidade de encontrar uma resposta adequada, pois partimos de um repertório constituído por idéias e possibilidades. *Nesse sentido, sonhar com a diferenciação senão de imediato, ao seja a única maneira de fazê-la progredir na prática*, pelo menos a médio prazo.

Do sonho à utopia

Estes são os sonhos de diferenciação sobre alunos singulares que alimentam o desejo de reformas, a utopia de outra escola, de uma organização que permita uma diferenciação mais contínua, mais sistemática; se enfrentarmos sempre os mesmos obstáculos, acabaremos identificando os que são incontornáveis sem uma mudança do próprio sistema escolar; assim, temos uma idéia do que poderia ser uma outra escola.

Por todas essas razões, os sonhos de diferenciação são importantes. Não há motivo algum para censurá-los, transformá-los nos parentes pobres dos debates sobre a diferenciação. Poderíamos até sugerir que uma estratégia fecunda de pesquisa ou de animação partisse desses momentos de *diferenciação inacabada*, convidando os professores a tomar consciência deles, a anotá-los, a contá-los, a tentar compreender por que os sonhos não se concretizaram.

DIFERENCIAR TUDO LOGO!

A luta contra o fracasso escolar deve ser organizada em todo o sistema de ensino para poder ser realmente eficaz. Em outra obra (Perrenoud, 1985b), propus um programa de 10 pontos:

1. instaurar uma diferenciação sistemática do ensino;
2. romper com a estruturação do curso em graus;
3. esclarecer os objetivos didáticos;
4. currículo obrigatório: escolher o menor denominador comum;
5. avançar rumo a uma avaliação formativa;
6. medir a eficácia do ensino com realismo;
7. aumentar o sentido e o interesse do trabalho escolar;
8. ampliar o ambiente educativo;
9. "interessar" os professores pelo sucesso dos alunos;
10. esquecer a "igualdade de oportunidades".

Cada um desses pontos remete a uma política educacional que deve ser realizada em todo o sistema ou, ao menos em uma ordem de ensino. Somente esse tipo de política pode criar as condições para uma diferenciação sistemática da ação pedagógica compatível com as diferenças entre alunos. Significa que não se pode fazer nada com o atual sistema? Não acredito nisso. Tentei mostrar no item "A diferenciação sonhada" que em todas as classes pratica-se uma certa diferenciação, mesmo se, por falta de tempo, de recursos ou de idéias, façamos menos do que gostaríamos. Os sonhos de diferenciação, por mais frustrantes que possam parecer, são também um motor de mudança: de sonho em sonho acabamos indo mais longe. Mas será que podemos acelerar o movimento?

Não é suficiente ter vontade. Nesse ponto, podemos acreditar na maioria dos professores. A vontade de diferenciar deve superar os inúmeros obstáculos que encontramos pelo caminho. Evidentemente, não há nenhuma solução milagrosa, mas talvez não seja inútil fazer uma lista dos problemas que algum dia teremos de enfrentar.

A tentação do fatalismo

Será que conseguimos nos livrar totalmente da "ideologia do dom"? É fácil afirmar, de modo abstrato que todos os alunos podem aprender se conseguirmos criar boas condições, torná-los ativos, propor-lhes tarefas interessantes que estejam ao seu alcance. Mas como não acreditar, às vezes, que o fracasso escolar é uma fatalidade? Como conservar a fé, dia a dia, diante da experiência contínua do fracasso, diante da desproporção entre os esforços de remediação e os resultados visíveis, diante da boa vontade muitas vezes limitada ou frágil dos alunos em dificuldade, diante da pouca cooperação dos pais? Com freqüência, a decepção provoca o mais profundo cinismo, um recuo nas rotinas, o abandono de qualquer ilusão.

Que podemos fazer para superar o fatalismo? Jamais esperar resultados espetaculares, lembrar de que a aprendizagem é uma questão de tempo, que as crianças realmente em dificuldade têm esse problema em vários âmbitos, que é preciso reconstruir estruturas ou motivações. Também é preciso conscientizar-se que nem tudo se resume à ação de um professor, que a escolaridade é um longo caminho, que nenhum esforço é perdido, mesmo quando não provoca resultados a curto prazo.

Diferenciação ou eqüidade formal?

Por definição, diferenciar é não dedicar a todos a mesma atenção, o mesmo tempo, a mesma energia. Isso não é injusto? Devemos lembrar que nem sempre a justiça está na igualdade de tratamento, tal como no âmbito fiscal. Porém, não basta superar seu próprio mal-estar. É preciso ousar explicar aos alunos, eventualmente aos pais, que o professor não pode estar em toda parte ao mesmo tempo, nem responder a todos os pedidos. Como não pode fazer tudo, prioriza os alunos que mais necessitam dele.

Não fugir da avaliação

Em um sistema no qual a avaliação participa da seleção, os que lutam contra o fracasso escolar muitas vezes se sentem tentados a não avaliar para não diminuir as chances das crianças desfavorecidas. Alguns professores dão o mínimo de notas possível, ou da forma menos severa possível. Podemos compreender muito bem essa reação. No entanto, ela não deveria impedir uma avaliação lúcida das aquisições e das lacunas dos alunos. Uma avaliação formativa é, sobretudo, uma imagem realista das aprendizagens de cada um. Seria preciso aprender a dissociar esse realismo, necessário ao professor, da avaliação que ele remete aos interessados, que pode ser dosada em função de seus possíveis efeitos desmobilizadores.

Dominar as angústias

Para enfrentar as dificuldades de uma criança, muitas vezes é preciso sair dos caminhos conhecidos, distanciar-se do programa e da didática, para reconstruir suas noções básicas, incutir-lhe confiança, reconciliá-la com a escola. Às vezes, diferenciar é assumir riscos, afastar-se da norma, sem nenhuma certeza de ter razão e de chegar a resultados visíveis.

Como dominar essa angústia? Por exemplo, negociando um contrato com o aluno e seus pais, para que cada um saiba o que pode acontecer quando se deixa de lado o programa ou procedimentos padronizados de avaliação de lado. É útil discutir isso com os colegas. Sem esquecer todos os casos em que, no passado, por não se ter agido a tempo e de modo original, deparamo-nos no final do ano com as dificuldades e com o fracasso que podia ser previsto desde o final de setembro...

As delícias da animação

Para muitos professores, ensinar é viver "no centro" de um grupo de crianças, animá-lo, fazê-lo funcionar, dar-lhe alma, ritmo, organização. Ora, para diferenciar é preciso limitar o tempo passado no grande grupo, que em geral não é muito útil para os alunos em dificuldade. Isso certamente obriga a sacrificar aspectos gratificantes do ofício de professor e faz o grupo explodir cada vez que uma tarefa única marginaliza os alunos em dificuldade. O professor torna-se pessoa-recurso, coordenador de atividades descentralizadas. Continua sendo o maestro da orquestra, mas os alunos não tocam mais juntos...

As pedagogias ativas às vezes são elitistas

Os professores que se preocupam com a diferenciação muitas vezes são partidários das pedagogias ativas. No entanto, os trabalhos em equipe, os projetos, as atividades-marcos, as situações de comunicação e as pesquisas também são formas de marginalizar os alunos mais fracos ou lentos, tornando ativos os alunos mais autônomos, que dominam os *savoir-faire* básicos. Sem renunciar a uma pedagogia ativa, é preciso avaliar sem complacência seus efeitos, o que é mais difícil quando visamos a aprendizagens fundamentais, que só podem ser mensuradas a longo prazo. As pedagogias ativas são ainda mais enganadoras quando vários alunos participam com prazer da tarefa proposta e mascaram o desconcerto de outros que, abandonados a si mesmos, não fazem grande coisa ou se limitam a imitar seus colegas mais ativos.

Distância cultural

Diferenciar é trabalhar prioritariamente com os alunos que têm dificuldades. Ora, nem sempre eles são cooperativos, trabalhadores, simpáticos, bem-educados, divertidos, limpos e charmosos, ou seja, gratificantes. Diferenciar é enfrentar com freqüência uma certa distância cultural, gerar uma certa tensão com qualquer alunos rebeldes a aprendizagem, superar tantos momentos de desânimo quanto o tédio inerente à repetição das mesmas explicações, as quais acompanham tarefas elementares, por mais fundamentais que elas sejam... É normal ter vontade de trabalhar com os alunos mais gratificantes, mais curiosos, mais rápidos. É inútil sentir-se culpado. O essencial é analisar lucidamente suas escolhas!

Cuidado com a dispersão!

A partir do momento em que se tentamos responder aos pedidos dos alunos, intervir de forma diferenciada, podemos desgastar-nos muito rapidamente por querer fazer tudo com todos. É preciso saber escolher, renunciar a algumas intervenções inúteis, diferenciar as intervenções menos urgentes para atender ao mais necessitado. Isso nos obriga a ter uma certa autonomia com relação aos pedidos dos alunos, pois os que gritam mais alto nem sempre são aqueles que mais precisam de ajuda, muito pelo contrário. E os que têm dificuldades nem sempre são aqueles que o professor tem vontade de interpelar ou de solicitar.

Problemas de organização

Não é suficiente gerenciar os pedidos dos alunos. É preciso encontrar um sistema de trabalho individualizado, que permita a alguns alunos longos momentos de atividade autônoma e útil, enquanto o professor trabalha mais intensamente com um subgrupo ou apenas um aluno. Isso pressupõe um plano de trabalho, um material diversificado, autodescritivo e autocorretivo, regras de funcionamento negociadas com os alunos e um mínimo de disciplina. Tudo isso não funciona sem um esforço de explicitação da lógica da diferenciação: não podemos diferenciar sem que os alunos o saibam e sem que tenham compreendido a finalidade do sistema.

A obsessão por passar à ação

É esgotante diferenciar, mesmo se somos organizados e vamos logo ao essencial. Como controlar nosso investimento, não ceder à tentação de querer fazer tudo ao mesmo tempo? Andar rumo a uma pedagogia diferenciada a toda uma classe pode ser uma caminhada de vários anos. Se quisermos resolver todos os problemas, nós nos desestimularemos e abandonaremos tudo. Para nos encontrarmos no mesmo ponto um ano mais tarde...

Seria melhor estabelecer objetivos razoáveis, limitar as ambições a uma disciplina ou a certas noções fundamentais, não assumir na mesma medida todos os alunos em dificuldade e todos os tipos de dificuldades. É impossível querer construir sozinho uma pedagogia diferenciada, esquecendo que tudo faz parte de um sistema. Todas essas questões são razoáveis no papel, mas como é difícil dominá-las na prática, em uma profissão em que passar à ação é uma droga!

Enfrentar os obstáculos institucionais

É desestimulante trabalhar com a diferenciação em um sistema escolar que a recomenda sem criar condições ótimas, nem mesmo mínimas, pois isso pode provocar amargura ou cinismo. Para diferenciar, cada um têm o direito de esperar que o sistema tenha definido opções totalmente claras nesse sentido e tenha concedido os recursos necessários. Mas também podemos considerar que a evolução do sistema passa pela multiplicação das tentativas individuais. Para saber que recursos, condições de trabalho, meios de ensino, flexibilização de horários, comunicação entre graus e procedimentos de avaliação devemos pedir ao sistema, é preciso experimentar os obstáculos estruturais, enfrentá-los de forma concreta e pessoal. Senão, estaremos falando no vazio. Assim, muitos professores que exigem, antes de mais nada, a redução dos efetivos das classes, fazem-no de maneira um pouco abstrata, sem perceber que isso não é o essencial, que, mesmo com 15 alunos, a maioria dos problemas permanece.

Aceitar suas próprias contradições

Ninguém tem uma visão totalmente clara sobre o fracasso escolar, a igualdade, a justiça, a diferenciação. Essa confusão quanto aos objetivos com freqüência também é acompanhada de uma forte ambivalência quanto aos recursos. Quem pode estar certo de ter encontrado as estratégias mais eficazes? E que fazer quando o que parece ser mais eficaz desagrada aos alunos, não é compreendido pelos pais ou distancia o professor do que ele gosta de fazer?

Tais contradições são normais. Não há motivo para se sentir culpado apenas porque se tem outras preocupações além da luta contra o fracasso escolar. Ensinar é animar uma classe, é viver o presente enquanto se prepara o futuro, é preocupar-se com um grupo e com aprendizagens individuais, tanto no que se refere à educação quanto à instrução. Por isso, não é possível colocar toda a energia e a imaginação a serviço de apenas uma causa, por mais importante que ela seja.

Esses 12 pontos não propõem nenhuma receita que, aplicada ao pé da letra, permita diferenciar o ensino sem qualquer dúvida. Tais receitas não existem. Cada um deve construir seu próprio sistema. No melhor dos casos, essas reflexões podem ajudar a ir direto ao ponto, evitando algumas derivações ou alguns impasses. Quando alguém age em sala de aula, em grande parte depende apenas de si mesmo, pois lida com um sistema didático que só ele conhece detalhadamente. Por isso, é útil contar com alguns pontos de referência que permitam efetuar um balanço de forma regular, detectar disfunções e efeitos perversos, tomar distâncias. Mas, sem dúvida, o melhor é discutir primeiro com os colegas!

"A MANTEIGA E O CREME DA MANTEIGA": AMBIGÜIDADES DA DIFERENCIAÇÃO[2]

A diferenciação do ensino enfrenta obstáculos conhecidos: o número de alunos em cada classe, a compartimentação dos graus, a falta de meios de ensino individualizados, a indefinição artística ou o silêncio das metodologias sobre esse assunto, a ausência de objetivos claramente definidos, um sistema de avaliação inadequado, a insuficiência da formação básica e contínua em matéria de ensino diferenciado, a importância do trabalho de preparação, as dificuldades para administrar atividades de níveis e conteúdos diferentes na sala de aula e as limitações do horário escolar.

Esses obstáculos, bastante reais, não significam que a diferenciação seja impossível. Por outro lado, nenhum professor, por menos que se preocupe com a diferenciação, pode oferecer um ensino totalmente uniforme: ele não tem o mesmo relacionamento com todos os alunos, não intervém com cada um pelos mesmos motivos, de uma maneira idêntica, com iguais exigências e humor, dedicando a todos exatamente o mesmo tempo, a mesma atenção, o mesmo valor. Essa diferenciação "selvagem", parcialmente inconsciente, às vezes geradora de injustiças e desigualdades, está presente em uma classe sempre que o professor não se limita a ministrar um curso *ex cathedra*. Isso quer dizer que no ensino fundamental nunca houve um tratamento totalmente indiferenciado.

Desde que existem classes, essa diferenciação selvagem tem sido compensada por tentativas de individualização do ensino orientada para a aprovação do maior número possível de alunos. Os partidários de uma "escola sob medida", de um "ensino individualizado", de uma "pedagogia diferenciada" são apenas o prolongamento de um movimento espontâneo da maioria dos professores do ensino fundamental: ajudar as crianças em dificuldade, dedicar mais tempo a elas, mostrar-se mais pacientes ou provisoriamente menos exigentes para permitir que elas progridam, que confiem neles.

Todos os professores sabem, por experiência própria, que as crianças são diferentes, que não têm os mesmos interesses, que não aprendem no mesmo ritmo, que não recebem do meio do qual provêm o mesmo capital lingüístico e cultural, que na mesma idade não têm o mesmo nível de desenvolvimento intelectual, que nem todas são ajudadas e apoiadas pela família. Portanto, com o mesmo ensino, não podem adquirir ao mesmo tempo as mesmas aprendizagens: para prevenir o fracasso escolar, para não agravar ainda mais as desigualdades iniciais, é preciso diferenciar o ensino, dedicar mais tempo e mais recursos para ajudar os menos favorecidos. Há cerca de 20 anos, essa intuição sentida por todos diante de uma classe tem ocupado um lugar primordial em todas as tentativas de luta contra o fracasso escolar ao nível da sala de aula. Tudo faz parte desta idéia simples: para que todos os alunos alcancem o domínio dos saberes e *savoir-faire* fundamentais, é preciso diferenciar o ensino, individualizar as aprendizagens. A partir desse esquema básico, as concepções diferem bastante: alguns gostariam de integrar completamente a diferenciação ao ensino em sala de aula, favorecendo o trabalho em grupo dos professores; outros

50 PHILIPPE PERRENOUD

acreditam mais em diversas formas de apoio confiadas a professores especializados ou a especialistas; outros, ainda, apóiam soluções "estruturais", da repetência tradicional a fórmulas mais novas, como os grupos de níveis, os graus de ensino mais ou menos rápidos, a eliminação do grupo-classe, por exemplo, no sentido de um sistema de pedagogia de domínio. As divergências surgem no que se refere à natureza da diferenciação: é suficiente individualizar os ritmos ou os tempos de aprendizagem? Ou é preciso imaginar uma diferenciação mais global dos métodos, das maneiras de aprender, das atividades e dos conteúdos, até mesmo das exigências e dos objetivos?

Essa diversidade de pontos de vista não deveria ocultar um acordo quanto ao ponto essencial: essas formas de diferenciação são, no ensino fundamental, caminhos propostos para atingir o mesmo objetivo, de modo que todos os alunos dominem os saberes e *savoir-faire* fundamentais. Para além das divergências metodológicas e teóricas, a diferenciação é definida por essas diversas correntes como uma estratégia privilegiada de democratização do ensino e de luta contra o fracasso escolar. Entretanto, o que parece simples em seu princípio é muito menos simples na prática, devido aos obstáculos já enumerados. Eles estão ligados aos limites de nossas teorias de aprendizagem, de nossa reflexão didática sobre as modalidades da diferenciação. Também se relacionam ao fato de que a vontade política de lutar contra o fracasso escolar e a desigualdade nem sempre é claramente afirmada ou nem aplicada com a constância e os recursos necessários.

Além disso, gostaria de levantar aqui outro problema: a ambigüidade dos critérios de decisão. Muitas vezes trata-se de dar a cada um "segundo suas necessidades". Pois bem, isso só é fácil de forma abstrata. Concretamente, como podemos identificar as necessidades de cada um? É o caso de responder a um pedido explícito de ajuda ou de atenção? A experiência mostra que o pedido dos alunos não tem nenhuma relação obrigatória com suas dificuldades. Alguns alunos muito adiantados solicitam constantemente a professora, pois gostam que ela alimente sua atividade, que se ocupe deles. Ao contrário, algumas crianças pouco favorecidas não fazem nenhum pedido, evitam o contato, tentam mascarar suas dificuldades. A professora pode optar por avaliar sozinha as necessidades "reais" dos alunos. Mas quais são elas? Será que não precisam, acima de tudo, as crianças serem amadas, admiradas, tranqüilizadas, objeto de atenção, não precisam que brinquemos com elas, que as envolvamos em alguma atividade interessante, que façamos tudo o que elas gostam? Será que têm necessidade de aprender a ler e a contar? Nem todas. Algumas realmente precisam disso, e são elas que aprendem com maior facilidade. Devemos deixar as outras "tranqüilas" enquanto não sentirem necessidade ou vontade de aprender? Em nossa sociedade, a educação é obrigatória: o professor não pode esperar que seus alunos realmente tenham vontade ou necessidade de aprender.

Se a diferenciação não pode obedecer apenas à regra "a cada um segundo seu pedido", ou "a cada um segundo suas necessidades", qual deve ser, então, seu princípio regulador? Como o professor pode saber a quem deve dedicar mais tempo e atenção? A diferenciação do ensino significa inevitavelmente *romper com uma forma de eqüidade*, interessar-se mais por alguns alunos, atendê-los mais, propor-lhes atividades diferentes, julgá-los de acordo com exigências proporcionais às suas possibilidades. Muitos professores sentem-se culpados quando tratam seus alunos de forma desigual, mesmo se for "por uma boa causa". Sobretudo nos graus mais elementares, pensan que não têm o direito de ignorar as necessidades afetivas ou as solicitações das crianças mais adiantadas, sob o pretexto de que elas têm "menos necessidade deles" que seus colegas em dificuldade.

Para vencer essa culpa, para resistir à tentação permanente de dedicar mais tempo aos alunos mais ativos, mais interessantes e, por isso, mais gratificantes para o professor, é preciso dispor de critérios de decisão perfeitamente claros. Será que esse não é o papel do programa, dos objetivos didáticos? Não podemos considerar que diferenciar é dar mais tempo, apoio didático, atenção, talvez afeição, às crianças mais distantes dos objetivos propostos? Às que aprendem mais lentamente, mais dificilmente, talvez com menos vontade? Isso não é tão simples assim, devido ao caráter muitas vezes vago dos objetivos de cada grau e de seu *status* ambíguo quanto às responsabilidades e ao "dever moral" dos professores.

É inútil insistir muito na falta de precisão dos objetivos a serem alcançados no final do ano. O plano de estudos é formulado em termos de conteúdos, de noções a serem ensinadas, mais do que em termos de domínios a serem construídos. Seu caráter cíclico torna ainda mais difícil a identificação de limites mínimos a atingir; isso acontece, por exemplo, com a leitura no final da segunda série do ensino fundamental, com o domínio da ortografia ou da gramática no final da quarta série, com a expressão escrita ou o raciocínio matemático no final da sexta. As novas metodologias propõem objetivos mais explícitos, mas a título meramente indicativo. Pode acontecer que, com a adaptação dos programas, haja objetivos melhor definidos e mais rígidos. Todavia, não é necessariamente certo que, ao fazer isso, contaremos com o apoio dos professores, que se preocupam em conservar uma certa autonomia, mesmo sendo partidários da diferenciação...

Portanto, um professor nunca está certo de ter "cumprido seu contrato", de ter levado seus alunos ao limiar da aquisição considerada suficiente para um determinado grau. Com a ajuda da angústia, ele é constantemente tentado a exigir mais de cada um. Essa tendência é reforçada pela forte ambigüidade de sua tarefa: deve-se permitir que cada um domine certos saberes e *savoir-faire* definidos, considerados mínimos em um determinado momento do curso escolar? Ou deve-se "dar a cada um a oportunidade de progredir ainda mais"?

Geralmente, como se essas fossem duas maneiras de dizer o mesmo. Na verdade, em uma situação de raridade dos recursos e do tempo do professor, os dois objetivos são contraditórios, pois não privilegiam os mesmos alunos. Imaginemos um guia que deve conduzir 20 alpinistas ao topo de uma montanha muito alta, sendo que cada um deve avançar de acordo com seus limites. O guia não poderia levar todos os alpinistas ao mesmo tempo. Teria de obedecer a dois objetivos:

– conduzir *todos os alpinistas* a uma altura *mínima*, supostamente ao seu alcance;
– conduzir *cada um deles* à sua altura *máxima*.

Se o guia não tivesse limite de tempo, conseguiria atingir os dois objetivos. No entanto, quanto mais houver limitação de tempo, mais ele será obrigado a *escolher*: ou dedica sua energia a levar os mais lentos à altitude mínima, ou os abandona à própria sorte para ajudar os melhores a superar em seus limites.

O professor é um guia com meios limitados e um tempo. Ele deve escolher. Não é possível ter "a manteiga e o creme da manteiga ao mesmo tempo", como diziam nossas avós. Essa dolorosa escolha fica sob a total responsabilidade do professor. Se ele se dedica prioritariamente aos alunos em dificuldade, sente-se culpado e logo será acusado de "sacrificar as elites", de "não gostar de todas as crianças" ou de "nivelar por baixo". Se utiliza seu tempo para inventar problemas, encontrar textos, estimular pesquisas que respondam às necessidades dos alunos mais adiantados, que se aborrecem com o ritmo da média, também se sentirá culpado e será estigmatizado por sua atitude elitista, sua indiferença ao fracasso dos filhos das classes populares, sua contribuição à reprodução das desigualdades....

Há professores que, por ilusão ou realidade, pensam que podem conseguir conduzir todos os seus alunos a um domínio suficiente do programa, estimulando os mais rápidos. Os professores menos favorecidos ou mais lúcidos podem sair dessa situação fazendo uma escolha ideológica categórica, a elite ou a massa. Aqueles que vêem diante de si crianças de 6 ou 10 anos, mais do que filhos de trabalhadores ou de burgueses, sentem uma grande dificuldade para optar serenamente. A diferenciação, quando é possível, transforma-se em uma "valsa-hesitação": uma etapa de apoio intensivo aos alunos em dificuldade, enquanto os "bons alunos" são convidados a "se ocupar de forma inteligente"; depois, uma etapa de "pesquisa" aproveitada apenas pelos melhores, já que os outros não conseguem compreender nada do que é dito; uma fase de desaceleração da progressão para que todos compreendam; uma fase de aceleração para não desfavorecer os melhores...

Se a instituição tivesse um discurso mais claro, se parasse de sugerir que os "bons professores" sabem e podem "fazer tudo", se definisse melhor os objetivos de domínio e o "contrato" dos professores em um determinado nível, talvez tirássemos um melhor partido dos recursos de diferenciação que já estão disponíveis!

CULTURA ESCOLAR, CULTURA ELITISTA?[3]

Em 1965, Bourdieu e Passeron publicaram *Les Héritiers*, obra que continua totalmente atual. Tanto hoje como ontem, uma parte dos alunos encontra na escola uma cultura com a qual está familiarizada, enquanto outros se sentem exilados. Isso acontece com alunos imigrantes ou provenientes de famílias que se estabeleceram há pouco em outro país. Mas também ocorre, de modo menos visível, com filhos das classes populares.

Já sabemos que todos os alunos participam de uma cultura, a de sua família, de seu bairro ou de sua comunidade local, a de sua classe social. Todos são, à sua maneira, herdeiros. Porém, Mas no mercado escolar, alguns herdeiros valem ouro, enquanto outros não são "rentáveis". Os alunos que cresceram entre livros e conversas intelectuais, ao ingressar na escola, só não estão familiarizados com as formas particulares dos trabalhos escolares e da relação pedagógica. No entanto, os que cresceram em terrenos baldios, em estádios ou diante da televisão têm de percorrer uma distância bem maior: na escola, nada lhes diz nada, faz sentido, nem os objetos, nem as atividades. Podemos dizer, então, que a cultura escolar é elitista?

O choque cotidiano das culturas

Para um antropólogo ou um sociólogo, as culturas só são hierarquizadas, entre sociedades ou em uma sociedade, em virtude de normas e relações de força que não devem nada a uma ordem objetiva nem às classificações realizadas por atores suficientemente poderosos para impô-las e apresentá-las como "naturais". Entretanto, essa não é uma perspectiva comum. Nada é mais estranho ao relativismo cultural que as concepções da cultura em nossa sociedade. Quem considerará equivalentes um livro de Kundera e o último romance da coleção "Harlequin"? *Rambo III, A sociedade dos poetas mortos, Noites sagradas* e *Apostrophes*? Um jogo de cartas e os fracassos?

Em geral, os sociólogos definem a *cultura de elite* como a das classes instruídas; trata-se da Cultura com um grande K, enraizada nas Humanidades, aquela das pessoas que escutam música clássica, visitam museus e galerias de arte, assistem ao último Woody Allen, compram os romances das edições Gallimard (e algumas vezes os lêem), vão ao teatro, à ópera, ao balé, viajam com o Guia Michelin na mão, assistem a Oceáriques desprezam as emissões populares e a literatura barata.

Para os membros mais conservadores da elite, sua cultura é A cultura. Parece-lhes que não existe outra cultura digna desse nome: "ou se tem ou não se tem!", é simples. Os outros se caracterizam por uma ausência de cultura. Para os sociólogos, a cultura é inseparável da condição humana. Portanto, a cultura de elite não passa de uma cultura entre outras, o que não impede que se reconheça que ela desempenha um papel dominante. Resta saber como descrever e nomear as outras culturas. Há um século, era relativamente fácil identificar a cultura camponesa, a cultura dos pequenos artesãos ou dos pequenos comerciantes. Hoje, a cultura de massa embaralhou as cartas. Ela tem pouca relação com as culturas populares tradicionais. É a cultura dos meios de comunicação de massa, dos programas de televisão assistidos pelo grande público, dos *best-sellers*, dos esportes-espetáculo, dos jogos, do Top 50, dos jornais populares. Produto das indústrias culturais, participa do consumo, privilegia a diversão, o lazer, o espetáculo, os jogos, a imagem. Alguns afirmam que a cultura de massa substituiu pura e simplesmente a cultura popular. Parece-me mais adequado dizer que a cultura popular ficou limitada à esfera cotidiana, à da família, do supermercado, das conversas de bar, das arquibancadas dos estádios ou do metrô, das solidariedades sindicais, das grandes multidões, da paquera. Com freqüência, a cultura popular parece uma resposta semelhante a uma condição comum: relativa pobreza, desemprego, insegurança e solidão nas grandes cidades, habitação precária, confronto com os imigrantes. Durante muito tempo, os burgueses em busca da cultura do povo buscaram obras, festas, rituais, uma literatura, uma música, artes "populares". Talvez já fosse uma transposição prematura de um modelo de cultura que convém sobretudo à elite.

Atualmente, as diferenças de consumos culturais não esgotam a diversidade das culturas. Entretanto, são seus sinais mais perceptíveis, especialmente na escola. As crianças das classes populares não se destacam hoje em dia pelos tamancos ou farrapos. Elas "delatam" sua condição quando contam que sua família prefere visitar o Europa Park em vez dos castelos do Loire, assiste *a Noite Sagrada* em vez de *Edição especial*, lê *Nós Dois* em vez de *O mundo diplomático...*

É claro que essas oposições são um pouco caricaturais. Há intelectuais que assistem a *Domingo de Manhã* ou *Dallas*, operários que lêem Umberto Eco ou não perdem um balé de Béjart. Os casos singulares multiplicam-se quando não nos reduzimos à uma definição estreita da cultura como visita às obras ou consumo de produtos da indústria cultural. Não devemos esquecer que o lazer, o esporte, a cozinha, as roupas, os móveis, o *look,* as férias também são terrenos de *distinção*. Além disso, a cada década, as marcas exteriores de *status* evoluem, o tênis e o golfe não são marcas apenas da burguesia, uma publicidade bem-feita ou uma estrela arrasta multidões à ópera ou ao teatro, mesmo que esta não seja a tradição popular, a *nouvelle cuisine* assemelha-se muito à *fast food*. Para além das nuances, das fronteiras flexíveis ou móveis, dos casos atípicos, há uma evidência: em nossa sociedade, as diversas classes sociais não têm o mesmo lazer, as mesmas práticas, os mesmos consumos. E isso não está relacionado apenas à renda, mas aos gostos, aos valores, à educação.

A distância cultural entre professores e alunos

Será que existe uma relação entre esses fenômenos e a escola? Com certeza, visto que a maioria dos professores faz parte da cultura de elite. Eles lêem uma imprensa "de bom nível", "não assistem a qualquer coisa na TV", gostam da "boa música", sabem o que se deve ler, ver, visitar, comer, escutar, embora nem sempre o façam... Um professor "culto" sente-se a mil léguas de distância do modo de vida de alguns de seus alunos, "repletos de publicidade televisiva e novelas", cujos pais gostam de grandes cães, dos jogos de cartas ou dos esportes populares, das fitas pornô ou da imprensa marrom. A essas rejeições adicionam-se outras, em matéria de higiene, de gostos alimentares ou de vestimenta, com relação à violência, ao sexo, à autoridade, à linguagem.

Existe uma grande *distância cultural* na relação pedagógica. Entre professores e alunos, a comunicação, a cumplicidade, a estima mútua dependem muito de gostos e valores comuns, em âmbitos aparentemente estranhos ao programa, pois a escola não é feita apenas de saberes intelectuais a serem ensinados e exigidos. Também há uma coexistência em um espaço fechado, conforme certos rituais e regras do jogo: ordenar o material, deslocar-se, tomar a palavra no momento adequado, respeitar espaços e objetos comuns. Na interação cotidiana, a escola é elitista, embora muitas vezes não seja essa sua intenção, porque coloca crianças de todas as classes sociais (ao menos no ensino fundamental) na presença de professores de classe média ou alta que participam, escolarmente e em prol de uma promoção social, da cultura de elite, que compartilham os gostos e desgostos dos que têm educação, os valores e preconceitos (sobretudo no que se refere à cultura de massa) dos que aspiram a se distinguir do comum.

Não podemos subestimar o choque cotidiano das culturas. Ele influencia o fracasso escolar: as rejeições, as rupturas na comunicação, os conflitos de valores e as diferenças de costumes contam tanto quanto o eventual elitismo dos conteúdos. Uma criança que rejeita a violência, que respeita os livros, que cumprimenta educadamente e sempre tem as mãos limpas será mais apreciada do que aquela que, com iguais dificuldades, agride os outros, diz palavrões, masca chiclete, cheira mal, destrói disfarçadamente as plantas do professor ou acaba abertamente com suas profissões de fé ecológicas em nome do "sacrossanto carrão".

A distância não é apenas social e cultural. Também é uma questão de personalidade e de afinidade. Muitas vezes, o que atribuímos ao caráter está enraizado em valores e hábitos familiares, em uma cultura no sentido mais amplo. Via de regra, simpatizamos apenas com aqueles que compartilham nossa sensibilidade, nossos valores, nossa visão de mundo. Os casamentos ocorrem de preferência entre pessoas de origem social e nível cultural próximos. As outras relações sociais seguem a mesma tendência.

Para combater essa forma de elitismo, é preciso interessar-se muito pelo trabalho escolar cotidiano, pela disciplina, pelos usos do tempo e do espaço, pelas normas de vestimenta, pela higiene, pelo barulho, pela língua e pelas formas de trocas mais anódinas. É preciso refletir sobre o *currículo real*, sobre o *currículo oculto*, sobre as normas não-escritas que balizam o percurso escolar (Perrenoud, 1984). Para além da didática, é preciso formar o professor para que ele domine a distância cultural na relação pedagógica e na gestão de sua classe.

Paradoxalmente, a questão do intercultural, tão em voga hoje em dia, corre, ao mesmo tempo, o risco de sensibilizar os professores à diversidade das culturas e de sugerir é um fenômeno novo. Na verdade, para o professor de classe média ou alta, é tão difícil compreender uma criança da classe popular quanto um pequeno turco. Mas é por isso que o professor e aluno falam a mesma língua. Daí a acreditar que eles se parecem...

Os programas são elitistas?

Quando falamos do elitismo do ensino, geralmente não pensamos na distância cultural entre professores e alunos. Falamos de conteúdos, da cultura escolar em sua definição mais ampla: a ortografia, a gramática, a história, a explicação do texto, a composição e a dissertação passam facilmente por disciplinas elitistas.

Nesse ponto, devemos matizar a análise quando nos referirmos ao ensino fundamental, ou aos graus de ensino pós-obrigatórios. Quando nos situamos em um nível avançado do curso, os alunos já foram selecionados escolarmente e, por conseguinte, também cultural e socialmente. O ensino secundário pósobrigatório é elitista por vocação, quase por definição: em uma classe de *baccalauréat**, preparamos aqueles que amanhã exercerão profissões intelectuais e liberais. Nem todos chegarão lá, mas esse é o destino "normal" dessa etapa da carreira. Por que se surpreender, então, com o fato de que os conteúdos do ensino sejam elitistas? O debate contrapõe tradicionalistas e modernistas, partidários da cultura clássica e profetas da informática. Permanecemos entre pessoas "cultas", que divergem sobre o tipo de herança.

No caso da escola primária, a questão é mais aberta. Atualmente, ela é aberta a todos, e a seleção é realizada no limiar do ciclo secundário. A escolaridade primária, nos países desenvolvidos, não desemboca diretamente na vida ativa. Ela prepara para uma condição social particular. Por que a escola primária seria elitista? Ela é? Para responder a essas questões, podemos adotar uma definição clássica do elitismo e tentar buscar nos programas ou manuais os vestígios ou as premissas da cultura de elite, como:

- o peso dos "saberes" em o posição aos *savoir-faire*;
- o predomínio do verbo sobre a ação;
- o lugar importante da terminologia, do léxico (nomear, definir, classificar);
- a abstração e o caráter artificial dos conteúdos, dos problemas, dos exercícios;
- a importância dos escritos literários em oposição a outros tipos de textos;
- o peso das normas literárias e estilísticas, desde o início da escolaridade;
- o valor distintivo da ortografia.

---

*N. de R. Exame prestado ao final do caso secundário francês, equivalente ao ensino médio brasileiro.

No entanto, os programas têm evoluído no sentido de um elitismo menos marcante: há mais espaço para a prática da língua e do raciocínio, parte-se da experiência, do "vivido", diversificam-se os textos, relativizam-se as normas, abre-se a escola para a vida. Tudo isso não ocorre muito rápido – das declarações de intenção aos atos há um longo caminho! Mas o elitismo regride pouco a pouco, ao menos no sentido clássico. A escola primária não é mais tão forte quanto, como em um passado recente, a antecâmara dos longos estudos, o colégio não está mais totalmente ordenado com relação às exigências dos liceus.

Resta o essencial, o elitismo comum da escola. De todos, ela exige saberes e atitudes escolares, familiares aos adultos que, precisamente, têm um bom nível de escolaridade. Com esforço, a escola pode modernizar seus programas, aproximá-los da vida prática, banir as sutilezas gramaticais, ampliar seus valores. Porém, ainda deve acolher e misturar os filhos daqueles que devem tudo, ou quase tudo, ao seu diploma e à sua cultura escolar e os filhos daqueles que foram excluídos de longos estudos.

Nesse sentido, o fato de os programas serem elitistas parece quase inevitável. Será que isso significa que o ensino também é necessariamente elitista? Absolutamente! Essa é a maior confusão que deve ser identificada e denunciada por todos aqueles que trabalham para democratizar o ensino. Não se espera que um conservatório renuncie a ensinar música de câmara em prol da *pop music*. Essa seria a forma mais segura de reservar tal aprendizagem aos que podem construí-la em um contexto familiar ou em uma rede privada. Em contrapartida, nada obriga que os filhos de músicos obtenham bons resultados no conservatório e fracassem em todos os outros âmbitos.

Isso é justamente o que faz a diferença entre uma mera instância de seleção e uma escola. Na escola, antes de avaliar, de certificar, de selecionar, deve-se ensinar. O elitismo depende muito da maneira como esse ensino é ministrado. Se, de acordo com a expressão de Bourdieu, os alunos são tratados como "iguais em direitos e deveres", se praticamos a *indiferença às diferenças*, exceto no momento da avaliação, então o ensino é elitista. Favorece os favorecidos, reproduz as desigualdades. Ao contrário, se o ensino é diferenciado, se cada um tem o tempo e os meios de se apropriar da cultura escolar, o elitismo dos programas não é agravado pela pedagogia.

Imagina-se, erroneamente, que os filhos de músicos não sejam privilegiados quando estudam música. A democratização dos estudos não consiste em criar um *handicap* porque nos preocupamos com o igualitarismo. O essencial é dar aos outros – que não têm a mesma herança, não vivem no mesmo ambiente – os mesmos trunfos, meios eficazes, propriamente escolares, de se apropriar da mesma cultura. Por isso, é preciso romper definitivamente com a ideologia do dom e orientar-se para uma pedagogia de domínio em seu sentido mais fecundo (Huberman, 1988a). Atualmente, o debate sobre a cultura deveria ser indissociável de um debate sobre a pedagogia. O elitismo depende desses dois eixos e, se existir vontade política, a pedagogia é capaz de se transformar mais que a própria essência da cultura escolar.

Notas

[1] Publicado em *Textes Libres Rapsodie*, 1981, n. 4, p. 9-14.

[2] Publicado em *Le Journal de l'appui* (SRP), 1985, n. 1.

[3] Publicado na revista *Coordination*, n. 37, maio de 1990, p. 21-23.

A desigualdade cotidiana diante do sistema de ensino: a ação pedagógica e a diferença[1]

Todos os educadores são confrontados com a diversidade de seus alunos. Como é possível enfrentá-la? Tentarei responder a essa pergunta com fragmentos de resposta. É melhor descrever o destino reservado às diferenças se quisermos explicar a gênese das desigualdades de formação em nível da sala de aula e se quisermos conceber uma diferenciação do ensino igualitário em suas intenções e efeitos. Contudo o tratamento das diferenças também é importante no nível das organizações escolares e das práticas pedagógicas. Portanto, tentativa a seguir se insere, ao mesmo tempo, na problemática da desigualdade social na escola e em uma sociologia dos sistemas de ensino.

O TRATAMENTO DAS DIFERENÇAS

As primeiras escolas agrupavam alunos de idades bastante diferentes e de níveis escolares muito desiguais. Uma classe muitas vezes reunia de 60 a 100 alunos, ministrando-lhes um ensino magistral pouco preocupado com a participação e no qual a diversidade não representava um obstáculo. O desenvolvimento dos sistemas modernos não pode ser separado de uma evolução para classes menos numerosas e mais homogêneas do ponto de vista dos alunos, de seu nível escolar e, às vezes, também de sua origem social, étnica ou confessional. Apesar dessa evolução, subsiste uma certa heterogeneidade em cada grupo-classe. Um sistema de ensino caracteriza-se por sua maneira particular de formar grupos relativamente homogêneos de alunos, regulamentando a *heterogeneidade que resta* e que os educadores terão de enfrentar em sua ação pedagógica cotidiana. Tratarei aqui dessa forma de tratamento das diferenças sob o ângulo de uma psicossociologia da prática de ensino frente à diversidade dos alunos. Essa diversidade será apresentada como característica de um coletivo, o *grupo-classe*, que afeta sua dinâmica e suas possibilidades de animação, e como característica de um *conjunto de indivíduos* que mantém – cada um deles – uma relação singular com o professor.

Para não isolar essa sociologia da ação pedagógica de uma análise mais global do sistema de ensino, antes de entrar no cerne da questão, gostaria de lembrar os principais *dispositivos estruturais* de tratamento das diferenças:

– a escolaridade é articulada em sucessivos graus, e um plano de estudo global atribui a cada aluno um programa que deve ser "suficientemente assimilado" para autorizar sua passagem para o grau seguinte;

– uma primeira homogeneização resulta da definição do público obrigatório ensino fundamental, como o conjunto de crianças de uma mesma geração para garantir uma relativa similitude dos níveis de desenvolvimento físico, social, afetivo e intelectual:

– com relação a essa norma geral, a partir do ensino fundamental obrigatório – ou mesmo no decorrer da educação infantil pré-obrigatória –, são feitos ajustes individuais que permitem às crianças mais desenvolvidas começarem seu ensino fundametal obrigatório com um ou, às vezes, dois anos menos;

– inversamente, os alunos cujos resultados escolares são insuficientes a partir do ensino fundamental ou mais tarde repetem, sendo, assim, obrigados a ingressar em uma classe mais jovem, na qual estudarão, novamente, o mesmo programa;

– um conjunto de classes especializadas, de instituições e de clínicas acolhem crianças cujo comportamento ou cujos distúrbios de desenvolvimento dificultam a entrada ou a continuidade nas classes comuns.

Esses dispositivos permitem administrar a heterogeneidade desde o início da escolaridade obrigatória. A existência de um setor especializado já introduz pelo menos duas direções diferentes, mas paralelas, embora a imensa maioria dos alunos ainda siga o mesmo programa; a homogeneida-

A Pedagogia na Escola das Diferenças **63**

de das idades, corrigida por repetências por vezes maciças, é suficiente para tornar o ensino possível no contexto do ensino fundamental, levando em conta seus objetivos e a formação generalista dos professores.

Sabemos que, após quatro anos com um tronco comum, todos os sistemas de ensino, sem renunciar aos dispositivos precedentes, relativamente rudimentares, introduzem uma diferenciação em termos de conteúdos e de níveis de exigência, tanto sob a forma de escolas ou seções compartimentadas e globalmente hierarquizadas ou diferenciadas, quanto sob a forma mais recente de escolas médias integradas, que oferecem opções e cursos com nivelação em algumas disciplinas. Os trabalhos de Bain (1980) abordam justamente um dos sistemas possíveis e suas transformações. Sabemos também que, quanto mais nos encaminhamos para a escolaridade pós-obrigatória, mais a árvore se ramifica ainda mais, e cada galho dá origem a cursos ainda mais especializados. Em cada um deles, os grupos-classes tendem, então, a se homogeneizar sob os ângulos do passado e do nível escolares e também dos futuros projetos de formação e de identidade social. Essa homogeneidade dos grupos é fruto não só dos efeitos acumulados das seleções e orientações realizadas desde o final do curso, como também do trabalho de homogeneização cultural, e mesmo ideológico, no interior de cada curso.

Mencionarei de memória outros dispositivos estruturais que repercutem na sala de aula e reduzem a diversidade dos grupos-classe: a existência de escolas particulares ou alternativas, que permitem a concentração em uma mesma escola de filhos de famílias similares, social ou ideologicamente; a separação de meninos e meninas que, por comparação com as escolas mistas, priva os grupos-classe de uma forma essencial de diferença; as escolas que recrutam mais ou menos abertamente seu público conforme critérios confessionais ou étnicos.

Nunca acabaríamos de descrever o perfil particular desses dispositivos em um determinado sistema de ensino, sua combinação, sua evolução. Esse não é meu objetivo, porém não gostaria que acreditassem que, por nos interessarmos pelo tratamento das diferenças no grupo-classe, podemos ignorar que essas diferenças constituem, de alguma maneira, uma *diversidade residual*, um produto de outros níveis de tratamento da diferença. Também não podemos fazer de conta que esses níveis são independentes e que o tratamento das diferenças no nível da organização escolar constitui um simples contexto inerte para o grupo-classe. Sociologicamente, o tratamento das diferenças na prática pedagógica cotidiana faz parte do sistema de ensino no mesmo nível que as estruturas escolares e os mecanismos de orientação e seleção, e o postulado fundamental de uma abordagem sistêmica é que nenhum desses níveis é completamente autônomo e, assim, completamente inteligível sem referência aos outros.

A emergência de uma ajuda integrada, realizada por professores de apoio, fonoaudiólogos, psicólogos escolares, assim como o desenvolvimento de equipes pedagógicas ou de experiências de descompartimentação, mostram que não é possível contrapor esquematicamente um tratamento das diferenças estritamente interno à sala de aula, que dependeria do professor, e um tratamento estrutural através do jogo dos mecanismos de orientação e seleção que regulamentam as passagens entre graus ou cursos de especialização. Não se pode esquecer que o trabalho em sala de aula fornece as aprendizagens, as aspirações e até mesmo as avaliações formais que fundamentam a orientação e a seleção ou a intervenção de outros profissionais.

Embora privilegie aqui a descrição do tratamento das diferenças no nível da sala de aula e das práticas cotidianas do professor, isso não quer dizer que eu desconheça as interdependências. O que ocorre é que essa *delimitação* corresponde a meu campo principal de observação no decorrer dos últimos anos. Neles, encontrei diversidade e complexidade suficientes para que valha a pena esse estudo. Para se livrar do "pecado" da psicologia social ou da microssociologia, o sociólogo tem a tentação de reintroduzir rapidamente o sistema de ensino em seu conjunto e de falar mais das determinações institucionais ou culturais das práticas que dos conteúdos e procedimentos cotidianos. Eu me esforcei para resistir a essa tentação. Um dos limites dos trabalhos de Bourdieu e Passeron (1970) sobre o sistema de ensino continua sendo o tratamento muito abstrato da ação pedagógica, extremamente estilizada. Uma descrição mais minuciosa dos processos internos da sala de aula necessariamente não invalidará as teses mais globais. Pode contribuir para matizá-las e para delimitar as mediações pelas quais a escola reproduz a desigualdade social e cultural.

Contra as teorias do complô e da escola como simples "aparelho ideológico do Estado a serviço da classe dominante", uma análise mais apurada das práticas e das transações em nível do microfuncionamento cotidiano do sistema de ensino ilustrará sua *autonomia relativa*. Ela poderá mostrar melhor como a gênese do sistema e seus modos de funcionamento e de mudança produzem efeitos sociais que nenhum poder precisa ditar detalhadamente.

Não pretendo retomar essa problemática global. Meu esforço consistirá em descrever alguns aspectos importantes do tratamento das diferenças no ensino fundamental. Em um primeiro momento, ao dar algumas indicações sobre as condições da observação, tentarei situá-la em seu contexto: um debate político e pedagógico sobre o fracasso escolar e a desigualdade, sobre as políticas de democratização; diversas experiências e pesquisas sobre a diferenciação do ensino; uma sensibilidade dos professores ao problema, que os torna mais conscientes que nunca das diferenças e da dificuldade de levá-las em conta em sua ação.

A seguir, considerarei o tratamento das diferenças:

– na animação global do grupo-classe como sistema de relações entre indivíduos diferentes;

– na relação pedagógica e nas reações do professor aos comportamentos mais ou menos conformes às suas expectativas;

– no trabalho didático propriamente dito (lições, exercícios, atividades de todos os tipos).

Uma última parte colocará o problema da representação das diferenças no espírito do professor, ligando-o à avaliação e à individualização das imagens de cada aluno. Este capítulo insere-se em uma série de trabalhos, que vão de uma primeira tentativa de síntese das explicações das desigualdades de sucesso escolar (Perrenoud, 1970) a uma segunda análise ainda abstrata dos modos de tratamento da diferença em sala de aula (Perrenoud, 1979). Encontraremos aqui o prolongamento empírico desta segunda análise e a ilustração da mesma tese: a fonte da desigualdade não se encontra apenas nas diferenças entre crianças, mas também no *status* conferido pela escola a essas diferenças e no tratamento que ela lhes reserva. A desigualdade das competências está enraizada no encontro, na interação entre a diversidade dos alunos escolarizados juntos e o sistema de ensino que os acolhe. Sem renunciar a explicar melhor a gênese das diferenças pré-escolares no seio de uma geração, a sociologia da educação deve, ao mesmo tempo, colocar em evidência a interação entre essas diferenças e o sistema de ensino no âmbito das estruturas, do currículo, do funcionamento organizado e

66 PHILIPPE PERRENOUD

da ação pedagógica. Essa é a direção do presente capítulo. Por isso, nele não encontraremos hipóteses sobre a gênese das diferenças cujo tratamento examinamos, nem discussões sobre a questão de saber se elas são de origem "sociobiológica", se dependem da diversidade das condições de vida e das práticas educativas familiares ou, ainda, se resultam da escolaridade anterior.

OS PROFESSORES DO ENSINO FUNDAMENTAL E A DESIGUALDADE

Atualmente, diante da desigualdade e das diferenças, grande parte dos professores está – cada um ao seu modo – engajada em uma "busca-ação pessoal". Eles questionam suas práticas e realizam tentativas de diferenciação. Em diversas escolas, há tempo os professores lutam contra o fracasso escolar, esforçam-se por levar em conta as diferenças, às vezes trabalham em equipe, em favor de uma escola ativa, aberta, cooperativa, igualitária. As experiências multiplicam-se, mas não podemos ignorar as escolas nas quais o fracasso é tratado como uma fatalidade.

Não podemos pretender dividir os professores do ensino fundamental em duas facções bem delimitadas, colocando em uma delas os que lutam contra o fracasso escolar e buscam ajustar seu ensino às diferenças e, em outra, os que tomam partido da desigualdade das aptidões e dispensam, sem nenhum problema de consciência, um ensino coletivo.

Bourdieu escreveu em *L'école conservatrice*:

> Para favorecer os mais favorecidos e desfavorecer os mais desfavorecidos, é necessário e suficiente que a escola ignore no conteúdo do ensino transmitido, nos métodos e nas técnicas de transmissão e nos critérios de julgamento, as desigualdades culturais entre as crianças provenientes das diferentes classes sociais; em outros termos, ao tratar todos os ensinados, por mais desiguais que eles sejam, como iguais em direitos e deveres, o sistema escolar é levado a sancionar as desigualdades iniciais frente à cultura.
>
> A igualdade formal que regula a prática pedagógica, na verdade, serve de máscara e de justificação às desigualdades reais frente ao ensino e frente à cultura ensinada ou, mais exatamente, exigida. (Bourdieu, 1966, p. 336-337)

Tal análise, prelúdio para *La reproduction*, sem dúvida ainda convém muito ao ensino em certos âmbitos pós-obrigatórios, universitários ou pré-universitários, em que os professores ainda possam ter um discurso *ex cathedra* diante de um público reputado, pelo único motivo que ele se reuniu para escutá-lo, capaz de compreender e assimilar a palavra magistral. Na verdade, duvido disso, porque não dá conta do que ocorre em uma sala de aula de ensino fundamental nos dias de hoje. Talvez por assumir mais o que ela tem de "fundamental", em vez de se preocupar em transmitir saberes e *savoir-faire* básicos a todas as crianças, sejam quais forem sua origem social e sua cultura. Em parte alguma as crianças são totalmente tratadas como iguais em direitos e deveres; em parte alguma o ensino é estritamente coletivo e completamente indiferente às diferenças. Um professor do ensino fundamental, que passa de 20 a 30 horas por semana entre seus 20 a 25 alunos, necessariamente tem imagens diferenciadas deles; com cada um ele tem um relacionamento relativamente personalizado e ajusta de forma parcialmente individualizada suas exigências, suas reações, suas explicações, sua avaliação. É verdade que essa diferenciação não é suficiente para impedir o aumento dos desvios, já que ela contribui para seus aspectos involuntários ou mal dominados. Todavia, isso não nos autoriza a dizer que, de maneira geral, há uma indiferenciação total do ensino.

Desde que existe a escola de ensino fundamental, é provável que vários professores tenham se esforçado, a cada dia, para que todos os alunos sejam bem-sucedidos e tenham dedicado mais tempo e esforço aos que parecem mais desvalidos. O discurso moderno sobre a democratização do ensino reforçou a solidariedade de muitos professores com as crianças provenientes das classes populares. A história do movimento Freinet e outros movimentos pedagógicos ou sindicais é a prova disso. Os trabalhos dos sociólogos da educação, e em particular, nos países francófonos, os de Bourdieu e Passeron, certamente também têm contribuído, há cerca de 15 anos, para sensibilizar quanto à *indiferença às diferenças*. Poucos professores ainda ignoram que as crianças chegam à escola com capital lingüístico e cultural muito variável, e que um ensino que não leve esse fato em consideração favorece os mais favorecidos.

Poderia parecer realista a inclinação diante da desigualdade dos dons hereditários, mas cruzar os braços diante da desigualdade das heranças culturais parece menos defensável, principalmente quando as ciências da educação afirmam que a desigualdade social frente à escola não é politicamente inocente, que ela reproduz a hierarquia das profissões e das classes sociais. Não é confortável para um professor passar por um "agente da reprodução social" em um período no qual o mito igualitário continua muito vivo. Seus dois sentimentos dominantes podem vir a ser, então, a culpa e a impotência. Ele sabe que cria desigualdade, mas não sabe como proceder de outra maneira. Para superar essa situação pouco gratificante, há duas possibilidades: voltar – regressar? – às certezas anteriores, reencontrar uma ideologia do dom que foi esquecida durante algum tempo, ou se esforçar para transformar seu ensino no sentido de uma maior diferenciação. Não se sabe se a maioria dos professores de ensino fundamental fará uma escolha clara e definitiva entre ambas as atitudes. Ao contrário, acredito que muitos devem oscilar entre momentos de otimismo inovador e momentos de pessimismo conservador. Durante um certo tempo, um professor faz de tudo para que todos os seus alunos sejam bem-sucedidos, prepara material individualizado, encarrega-se das crianças além do horário de aula, tenta fazer uma avaliação mais formativa e estimulante, conversa com os pais, investe em atividades mais significativas. No entanto, alguns meses ou anos mais tarde, decepcionado pela ausência de resultados espetaculares, esgotado pelo seu investimento em tempo, energia e criação didática, retorna a um funcionamento mais econômico e também mais fatalista. Perde a fé em sua possibilidade de transformar as coisas em sua escala e limita-se a cumprir com suas obrigações, ou seja, a seguir o programa. Pode ser que, após alguns anos, a alternância entre o desestímulo e a vontade de mudar dê origem à rotina indiferente, característica das burocracias.

Não me angajarei aqui em um debate sobre a escola como burocracia. Destacarei apenas que, embora a escola realmente seja uma organização complexa, a maioria de seus assalariados não trabalha em escritórios, mas em contato cotidiano com os alunos e as famílias, que não fazem parte da organização escolar *stricto sensu* e que não jogam o jogo burocrático. Pensemos nos médicos e nas enfermeiras que têm de lidar diariamente com doentes que os interpelam, os enervam, os agridem, os envolvem em um relacionamento. Os professores estão em uma situação similar, assim como todos os profissionais que lidam com pessoas. Se quisermos analisar a rotina burocrática dessas profissões, devemos considerar seu antídoto permanente: as expectativas e as intervenções individuais ou coletivas das pessoas pelas quais se responsabilizam e cuja vida está em jogo, se não física, pelo menos social e psicologicamente. As crises de identidade e de doutrina que periodicamente afetam as profissões testemunham sua resistência a uma completa burocratização.

DIVERSIDADE DOS ALUNOS E ANIMAÇÃO DO GRUPO-CLASSE

No início do ano, um professor de ensino fundamental depara-se com 20 a 25 crianças diferentes em tamanho, desenvolvimento físico, fisiologia, resistência ao cansaço, capacidades de atenção e de trabalho; em capacidade perceptiva, manual e gestual; em gostos e capacidades criativas; em personalidade, caráter, atitudes, opiniões, interesses, imagens de si, identidade pessoal, confiança em si; em desenvolvimento intelectual; em modos e capacidades de relação e comunicação; em linguagem e cultura; em saberes e experiências extra-escolares; em hábitos e modo de vida fora da escola; em experiências e aquisições escolares anteriores; em aparência física, postura, higiene corporal, vestimenta, corpulência, forma de se mover; em sexo, origem social, origem religiosa, nacional ou étnica; em sentimentos, projetos, vontades, energias do momento... Nunca terminaríamos de citar os critérios de diferenciação, de defini-los mais rigorosamente, de organizá-los logicamente. Em uma classe de ensino fundamental, apesar da relativa proximidade da idade, talvez haja mais diferenças que na maioria dos grupos constituídos em uma sociedade.

Essa diversidade representa um problema? Para quem? Os seres humanos não são capazes de enfrentar a diversidade, de lhe conferir sentido, de ordená-la, de utilizá-la para obter seus objetivos? À diversidade do mundo, o desenvolvimento afetivo e intelectual responde com a diferenciação dos conceitos, dos esquemas de pensamento, de percepção e de ação, dos modos de comunicação e de relação, dos investimentos relacionais, das emoções. No entanto, a adaptação à diferença não é instantânea nem ilimitada. A diversidade representa um problema quando não dispomos – ou ainda não dispomos – de esquemas diferenciados correspondentes, pois, nesse caso, a ação pode ser ineficaz e, até mesmo perigosa. E, sempre que possível, leva à não-ação, à não-realização de interações com pessoas muito diferentes daqueles com quem nos relacionamos habitualmente.

Em uma sala de espera, em um restaurante ou em um ônibus, na rua, certamente encontramos uma diversidade maior que em um grupo-classe. Porém, ela não representa um problema, uma vez que a norma, nos locais públicos, é que cada um pode ignorar os outros ou limitar-se a uma *interação mínima*. Em outros contextos que reúnem algumas dezenas de pessoas – assembléias, recepções, colóquios –, ao menos é possível escolher os interlocutores, não entrar em relação direta com pessoas das quais ignoramos os valores, os hábitos, as opiniões, os gostos e a identidade.

Em um grupo-classe, entre crianças, a possibilidade de escolha ainda existe, porém é reduzida. Coexistir todos os dias durante várias horas, em um espaço fechado relativamente exíguo, restringe o grau de liberdade de cada um na escolha de seus parceiros. Além disso, o professor não permite a escolha de vizinhos e colaboradores. Para uma criança, a diversidade dos colegas na sala de aula pode ser ameaçadora ou, no mínimo, problemática, porque algumas delas não possuem esquemas adequados de interpretação e reação. Uma criança pode desconcertar ou provocar medo por ter um sotaque estrangeiro ou dificuldades de expressão, reações violentas, cóleras incompreensíveis, familiaridades e exigências inesperadas, por ter alguma deficiência, por não respeitar os costumes.

Sabemos muito pouco sobre o que representam as primeiras experiências escolares sob esse ponto de vista. Talvez uma escolarização precoce, aos três ou quatro anos, possa reduzir a sensibilidade às diferenças em um período no qual egocentrismo predomina. A dificuldade de se adaptar à diversidade e de se relacionar com crianças muito diferentes talvez seja mais sensível quando há migração e mudança de classe ou, até mesmo, de sistema escolar em uma idade mais avançada. No decorrer da escolaridade, sem dúvida ocorre uma aprendizagem da diversidade e a formação de esquemas que podem ser transpostos a outras crianças em outros grupos-classe. Esse não é o aspecto menos importante do currículo oculto. Essa aprendizagem faz com que a diversidade torne-se familiar, permitindo enfrentá-la. Isso não significa que predispõe cada um a aceitar todos os outros e a tolerar todas as diferenças. Sempre que a escola não impõe redes de interação, nos momentos de jogo, no recreio, em excursões, fora da escola, encontramos segregações e exclusões. Se o professor não censurá-las, as rejeições e as preferências também estarão presentes na própria sala de aula, indicando que a familiarização com a diversidade não é sinônimo de tolerância e de aceitação das diferenças. A diversidade de um grupo-classe alimenta trocas positivas e vitais, mas também provoca conflitos, dominações e discriminações.

Para o professor, uma das facetas da diversidade do grupo-classe é representada pelas distâncias entre as crianças, por suas relações mais ou menos conflituosas e pela dinâmica do grupo-classe resultante. O professor também é membro do grupo, e entre ele e os alunos igualmente há diferenças e distâncias. Para muitos, elas resultam da desigualdade de *status* e de idade entre o professor – adulto, responsável pelo grupo, cujo ofício de instruir – e *qualquer* criança subordinada à sua autoridade, cujo "ofício" é aprender as regras do jogo. Seria mais grave ainda se ela mesma organizasse seus relacionamentos, arbitrasse seus conflitos, se encarregasse de seu funcionamento coletivo. Sem dúvida, ela diria que, em tais condições, não é possível jogar.

Talvez um professor habituado a ministrar apenas aulas particulares que, de repente, tivesse de lecionar em uma escola reagiria da mesma maneira e consideraria que o grupo o impede de ensinar. A maioria dos professores profissionais não passa por uma experiência como essa. Como alunos, conheceram um determinado grupo-classe. Como professores, estão preparados para agir nesse contexto. Esse é um dos denominadores comuns da condição dos professores no mundo inteiro. A capacidade de gerenciar esse grupo, de animá-lo, aparece como um componente "natural" da profissão e, longe de ser um obstáculo ou um mal necessário, o grupo pode ser vivido muito positivamente por alguns professores, seja porque lhe conferem, como comunidade, virtudes educativas insubstituíveis, seja porque encontram uma parte de suas gratificações pessoais e profissionais no trabalho de animação de um grupo de crianças ou adolescentes, independentemente das aprendizagens escolares previstas pelo programa. Portanto, uma parte significativa das intervenções do professor tem a função de fazer o grupo funcionar; essas intervenções adaptam-se, mais ou menos adequadamente, às características do grupo, à sua composição, à história das suas relações, tanto entre os próprios alunos quanto entre eles e o professor. Não me proponho a analisar aqui o conjunto das relações entre a dinâmica do grupo-classe e as intervenções do professor, mas gostaria de destacar que essas intervenções são uma forma de *tratamento das diferenças*, sabendo também que a diferenciação interna do grupo-classe não é sua única característica nem, o único determinante das intervenções do professor como animador do grupo.

Em um grupo, quanto maior for a diversidade das personalidades, das necessidades, das aspirações, das competências, mais difícil será a realização de uma atividade coletiva da qual todos gostem e que tenha sentido para todos – mesmo que cada um não desempenhe o mesmo papel –, mais difícil será chegar a um consenso ou a uma maioria indiscutível, no caso de ter de tomar uma decisão. Quando não há uma liderança forte, a diversidade de um grupo pode levar a um fracionamento das atividades e à formação de subgrupos mais ou menos estáveis, seja espontaneamente, seja como escapatória a conflitos incontornáveis, o que, aliás, da no mesmo. É evidente que outros fatores também intervêm, e entre eles estão as regras do jogo aceitas voluntariamente pelos membros do grupo ou, ainda, as limitações ou os interesses que os levam a funcionar como um grupo, apesar de sua diversidade e de suas divergências. Em um grupo de crianças, o poder do professor e a maneira como ele o concebe e exerce desempenham um papel predominante na regulação das trocas e dos conflitos, bem como no engajamento do grupo em uma tarefa única ou em um conjunto de atividades coordenadas.

Outras profissões também envolvem a animação de um grupo. Talvez a comparação mais adequada seja com a de um monitor de um centro de recreação. Ele também deve organizar a atividade de um grupo de crianças, levando em conta a diversidade de suas vontades e interesses, os conflitos e as segregações existentes entre elas; no entanto, o contexto institucional é diferente, o que permite a existência de variantes no tratamento das diferenças. Consideremos o exemplo de um monitor que se ocupa de um grupo de crianças que estão em idade de freqüentar o ensino fundamental (Quadro 2.1).

Essa análise um pouco esquemática é suficiente para marcar o contraste entre o monitor de um centro de recreação e o professor de ensino fundamental. Quando os indivíduos têm de coexistir durante longos períodos em um grupo, respeitando um programa de trabalho, a pessoa à qual uma organização confia essa tarefa dispõe de dois tipos de recursos: a autoridade e a animação. Em sua forma extrema, a autoridade consiste em impedir toda expressão das propostas e desejos individuais, em impor conteúdos de atividades e modos de cooperação a todos. Nesse caso, o funcionamento do grupo é garantido pela estrita conformidade de seus membros

Quadro 2.1 – Contrastes entre monitor e professor.

MONITOR	PROFESSOR
As crianças vêm voluntariamente ao centro de recreação e podem deixá-lo livremente, mesmo que seja no meio de uma atividade.	A presença é obrigatória e não se pode sair da sala de aula antes da hora.
As crianças vão ao centro para praticar uma atividade definida, que elas escolheram.	Propõe-se ou impõe-se às crianças um conjunto de atividades que elas não escolheram, ditadas pelo programa.
As atividades propostas são, por definição, "de lazer" e, por isso, uma parte importante depende da imaginação e dos gostos pessoais e não impõe um nível de exigência *a priori*.	As atividades tomam a forma de um trabalho muitas vezes árduo e cansativo, que deve ser concluído segundo as normas.
As sessões são curtas e espaçadas.	A presença é contínua, de cinco a seis horas por dia, o grupo é relativamente estável, as atividades mudam conforme um horário mais ou menos estável.
Cada um escolhe seu ritmo de trabalho, podendo optar por interromper uma atividade para conversar, fazer outra coisa, descansar; o monitor raramente intervém para pedir a atenção do grupo durante um longo período.	O ritmo de trabalho é relativamente imposto pelos prazos e pelas sanções, os momentos de repouso são estipulados pelo professor ou pela instituição.
Predominam as atividades individuais ou em grupos pequenos, e o monitor funciona mais como pessoa a quem se pode recorrer do que como organizador do grupo.	O professor dirige-se com freqüência ao grupo em seu conjunto e exige sua atenção durante longos períodos; muitas vezes, as atividades são impostas a todo o grupo ou a subgrupos, cujo tamanho e composição não são escolhidos livremente; quanto às atividades individuais, muitas vezes elas parecem similares e paralelas; quando são diferentes, isso não ocorre, necessariamente, conforme a livre escolha de cada um, mas em função de uma divisão do trabalho ou de uma alternativa coordenada.
O monitor dispõe de muito pouco poder instituído quando se trata de impor uma atividade; em contraposição, pode excluir sem conseqüências uma criança que "não está brincando", atrapalha, provoca conflitos, incomoda as outras, etc.	O professor dispõe de um poder disciplinar relativamente amplo (em relação ao do monitor), porém só pode excluir um aluno durante curtos períodos, a menos que haja motivos graves.

74 PHILIPPE PERRENOUD

todos a regras e a ordens, conformidade que deriva menos de sua livre adesão a um modo de organização que dos riscos em que se incorre caso as diretrizes não sejam seguidas. O exército é um caso exemplar disso, talvez o mais extremo: *sob a farda*, as diferenças desaparecem por definição; uma disciplina estrita impede que os membros do exército manifestem-se em comportamentos ou palavras, ao menos fora dos locais e momentos de lazer. Assim, pode-se governar grupos cuja diversidade seria manifesta na sociedade civil.

Em contrapartida, podemos definir a animação como uma liderança não-autoritária que visa a ajudar um grupo a sintetizar suas necessidades individuais, suas limitações e seus envolvimentos externos. O trabalho do animador não é impor uma ordem ou uma uniformidade, mas favorecer os intercâmbios e a negociação para chegar a uma *ordem negociada*, a uma regra do jogo à qual os parceiros aderem livremente.

Na maior parte do tempo, a liderança do professor situa-se entre esses extremos. Historicamente, devido à imagem da infância e à relação pedagógica que prevalece há um século, viemos de uma situação em que a liderança autoritária era a regra. Cada vez mais, porém, o discurso pedagógico privilegia a criança, sua autonomia, seu desabrochar pessoal, ao menos na escola de ensino fundamental. O modelo autoritário parecia ser o único possível, considerava-se que a severidade era uma virtude desde que fosse justa, mas o espírito do tempo passou a rejeitar cada vez mais uma relação pedagógica baseada no silêncio e na docilidade dos alunos. Com a evolução dos costumes e das idéias, a independência de espírito e a audácia das crianças tendem a aumentar, enquanto os meios de repressão simbólicos ou materiais, de que dispõem os professores diminuem. Os castigos corporais foram banidos das escolas, as punições passaram a ser questionadas e controladas pela hierarquia ou pelos pais. Um professor hoje adere sem problemas de consciência ao modelo mais autoritário que deve compor com as expectativas dos alunos, dos pais, da instituição, que o incitam a escutar a criança, a facilitar a expressão e a comunicação, a basear a aprendizagem no prazer e no reforço positivo, mais que na ameaça e nas sanções.

Não estou dizendo que a liderança de todos os professores tornou-se pura animação sem vestígio de autoridade. Digo que houve evolução nesse sentido, muito variável conforme os professores, por dois motivos:

– a difusão das idéias da escola ativa, de escola cooperativa, a valorização correlativa da criança, de sua criatividade, de sua necessidade de agir e de aprender fazem com que as aspirações de um número crescente de educadores vão mais no sentido da animação que do controle autoritário do grupo-classe;

– certas formas de autoritarismo, aplicadas há 30 ou 60 anos, não são mais praticadas; uma parte dos alunos resiste a elas, os pais não esperam mais que o professor exerça uma autoridade à qual eles mesmos renunciaram.

No entanto, mesmo que o professor não possa ou não queira encarnar um poder autoritário, dificilmente será apenas um animador, sem expressar suas vontades, suas opiniões, sua personalidade, pois, embora a instituição não o estimule mais a ser autoritário, continua pedindo-lhe que tenha autoridade! Se as novas doutrinas pedagógicas destacam a necessidade de se escutar a criança, a liberação da palavra e o desenvolvimento das capacidades de expressão, exige-se, ao mesmo tempo, que o professor siga um programa, faça respeitar os horários, mantenha a ordem e a segurança, garanta o silêncio e a disciplina de seus alunos quando eles se deslocam no prédio, autorize apenas as atividades ligadas ao plano de estudos na sala de aula, não deixe os alunos saírem da escola sem autorização e sem precauções.

Podemos imaginar – há certas experiências de pedagogia institucional nesse sentido – que um grupo de jovens adultos ou adolescentes seja capaz de enfrentar todas essas expectativas externas sem que o professor tenha de impor uma disciplina. Isso não é comum, porque as capacidades de autoregulação de um grupo-classe são limitadas. Sem dúvida, fora da escola, alguns grupos de crianças ou de adolescentes podem funcionar como coletividades organizadas, mas geralmente são grupos mais restritos, formados de forma seletiva e muitas vezes submetidos ao domínio de uma criança bastante autoritária. Um grupo-classe abandonado à sua própria sorte não é capaz de gerenciar sua própria diversidade de temperamentos e de projetos. Como não consegue chegar a um consenso, negociar compromissos aceitáveis, aceitar uma regra majoritária, administrar as minorias, corre o risco de se esgotar em conflitos ou de se dividir em subgrupos mais homogêneos.

É verdade que o grupo-classe nunca fica abandonado à sua própria sorte, mesmo quando o professor pretende assumir apenas o papel de animador. A animação consiste justamente em aumentar as capacidades de decisão e de cooperação, em gerenciar as diferenças e os conflitos, em encontrar equilíbrios eqüitativos, em oferecer lugar para todos. Contudo, nas condições em que se encontram os professores da escola pública, essa animação suporia competências que a maioria dos professores não possui, mesmo quando desejam não exercer nenhum poder e organizar a sala de aula em uma base estritamente cooperativa. Os professores mais próximos disso pertencem à corrente da escola moderna, que lhes transmite, simultaneamente, uma ideologia e técnicas ainda bastante ausentes da formação oficial.

No momento atual, a maioria dos professores estabeleceu um meio-termo entre a liderança autoritária e a animação. Pode ser que a autoridade ainda proporcione uma satisfação intrínseca, mais ou menos confessada. A dominação do outro, mesmo no caso de se tratar de crianças em uma relação pedagógica, continua sendo uma forma de afirmação de si mesmo. Para uma fração dos professores, essa pode ser uma das satisfações da profissão, ainda que inconscientemente. Todavia, inclino-me a acreditar que, muitas vezes, a autoridade é vivida como um mal necessário, o único recurso quando a animação estrita parece ineficaz ou arriscada. Freqüentemente, o recurso à autoridade parece prevenir um risco, mais que remediar uma situação intolerável. O professor age constantemente dentro dos prazos. Sua experiência lhe diz que um ano letivo é curto, que jamais se recupera o tempo perdido, que não existem milagres. Ao mesmo tempo, sabe que a autoridade escolar e seus colegas das séries seguintes esperam que cumpra todo o programa de uma série. Conforme os sistemas, os prazos são ainda mais curtos em função de uma divisão trimestral, de provas, de inspeções, de perguntas dos pais sobre o progresso dos filhos ou, ainda, do teste indireto que constitui a partida de um aluno para uma classe paralela. Ora, agir como animador é *ter tempo* de discutir, de enfrentar desejos e propostas, de esperar que haja condições de trabalho e de cooperação. O professor pode enganar-se, temendo que esse tempo se perca, que o processo de consulta, de negociação não se concretize, ou que isso não ocorra rápido o bastante para dar resultado antes do cumprimento dos prazos. Tomar partido da animação, renunciar a se impor autoritariamente, significa sempre fazer uma aposta otimista, confiar nas crianças, em si mesmo, no grupo; isso provoca angústia e, para além de um certo limite, ela é difícil de suportar. Para alguns professores, um funcionamento cooperativo não passa de um sonho que nunca terão a coragem de experimentar. Assim, não se arriscarão a dar a palavra às crianças, a organizar as atividades a partir de suas necessidades e interesses, a responder à diversidade das pessoas através da diversidade das tarefas. Outros trilharão esse caminho, mas com detenções e retrocessos provocados pelo temor de não respeitar os prazos.

Faltam-me elementos para realizar uma análise comparativa. Gostaria, porém, de destacar que o tratamento das diferenças também deve, talvez em primeiro lugar, ser abordado em termos de dinâmica de grupo e de tipo de liderança; ambos devem determinar até que ponto o grupo e o professor podem aceitar que as diferenças sejam expressas e levadas em consideração de forma prática. Por isso, é difícil estabelecer uma relação direta e simples entre o tipo de liderança e a gênese das desigualdades de sucesso escolar. Em princípio, uma liderança parecida com a animação, que permita a expressão das diferenças, concede mais espaço para as vivências e experiências extra-escolares, leva mais em conta os interesses, as atitudes relativas ao trabalho, ao saber, modos de vida e de lazer, as relações informais entre as crianças. Isso favorece a integração escolar de todas as crianças, mas talvez, de modo prioritário, daquelas que com freqüência são "estrangeiras" na escola, por sua origem social ou nacional. Pode-se dizer que uma pedagogia autoritária aumenta a distância entre a escola e as crianças menos preparadas pelo seu meio para conferir sentido ao trabalho escolar e adquirir um saber que garantirá seu sucesso.

Mas... não é tão simples assim. Uma pedagogia autoritária pode ser um fator de segurança e de proteção para os menos favorecidos. No confronto dos valores e das propostas, cada um investe seu capital cultural, suas competências de comunicação: os favorecidos continuam sendo favorecidos no debate entre alunos, mesmo se a animação do professor introduz algumas correções. De forma mais geral, uma classe em que as diferenças são expressas e gerenciadas através da comunicação e da animação constitui um sistema mais mutante e complexo, no qual as crianças provenientes das classes privilegiadas irão sentir-se, ao menos no início, mais à vontade. Por outro lado, os modos de regulação menos autoritários costumam contar com o assentimento dos pais favorecidos. Entretanto, os pais das classes populares estão ligados a um certo autoritarismo e, muitas vezes, chamam de lassidão a vontade de escutar as crianças e de instaurar um debate entre elas. Essas afirmações merecem milhares de matizes. Limito-me a destacar aqui que o tipo de liderança exercido pelo professor não pode ser, sem outro argumento, creditada a uma pedagogia "elitista" ou "igualitária".

RELAÇÃO PEDAGÓGICA E DISTÂNCIA CULTURAL

A diversidade do grupo determina as intervenções do professor como animador, preocupado em não deixar essa diversidade travar o bom funcionamento do conjunto. Também podemos observar o professor como ator *no* grupo, separado de cada aluno por uma distância estatutária à qual se acrescenta uma distância pessoal e cultural que varia de um aluno para outro. Ao contrário dos seus alunos, o professor já vivenciou uma carreira escolar inteira e, depois disso, uma vida adulta mais ou menos longa; portanto, dispõe de antemão de uma experiência mais vasta e, em princípio, de esquemas de comunicação mais diferenciados que os outros membros do grupo-classe. Sua formação também o preparou, mais ou menos eficazmente, para defrontar-se com diversos tipos de crianças. Ele possui uma bagagem teórica que deve ajudá-lo a compreender as diferenças de desenvolvimento, de personalidade, de cultura. E, se leciona há vários anos, deve ter encontrado muitas crianças e elaborado um conjunto de esquemas de relação e de intervenção em função dessa diversidade. Por fim, dispõe de um *status* e de um poder, como adulto e como professor, que lhe dão a iniciativa e a vantagem em todas as interações: é sempre ele quem define a situação.

Assim, como simples membro do grupo, o professor parece estar em uma posição melhor que a dos alunos para enfrentar a diversidade. Portanto, não é nesse sentido que ela pode criar-lhe dificuldades. Tudo ocorre porque ele impõe a si mesmo outra linha de conduta. Não a do ator social comum, cuja estratégia é evitar pessoas que o incomodam, embaraçam, molestam, das quais não gosta, que resistem a ele, buscando, ao contrário, a companhia de pessoas que lhe são simpáticas, compartilham seus gostos, o ajudam ou interessam, o divertem, o seduzem, lhe transmitem uma imagem gratificante. A esse tipo de ação contrapõe-se o projeto de estabelecer a comunicação e de construir uma relação com cada criança, seja qual for sua personalidade, sua forma de ser, sua aparência, suas competências. Nesse caso, o outro não pode mais ser evitado, a distância pessoal ou cultural não pode ser ignorada. Ao contrário, deve ser enfrentada.

Por que o professor opta por essa estratégia que, em outros redutos, seria considerada insensata? Evidentemente, porque no grupo-classe ele não é um ator como qualquer outro, em busca das atividades e das trocas mais gratificantes. Sua responsabilidade, às vezes sua vocação, é ensinar.

Essa *intenção de instruir* dita uma estratégia ativa, "ofensiva". Ela obriga a buscar a interação e a construir uma relação, o mais positiva possível, *mesmo com os alunos que o desconcertam, o decepcionam, o incomodam ou simplesmente com os quais ele sente não ter qualquer afinidade.* Por isso, deve tentar diminuir a distância existente entre ele e algumas crianças, uma distância provocada pelo conjunto dos mal-entendidos, das rejeições, dos juízos de valor, dos rótulos desqualificadores, das diferenças não-aceitas que tornam a comunicação difícil, a relação conflituosa entre o professor e alguns alunos.

À distância estatutária soma-se uma distância pessoal e cultural desigual, conforme os alunos. De onde ela vem? Uma parcela importante certamente vem do fato de que o professor tem um projeto a ser inculcado e, por conseguinte, espera do aluno disciplina, trabalho, atenção, esforços contínuos e, em definitivo, aprendizagens. Essas expectativas criam uma tensão potencial, que se atualiza cada vez que o aluno resiste a elas e não as satisfaz. A distância entre o professor e o aluno enraízar-se, então, no juízo de menosprezo do professor sobre o valor escolar e o comportamento de certas crianças. Através da avaliação formal, assim como de vários outros indicadores, o professor revela o que pensa a respeito das competências intelectuais de uma criança, bem como de sua vontade, de seu desejo de aprender, de sua capacidade de organizar seu trabalho e levá-lo a sério, de sua honestidade, de sua criatividade, de sua habilidade. Para uma criança, é difícil ter uma relação positiva com alguém que a julga soberanamente em todos esses âmbitos, sobretudo quando seu juízo é desfavorável; alguém que sanciona seus erros ou falhas, que a expõe a recriminações, a vexames públicos, que a ameaça com um fracasso, que se queixa aos seus pais. Em sentido inverso, também não é fácil para o professor ter uma atitude positiva com relação a uma criança que não sabe quase nada e que, além disso, não se esforça para aprender e assume o papel de mau aluno. Não há condições para se construir uma relação positiva baseada na estima mútua e na afeição recíproca. E todos os discursos modernos proclamam que essa é uma condição para o sucesso da ação educativa. Parece-me que, atualmente, os professores são cada vez mais sensíveis a esse aspecto relacional e que se esforçam para não entrar no círculo vicioso em que a desvalorização e a repressão provocam o fechamento em si mesmo, a falta de interesse ou a revolta, e vice-versa.

Existem outras distâncias ainda mais difíceis de superar, ou porque os interesses vitais do professor estão em jogo, ou porque a distância é mantida através de mecanismos pouco conscientes, em âmbitos que, aparentemente, não se referem à excelência escolar *stricto sensu*, mas ao conjunto das condutas, das maneiras de ser, dos modos de relação com o outro que se desenvolvem na classe concebida como sistema social, rede de relações interpessoais, lugar de trabalho, mas também de jogo, de trocas, de poder, de vida coletiva, de decisões.

Os interesses vitais de um professor estão em jogo quando um ou vários alunos opõem-se a ele e transgridem as regras de conduta, chegando a comprometer sua autoridade e o funcionamento do grupo-classe. Isso é banal no ensino médio, sobretudo entre os grupos menos bem situados, em que a perspectiva do fracasso não funciona mais como motor de conformidade. No ensino fundamental é mais raro, devido à idade das crianças e também à existência de um professor único e generalista, com o qual as relações são necessariamente menos superficiais e os mecanismos são diferentes. Um aluno do ensino médio pode entrar regularmente em conflito com seu professor de alemão ou biologia, o qual ele encontra apenas algumas horas por semana; no restante do tempo, tem relações diferentes com outros professores. Essa compartimentação não é possível em uma classe de ensino fundamental.

Uma análise detalhada das normas de comportamento, das técnicas de manutenção da ordem, das provocações e transgressões não encontraria lugar aqui. Não que ela seja estranha ao tema, muito pelo contrário. Contudo, implicaria longos comentários sobre as normas e o desvio, as relações de autoridade, os sistemas de sanção. Eu me restringirei a enumerar alguns desvios que, em uma classe de ensino fundamental, colocam em jogo os interesses vitais do professor, seja porque desorganizam diretamente o funcionamento do grupo, seja porque enfraquecem a autoridade do professor e criam precedentes:

- ausência freqüente e injustificada;
- atrasos reiterados;
- agressão, violência física na classe ou no prédio escolar;
- roubo de dinheiro, de objetos pessoais ou de material coletivo (livros, calculadora, etc.);
- depredações, destruição de material;

- recusa de fazer um trabalho, de obedecer a uma ordem, sobretudo quando a recusa for evidente e representar um desafio à autoridade do professor;
- abandono dos locais escolares durante as horas de aula;
- uso de palavras não-autorizadas, se forem freqüentes, ruidosas e se interromperem a atividade dos outros;
- grosseria deliberada, comentários escatológicos ou sexuais, agressão verbal violenta contra as pessoas;
- maledicência, difamação, mentiras graves, inscrições anônimas contra as pessoas;
- ações que criem perigo para o outro ou para o próprio aluno (subir no telhado, pular pela janela, acender fogo na sala de aula, etc.);
- trapaças graves, falsificação de documentos ou de assinaturas;
- discriminação racial, social ou sexual caracterizada.

A lista não é limitativa. Tais transgressões são intoleráveis para a maioria dos professores, porque os atingem pessoalmente em seus valores e interesses, ou porque admitir esse tipo de comportamento pareceria uma falha profissional. É claro que o limite de tolerância varia muito e pode flutuar durante o dia ou a semana no mesmo professor em função de seu humor, de seu cansaço e de sua atividade. Essas transgressões remetem a diversas normas, mas quase todas se relacionam ao respeito pelas pessoas ou pelas coisas. O que elas têm em comum é o fato de provocarem repressão e uma relação conflituosa, criando uma situação de crise a partir da qual será necessário reconstruir a comunicação e a cooperação. Nesses casos, a diferença cria o máximo possível de distância e conflito. No entanto, esse tipo de transgressões continua sendo a exceção na escola de ensino fundamental, quanto à freqüência e quanto ao número de alunos envolvidos.

Na vida cotidiana, a distância entre o professor e alguns alunos pode ser em função de um conjunto de normas menos explícitas, menos imperativas e, entre elas, a transgressão não constitui um desvio grave ou um ato de indisciplina, mas uma falha, um inconveniente, "algo prescindível", que não chega a comprometer o funcionamento do grupo ou a autoridade do professor, exceto se essas transgressões menores tornarem-se habituais em algumas crianças. Então, a gota faria o copo transbordar. Os limites de tolerância individuais são muito variáveis de um professor para outro, e inclusive no mesmo professor, justamente porque, tomadas de forma isoladas, as transgressões não colocam em jogo interesses vitais. Sua densidade ou acumulação é que pode provocar uma intervenção abertamente repressiva. Na maior parte do tempo, as transgressões provocam um comentário passageiro, uma mímica desaprovadora, um silêncio ameaçador. A menos que o professor faça de conta que não viu nada, o que o dispensa de intervir. Entre essas transgressões, citemos, por exemplo:

• Freqüentes conversas, comportamentos mais ou menos ruidosos (refletir em voz alta, chamar alguém que está do outro lado da sala, falar alto em um trabalho de grupo, fazer barulho com a cadeira, deslocar-se, deixar objetos cair, bater com os dedos na mesa, etc).

• Deslocamentos ruidosos e desordenados na sala de aula, corridas, deslocamentos inúteis e intempestivos, saídas mais ou menos freqüentes da sala de aula para beber água ou ir ao banheiro, etc.

• Comer na aula, mascar chiclete, chupar balas, começar o lanche antes do recreio.

• Posturas ou gestos insolentes ou deselegantes (do ponto de vista do professor): balançar-se, deitar-se ou sentar-se sobre a carteira, ficar sobre a cadeira, limpar continuamente a carteira, brincar com objetos pequenos, colocar os dedos no nariz, fazer caretas, bocejar, apresentar tiques nervosos, desenhar incessantemente, etc.

• Aparência física pouco cuidada, roupas sujas, higiene duvidosa das unhas, dos cabelos, das mãos, do corpo, presença de odores.

• Forma desordenada, desenvolta, desajeitada de cuidar dos objetos, tendência a perdê-los, a pedi-los emprestados e não devolvê-los, a mastigá-los, a dobrá-los.

• Ausência de cuidados e de manutenção do ambiente, acumulação de resíduos na carteira ou embaixo da cadeira, ausência de participação espontânea nos trabalhos elementares de arrumação da sala (varrer, limpar, recolher papéis do chão, etc.).

• Apresentação pouco caprichada dos trabalhos, escrita pouco legível, manchas, ausência de margem, mau estado dos cadernos, dos fichários, das pastas, dos livros.

• Comportamento agressivo, nervoso, pouco prestativo, egoísta (recusa de emprestar ou ajudar), individualista (recusa de trabalhar em grupo, rejeição de alguns parceiros), depreciativo (recriminar os que não compreendem, demonstrar que sabe), invejoso (comparar-se sem cessar com os colegas, apoiar a "causa do aluno mais favorecido"), resmungão (oposição sistemática, desprezo por todas as atividades propostas).

• Expressão oral ou escrita relaxada, grosseira (mas aqui estamos perto demais das normas de excelência escolares propriamente ditas).

• Desperdício de tempo, lentidão para iniciar o trabalho, longos momentos de distração, ritmo pouco contínuo (enquanto o aluno poderia ir mais rápido, do ponto de vista do professor), atraso na volta aos trabalhos.

• Dependência excessiva do professor ou dos colegas, constantes pedidos de ajuda, pedidos de explicação à menor dificuldade, necessidade constante de chamar a atenção.

Esses comportamentos provocam reações variáveis de um aluno para outro, conforme o contexto, conforme a interpretação que se faz e que coloca em jogo representações mais ou menos vagas da personalidade da criança, de suas condições de vida e da educação que recebe em sua família. A lista não é exaustiva, mas contém essencialmente comportamentos proibidos, ou no mínimo desaprovados, desaconselhados, pouco recomendáveis, porque manifestam, na opinião do professor, uma falta de respeito ao outro, a carência de certos valores estéticos ou morais, capacidades limitadas de viver em grupo, um mau-caráter ou uma má educação.

A essas normas negativas convém acrescentar uma série de condutas valorizadas, cuja ausência não constitui propriamente um desvio, mas cuja manifestação agrada ao professor e faz com que o aluno receba estímulos e elogios. Poderíamos encontrar o aspecto essencial desses comportamentos valorizados ao analisar o conteúdo dos boletins enviados aos pais. Eu os formularei de forma positiva, mas, quando sua ausência é muito gritante, também dão lugar a considerações negativas:

– autonomia, capacidade de organizar seu trabalho, eficácia;

– coleguismo, altruísmo, disposição para servir e ajudar seus colegas;

– atitude ativa e participativa no trabalho, iniciativa, pesquisa ativa das informações ou do material, contribuição pessoal de idéias ou de documentos;

– capacidade de assumir responsabilidades, de cumprir compromissos;

– descentralização, capacidade de se colocar no lugar dos outros, reconhecimento de eventuais erros ou equívocos, capacidade de pedir desculpas, de restabelecer a comunicação;

- boa integração ao grupo-classe, participação da dinâmica de conjunto;
- gentileza, bom humor no trabalho e no relacionamento com os outros;
- humor equilibrado, senso de humor, sociabilidade;
- aplicação, assiduidade, concentração, calma.

Essas expectativas mais comuns geralmente são acompanhadas de outras, como:

- admiração pelo professor, vontade de ajudá-lo em diversos trabalhos pequenos;
- manifestações de respeito, de afeição, presentes, pequenas gentilezas, manobras de sedução mais ou menos conscientes;
- força e equilíbrio físico, beleza, charme, esbelteza, agilidade, feminilidade ou virilidade;
- desempenhos brilhantes no âmbito intelectual, artístico ou esportivo, percebidos além da sala de aula, que aumentam o prestígio do professor.

Não afirmo que essas últimas expectativas estejam presentes em todos os professores e menos ainda que sejam primordiais. Por outro lado, as outras também não são comuns a todos os professores. Apenas elaborei uma lista daquelas que, parece-me, podem ser encontradas em muitas classes do ensino fundamental. Por que dar tanta importância a um conjunto de normas e de expectativas que não têm nenhuma relação direta com as competências escolares propriamente ditas, aquelas que o professor tem de desenvolver e avaliar? Simplesmente porque a diversidade dos alunos de uma mesma classe manifesta-se tanto com relação a essas expectativas e normas quanto com relação às normas de excelência escolar propriamente dita. Em outros termos, a diferenciação das intervenções do professor e de suas relações com os alunos talvez possa ser explicada mais pela diversidade de suas condutas e maneiras de ser do que pela desigualdade de suas competências escolares e capacidades de aprendizagem. Bourdieu (1966) afirma que os alunos são tratados como "iguais em direitos e em deveres". Na verdade, aqui há duas nuances:

A PEDAGOGIA NA ESCOLA DAS DIFERENÇAS **85**

• *Primeira nuance*: nada garante que, do ângulo das normas de comportamento e de relação, os alunos sejam efetivamente tratados com igualdade. Sem que haja discriminação deliberada, não é raro que, nesse âmbito, haja "dois pesos e duas medidas", simplesmente porque a reação a um comportamento mais ou menos desviante, incômodo, irritante ou desconcertante não é codificada até o ponto em que possa eliminar as variações ligadas ao contexto, ao humor do momento e, sobretudo, à interpretação das atitudes do aluno em função de seu comportamento passado e daquilo que o professor sabe dele por outras fontes. Alguns professores criam um "código penal" que estabelece punições para os atos mais comuns. Conhecemos os sistemas de pontos bons e ruins, as estrelinhas pretas ou douradas, as advertências graduais, todas elas formas de limitar o arbitrário. No entanto, esses sistemas de aparência repressiva geralmente não são confessados, pois não correspondem mais às novas concepções da disciplina. De qualquer modo, esses códigos disfarçam sanções formais. Eles mascaram todas as reações que, sem serem punições propriamente ditas, modificam a relação: propósitos agressivos, irônicos, separação do grupo, ausência de resposta aos pedidos, sem falar dos gestos e das mímicas de cólera, de mau humor, de decepção, de reprovação, que também são formas de dizer ao aluno "Você não é o que deveria ser, você me decepciona, você me incomoda, não gosto de você". A igualdade de tratamento frente ao mesmo desvio é muito difícil, pois as reações nem sempre são conscientes ou difíceis de dominar, já que exprimem uma tensão, uma emoção e acontecem no fogo da ação, quando o professor tem múltiplos papéis na animação geral do grupo-classe e na relação com cada uma das crianças.

• *Segunda nuance*: há uma estrita igualdade de tratamento de parte do professor, que é o fator principal de diferenciação dos *efeitos* de suas intervenções, da diversidade das atitudes e das maneiras de ser dos alunos, o que provoca uma conformidade bastante desigual às suas expectativas. Inevitavelmente, deverá tratar de forma bem diferente um aluno barulhento, preguiçoso, que o incomoda constantemente e ameaça sua autoridade, e um aluno dócil, educado, esforçado, consciente, etc. Com certeza, podemos pensar que a desigualdade de tratamento é proporcional à desigualdade dos comportamentos e, por isso, ela é *eqüitativa*. Isso não muda o fato de que o professor agirá de forma muito diferente com as crianças e construirá com elas relações não só diferentes, mas também desigualmente propícias às aprendizagens.

Em suma, quando as diferenças entre crianças manifestam-se com relação às expectativas normativas do professor em matéria de gosto, de forma de ser e de conduta, essas diferenças provocam intervenções e relações diferenciadas. Aqui, a ação pedagógica está bem longe de ser indiferenciada. Pelo contrário, é constantemente ajustada, de maneira mais ou menos eqüitativa, à diversidade das personalidades e dos comportamentos. Naturalmente, isso não significa que a diferenciação depende da lógica da democratização do ensino e da igualdade das aquisições escolares, mas que está em função de uma lógica de manutenção da ordem. O paradoxo é que essa ação, muitas vezes vivenciada pelo professor como condição de ensino, também pode ser um fator desfavorável às aprendizagens escolares, devido aos seus efeitos sobre as atitudes do professor, das crianças e sobre seus relacionamentos. Por que algumas intervenções do professor, sejam elas simples expressões de uma distância cultural ou repressão de um desvio, podem ser *contrárias à racionalidade didática*? Porque a racionalidade não predomina constantemente em uma sala de aula. A complexidade das tarefas do professor, a multiplicidade de pedidos dos alunos, a quantidade de tarefas das quais deve encarregar-se ao mesmo tempo, a diversidade das pessoas e das atividades tornam o ensino uma profissão cansativa, muitas vezes estressante, a qual exige decisões rápidas, sem haver tempo para refletir. O professor é homem-orquestra, é o "faz-tudo", tem de animar o grupo, organizar o trabalho coletivo e, ao mesmo tempo, responder a mil solicitações individuais; tem de manter a ordem sem perder o fio do discurso; tem de permitir que todos se expressem e desabrochem, sempre seguindo o programa; tem de favorecer a autonomia, limitando os excessos. A maior parte de suas intervenções é decidida no fogo da ação e, geralmente, elas são mais produto de automatismos e de esquemas inconscientes que de decisões maduramente refletidas. Nas intervenções do professor, o observador pode identificar a influência de normas, de preconceitos, de simpatias ou antipatias que, em princípio, são estranhas a uma estrita neutralidade profissional. Nas condições habituais da ação pedagógica, seria surpreendente que alguém pudesse dominar completamente suas reações afetivas e suas tendências culturais. Em todo caso, seria necessária uma formação teórica e prática que os professores não recebem, aliás, nem os sociólogos já tive algumas experiências nesse âmbito...

Com freqüência, tende-se a reduzir entre alunos as diferenças de desenvolvimento intelectual, de capital lingüístico e cultural, de competências escolares já acumuladas. Se considerarmos as maneiras de ser e de parecer, as atitudes e os comportamentos, observaremos, por uma lado, uma diversidade ao menos tão grande quanto os critérios intelectuais, culturais ou escolares e, por outro, uma forte diferenciação da relação e da intervenção pedagógicas. É evidente que a diferenciação estritamente didática desempenha, na regulação do funcionamento do grupo-classe e da ação do professor, um papel muito menos central que a diferenciação das relações e das intervenções em resposta à diversidade das maneiras de ser e das condutas.

Quanto à própria diversidade, evidentemente deve ser relacionada à variedade das personalidades e dos códigos e normas interiorizados na família. Contudo, também se deve levar em conta o histórico escolar de cada aluno e seu atual modo de inserção no grupo-classe. Seria necessário ainda falar das relações entre o professor e os pais, mas essa é uma questão que merece um tratamento particular (Sermet, 1981). Destaco apenas que o conflito ou a distância cultural também podem instaurar-se entre o professor e os pais, em uma relação direta ou através da criança. A partir de um certo limite, que nem sempre é alcançado, devido à falta de contato entre pais e professores, a família perfila-se por trás da criança, que se torna explicitamente produto e portador de uma cultura familiar, de atitudes e de hábitos que herdou mais ou menos docilmente. Às vezes, o conhecimento do *background* familiar pode atenuar a "responsabilidade" da criança, esclarecer sua conduta e favorecer uma melhor relação. Também pode acontecer de a criança e sua família serem confundidas em uma mesma rejeição. Os conflitos culturais ou pessoais não seguem nenhuma lei simples.

Seria abusivamente simplificador afirmar que a distância cultural ou pessoal entre o professor e um aluno (ou seus pais) é maior quando se trata de um aluno de origem popular ou de um aluno em dificuldade escolar. Sem dúvida, isso é estatisticamente provável e teoricamente plausível. Porém, uma observação mais profunda revela inúmeros contra-exemplos que não podem ser descartados sem exame. No âmbito relacional, o tratamento das diferenças não é regido exclusivamente pela diversidade das origens sociais ou dos níveis escolares.

A AÇÃO PEDAGÓGICA NÃO É INDIFERENCIADA

Voltemos àquilo que geralmente é evocado quando se fala das diferenças na escola: as desigualdades de desenvolvimento intelectual, de capital lingüístico e cultural, de competências escolares. Apesar das seleções realizadas previamente, todo grupo-classe é heterogêneo. Sobretudo em uma classe de ensino fundamental, os alunos estão muito desigualmente dispostos e preparados para assimilar os saberes e o *savoir-faire* que serão avaliados pela escola. Assim, é evidente que uma ação pedagógica totalmente indiferenciada só "favorecerá os favorecidos e desfavorecerá os desfavorecidos", se ser favorecido significa possuir as atitudes, os códigos, os conhecimentos prévios, os instrumentos de representação e de comunicação que permitam a aquisição de novos saberes; ou, melhor ainda, possuir total ou parcialmente os saberes a serem adquiridos, fruto de aprendizagens extra-escolares (saber ler ao entrar na escola de ensino fundamental, sendo que a aprendizagem da leitura é o objetivo das primeiras séries).

Uma perfeita igualdade de tratamento pedagógico, conjugada com a desigualdade das predisposições, poderia ser suficiente para explicar a desigualdades das aquisições. Mas é assim tão simples? Em minha opinião, também existe uma certa desigualdade de tratamento pedagógico. No entanto, ela tem uma dupla face ou, se preferirmos, efeitos contraditórios:

– por um lado, a diferenciação leva em conta a desigualdade dos alunos sob o ângulo das disposições cultivadas e do capital cultural escolarmente rentável para tentar corrigi-la, *compensá-la* através de um investimento didático ou relacional mais contínuo nos menos favorecidos (no sentido definido anteriormente); isso não significa que essa diferenciação seja proporcional à amplitude das desigualdades, nem que seja suficientemente constante e sistemática para evitar que os desvios aumentem ou, ao menos, mantenham-se;

– por outro, existe uma desigualdade de tratamento que é menos confessável e menos assimilada, que acentua a desigualdade das aprendizagens e, à sua maneira, favorece os mais favorecidos.

Tentarei ilustrar ambos os aspectos. Isso não leva a isolar claramente dois conjuntos de intervenções, "democratizantes" e "elitistas"; conforme suas modalidades, cada momento da ação pedagógica tem duas faces, para aumentar ou amenizar a desigualdade.

A imagem tradicional da ação pedagógica remete a uma alternância entre lições coletivas e exercícios individuais, pontuada por avaliações orais ou escritas mais ou menos regulares. Por definição, a lição coletiva destina-se a todos e parece ser indiferenciada. Se todos os alunos fazem os mesmos exercícios e são submetidos às mesmas provas, parece que há uma indiferenciação total do ensino. A prática pedagógica é assim tão simples? É pouco provável. Atualmente, ela é em todo caso mais complexa: o professor trabalha com subgrupos; os alunos trabalham em equipes ou se dividem em oficinas. Pesquisas, momentos de jogo ou de expressão dramática, leituras de jornais, discussões livres e conselhos de classe, trabalhos de pesquisa em matemática, em meio ambiente, em língua*, são atividades que não dependem nem da aula magistral nem dos exercícios tradicionais. Essas últimas fórmulas, no caso de subsistirem, evoluíram; as primeiras no sentido de um diálogo, de um lugar reservado para as perguntas e preocupações das crianças, de um crescente uso de documentos e meios audiovisuais, e as segundas no sentido de atividades mais diversificadas, que se tornaram possíveis pela existência de um material de manipulação, pelo uso de fichários autocorretivos na matemática, na leitura, na gramática, pela extensa gama de meios de ensino disponíveis no mercado editorial, pelo desenvolvimento dos jogos lingüísticos ou lógicos utilizados na escola.

Nada é mais difícil que datar essas práticas. Sem dúvida, elas poderiam ser encontradas em alguns professores há 50 ou 100 anos, quando não envolviam uma tecnologia mais recente. Sociologicamente, o que importa é sua difusão, sua banalização, que não exclui grandes variações entre as classes de um mesmo grau. Nem todos os professores utilizam todos os métodos, todos os meios de ensino disponíveis, e o leque que existe entre o corpo docente certamente é mais amplo que em uma escola. Também é possível que algumas técnicas mais inovadoras sejam descontextualizadas ou usadas sem seriedade por professores que se apropriam delas sem encontrar nelas sua inspiração original ou sem as inserir no conjunto dos procedimentos que lhe dão coerência. Já afirmamos isso, por exemplo, quando tratamos das técnicas desenvolvidas por Freinet (texto livre, impresso, reunião de classe).

Não discutirei aqui a evolução das práticas pedagógicas. Direi apenas que ela ampliou a gama das atividades e das intervenções em muitas clas-

---

*N. de R.T. No texto original, o autor refere-se ao francês.

90 Philippe Perrenoud

ses. Portanto, não é possível refletir sobre a diferenciação do ensino a partir das únicas formas tradicionais, que são a lição coletiva e os exercícios individuais. No entanto, essas formas subsistem e sua análise continua sendo atual. Essa análise mostra, sobretudo, que a lição coletiva, assim como é atualmente praticada, não é tão indiferenciada quanto parece. O professor que apresenta e ilustra aos alunos uma regra gramatical, uma forma de cálculo, de conjugação, uma noção de ciências naturais ou um campo léxico não deixa de lado um discurso feito, permanecendo insensível às reações de seu público. Talvez esse seja o caso de certos professores universitários que, ao se dirigirem a centenas de alunos que fazem parte de uma multidão anônima, dedicam-se mais a produzir um discurso realmente magistral que a ajustá-lo às reações do auditório. No entanto, cada vez mais, isso é uma caricatura. O ensino universitário também evoluiu para formas mais interativas.

Em uma classe de ensino fundamental, o número relativamente restrito de alunos e sua proximidade tornam possível a realização de muitos *feedbacks* mudos: a postura, a atenção, o olhar interessado, entediado, perdido, o investimento nas ocupações lúdicas, a vontade manifesta de tomar a palavra ou de estar em outro lugar, de fazer perguntas ou de ser esquecido, o ar de quem diz "Não vá tão rápido, não estou compreendendo!" ou "Será possível que ele vai repetir de novo?". As acelerações, as diminuições do ritmo, as repetições, as voltas, os parênteses, as reformulações, os complementos de informação ou de explicação, as mudanças de tom, de estilo e de suporte gráfico são, no discurso do professor, respostas a perguntas ou reações mudas. Mesmo se os alunos não tivessem outras formas de se expressar, o professor poderia ajustar seu discurso às reações e necessidades de alguns deles. É verdade que, aparentemente, o discurso dirige-se a todos, no sentido de que todos podem ouvi-lo. Mas, na verdade, se o professor diminui o ritmo, explica de novo com mais calma, apresenta exemplos mais simples, isso é feito para responder às reações dos que "desligam" e demonstram tédio ou falta de compreensão. Ao contrário, quando abrevia, complica um pouco ou abre um parêntese, é para prevenir o tédio e a distração dos que já compreenderam; ele representa, faz mímica, ironiza para captar a atenção dos que olham pela janela ou que não prestam atenção. No discurso aparentemente dirigido a todo o grupo, de fato coexistem fragmentos de discurso dirigidos mais particularmente a um subgrupo e até mesmo a um aluno em particular. É uma forma de diferenciação. Será que ela favorece os favorecidos ou os desfavorecidos? Tudo depende dos alunos aos quais se refere o professor. Ele navega entre dois perigos: não ser compreendido pelos mais lentos ou entediar os mais espertos. Nos dois casos, o mecanismo é reter a atenção, garantir a eficácia da mensagem ou evitar a agitação e a indisciplina.

Quando há – e isso acontece em praticamente todos os casos – diálogo entre professor e alunos ou entre os alunos durante a lição coletiva, os *feedbacks* são ainda mais explícitos. Às vezes, ouvem-se formas de apreciação: "Não estou entendendo nada", "Não vá tão rápido!", "Está repetindo de novo...", "Isso é difícil!". Também são feitas perguntas, cujo grau de pertinência indica o que aconteceu, mostra o que este ou aquele aluno não compreendeu. Por fim, também há respostas às perguntas mais ou menos retóricas feitas pelo professor ou por outros colegas.

Essa interação, a ênfase atribuída à participação dos alunos, ao diálogo didático, criam um outro tipo de diferenciação: nem todos os alunos são solicitados – ou seja, valorizados – da mesma maneira, nem todos recebem resposta para sua pergunta, nem as propostas são ouvidas ou adotadas. Esse é um dos aspectos da *interação seletiva* entre o professor e os alunos. É claro que, quando a interação é seletiva, nem sempre se trata de algo deliberado ou consciente. E seus efeitos também são ambíguos. O professor pode escolher conscientemente seus interlocutores para valorizar os alunos menos à vontade, tranqüilizá-los, prever suas perguntas, explicar de novo para eles. Nesse caso, está favorecendo os desfavorecidos. Mas existem outros mecanismos: para que uma lição coletiva possa progredir, o professor também precisa de parceiros cooperativos, que fazem "as perguntas corretas", que não levam o debate para um caminho indesejado, que respondem aos pedidos: "Quem poderia me dar um exemplo de...?" "Quem quer vir até a lousa para tentar...?" "Quem tem uma solução a propor?" "Que aconteceria se...?".

Também é preciso levar em conta os pedidos mais ou menos insistentes dos alunos; alguns têm muita vontade de intervir, de fazer perguntas ou de responder primeiro às questões do professor, de contar o que viveram, de se sobressair mostrando o que sabem ou de chamar a atenção. Nem sempre o professor tem vontade de lhes recusar a palavra, porque são bons alunos, que o ajudam em sua tarefa e que ele não tem nenhum motivo de sancionar, porque têm idéias e mostram-se muito ativos. É preciso compreender que, se na linguagem política, os favorecidos ou os privilegiados são os que já têm tudo e não merecem novos privilégios, acontece o contrário em uma classe com relação a crianças que, por um lado, têm muito o que aprender, mesmo se tiverem uma facilidade ímpar, e, por outro, não são responsáveis e muitas vezes nem são conscientes de seus privilégios. A preocupação pela *eqüidade formal* mencionada por Bourdieu está presente nos professores, porém não é um valor oco. Exprime-se com relação a crianças de carne e osso que, como dizem os professores, têm o direito de que se interessem por eles como pessoas, mesmo se dispuserem de um capital cultural mais amplo que o dos colegas.

Por outro lado, nem tudo ocorre na cabeça do professor, entre seu senso de eqüidade e sua preocupação de ajudar os alunos mais fracos. O professor não é o único dono das interações entre ele e os alunos; ele é solicitado, até mesmo agredido, assediado, recebe queixas, manobras de sedução, chantagem. Os alunos mais ativos não compreenderiam se a palavra fosse-lhes constantemente negada, e sua frustração geraria impaciência, protestos, indisciplina. Portanto, mesmo se quiser, o professor não pode empreender o diálogo apenas com as crianças que não tomam a iniciativa, mas com aquelas que o necessitam mais dele.

Os mesmos mecanismos também operam no âmbito das tarefas individuais. Alguns professores têm o costume de dar tarefas – uma série de problemas ou exercícios – e de deixar os alunos trabalharem sozinhos, sem ajuda. No ensino fundamental, considero que esse não é o método mais utilizado. Nas primeiras séries, a autonomia limitada dos alunos torna-o pouco eficaz. Sem ajuda, muitos permanecem paralisados diante de uma orientação incompreendida ou de um impasse no raciocínio. Acima de tudo, o trabalho individual oferece aos professores a possibilidade de compreender melhor o modo de raciocínio, o método de trabalho e as dificuldades particulares de um aluno, e de oferecer-lhe um suporte individualizado. Portanto, também no trabalho individual há uma interação entre o professor e alguns alunos, tanto quando eles trabalharem em suas carteiras como quando se dirigem ao professor para pedir ajuda ou fazer a correção do trabalho.

Desse modo, há uma grande possibilidade de diferenciação nos seguintes casos:

– o tempo dedicado a cada aluno;

– a forma como se estabelece contato, por iniciativa do professor ou do aluno;

– o momento em que se estabelece o contato (no início do trabalho, para ajudar o aluno a esclarecer as orientações, a se organizar; durante o mesmo, para manter o ritmo, despertar de novo o interesse, ajudar a superar as dificuldades; ou no final, para corrigir e decidir o que será feito a seguir);

– o grau de envolvimento do professor na tarefa (que vai da simples remissão às orientações escritas à monitoração do trabalho em sua totalidade);

– o nível de exigência (o professor "deixa passar" uma certa quantidade de erros secundários, de imperfeições na apresentação, na escrita, no desenho; admite, ou não, que alguns exercícios não sejam feitos ou não tenham sido acabados; dá mais tempo, permite ou impõe que o aluno continue o trabalho em casa ou após o horário de aula);

– o modo de relação (centrado nas dificuldades da tarefa ou na motivação, ou ampliado para uma conversa sobre outros temas);

– à medida que, diante das dificuldades, há abandono da tarefa proposta e retorno a explicações ou exercícios prévios, mais ao alcance da criança;

– os aspectos físicos da interação (o professor desloca-se em direção aos alunos, ou vice-versa, um de pé ao lado do outro sentado ou professor e aluno sentados lado a lado);

– a repetição de uma interação entre o professor e o aluno;

– a forma como se ocupam os que acabaram a tarefa (trabalho suplementar, atividades livres que solicitam mais ou menos do professor);

– o estilo da interação (controle, supervisão ou cooperação em uma tarefa comum; clima relaxado, bom humor ou estresse e angústia).

Conforme os professores, conforme sua disponibilidade, conforme a natureza das tarefas, essas interações serão excepcionais ou comuns, obedecerão a regras ou seguirão a inspiração do momento. Uma análise do ensino deveria aprofundar esse campo de ação pedagógica. O pouco que foi dito aqui deveria ser suficiente para indicar que pode haver grandes diferenças de um aluno para outro. Na maioria dos casos, a intenção do professor é intervir no caso dos alunos necessitados, "favorecer os desfavorecidos", realizar uma ação compensatória. Na prática, isso não é tão simples assim. Em primeiro lugar, porque os pedidos de ajuda não correspondem às necessidades de ajuda ou às efetivas dificuldades. Os pedidos mais prementes podem provir de alunos que têm uma grande facilidade e confiança para realizar sua tarefa, enquanto outros, totalmente bloqueados ou desamparados, não dizem nada. É claro que o professor pode elucidar a natureza do pedido. Uma olhada sobre o trabalho que está sendo realizado muitas vezes é suficiente para compreender quais são as dificuldades propriamente intelectuais ou materiais encontradas. Muitas crianças simplesmente precisam da intervenção do professor para ficarem tranqüilas, para se sentirem estimuladas, valorizadas, ou para que a relação se mantenha. Os pedidos menos fundamentados no plano estritamente cognitivo podem sê-lo afetivamente, em função de uma insegurança passageira ou de uma necessidade constante de tranqüilização. Por isso, não é suficiente observar o avanço do trabalho no caderno para entender o pedido; na maioria das vezes, deve haver uma troca, sobre a compreensão da tarefa, sobre os procedimentos e as representações em jogo, bem como sobre a motivação. Quando solicitado, o professor pode formular uma hipótese plausível sobre a natureza do pedido, levando em conta o que sabe sobre as possibilidades e a personalidade de cada criança. A menos que decida *a priori* que sua hipótese está fundamentada – e nisso ele sempre corre o risco de errar e criar uma distância maior com as crianças –, deve dedicar uma parte de seu tempo a verificar se elas realmente precisam dele. Ao fazer isso, já inicia uma interação que não pode ser terminada unilateralmente, sem decepcionar ou magoar a criança que o chamou. Mesmo quando o pedido parece não ter sentido, não pode ser rejeitado nem ignorado. Na relação face a face, o aluno tem um certo poder, que limita a liberdade de movimento do professor.

Em um restaurante, todos já viram um garçom enlouquecido com as solicitações dos clientes, que querem fazer seu pedido ou pagar, sem saber para onde olhar e sem poder satisfazer a todos ao mesmo tempo. A "lógica" que organiza as prioridades do garçom tende mais a evitar os protestos e os conflitos que a satisfazer uma norma de eqüidade formal (os que chegaram primeiro, os mais apressados, etc.). Em uma sala de aula, os mecanismos e a forma das relações sociais são diferentes, porém há uma certa semelhança com a situação anterior. Assim como o garçom, o professor solicitado por todos faz – mais ou menos conscientemente – escolhas que salvaguardam equilíbrios relacionais, mesmo que sejam em detrimento dos menos favorecidos.

A posteriori, cada professor é vagamente consciente disso. Sabe que nem sempre distribui seu tempo e suas intervenções de forma igualitária. Isso pode levá-lo a ficar mais atento aos pedidos menos insistentes, a explicitar as regras do jogo, solicitando a compreensão dos mais impacientes, ou, a mais longo prazo, a aplicar dispositivos que o isentarão de algumas intervenções: fichas e exercícios autocorretivos, multiplicação de obras de referência, trabalho em grupo ou ensino mútuo. Se os professores podem trabalhar em dupla com as mesmas crianças, podem optar por uma divisão do trabalho, e um pode responder aos pedidos, enquanto o outro trabalha prioritariamente com as crianças que precisam mais dele.

A tomada de consciência também pode levá-lo a se interessar pelos alunos que não perguntam nada. Nesse caso, a intervenção pode ser vivida como um controle, sobretudo no caso de alunos em dificuldade, cuja estratégia é evitar chamar a atenção pelo maior tempo possível. Não se pode ignorar que o professor, mesmo no caso de ser pessoa-recurso, também é juiz do trabalho começado. Qual é o sentido de uma estratégia de dissimulação que, na maioria das vezes, conduz ao fracasso? Talvez o temor de se encontrar diante da seguinte reação: "Você ainda não fez nada", ou "Você não entendeu nada", que muitas vezes é suficientemente forte para que o aluno atrase o máximo possível o momento do confronto, mesmo se o professor não for muito exigente ou repressivo. Nem sempre é fácil intervir com mais freqüência junto às crianças em dificuldade. O professor encontra-se na situação paradoxal em que as crianças com maior necessidade evitam sua intervenção – nem todas nem de maneira sistemática –, enquanto as mais rápidas o solicitam constantemente.

Deve-se destacar também que o trabalho individualizado com uma criança nem sempre é gratificante para o professor. Em geral, ninguém o confessa, mas é evidente que passar a maior parte do tempo constatando de novo os mesmos erros, explicando inutilmente as mesmas noções, estimulando outra vez uma criança pouco motivada, vivendo a relação como se fosse um enfrentamento não representa o ápice da satisfação profissional. O professor também precisa de experiências menos decepcionantes, menos ingratas. Nesse sentido, devemos distinguir dois planos:

1. Pode ser que uma pedagogia diferenciada, realmente dominada e praticada do início ao fim da escolaridade evite o fracasso escolar e, sem garantir que todos os objetivos sejam alcançados, diminua as situações em que um aluno tem de enfrentar exigências superiores às suas possibilidades.

2. Na escola, como tal é, mesmo se o professor for partidário de uma pedagogia diferenciada e realizar imensos esforços nesse sentido, irá deparar-se com uma realidade: a história escolar de cada criança, que para algumas significa vários fracassos e experiências negativas, uma atitude de rejeição da escola, de desvalorização de si mesma, etc.

Todos os professores, diante de alguns alunos, sentem-se desprevenidos, impotentes. Até mesmo uma ação totalmente individualizada seria decepcionante a curto prazo, pois trata-se de reconstruir todo um encaminhamento, o que exige tempo e paciência. Essa é a situação cotidiana do terapeuta ou do professor de classes especiais, que estão habituados a isso e receberam uma formação adequada. Para o professor de classes comuns, o sentimento de impotência pode ser mais forte e mais difícil de suportar. Ao mesmo tempo, é solicitado por outros alunos, outras atividades, com as quais terá a impressão de ser mais eficaz, mais relaxado. Embora inconscientemente, às vezes isso pode pesar em suas escolhas e na distribuição de seu tempo, mas não quer dizer, insisto, que a maioria dos professores evite constantemente a interação com os alunos em dificuldade. Simplesmente, seja qual for sua vontade de lhes dedicar mais tempo, eles têm de se confrontar com diversos limites, entre os quais sua própria tolerância diante do fracasso didático ou relacional.

Evidentemente, estou descrevendo casos extremos. Para muitas crianças, a intervenção individualizada é pura rotina. Conforme os professores, essa pode ser uma prática mais ou menos valorizada, central ou marginal na imagem que eles têm de sua profissão. Todavia, a questão que é preciso levantar, quando o professor realmente se interessa pelos alunos mais desprovidos, é saber se sua intervenção é eficaz. Os trabalhos de Lundgren (1977) sobre o ensino permitem duvidar disso. Com efeito, eles mostram que uma grande parte das interações professor-aluno a propósito de uma tarefa evidencia apenas o que ele chama de "pilotagem", uma espécie de monitoração que permite ao aluno avançar em seu trabalho, fazer o que lhe é pedido, porém não garante de forma alguma qualquer aprendizagem. Isso significa que, através de uma série de *feedbacks*, de empurrões, o professor permite ao aluno detectar e corrigir seus erros, sem tê-los compreendido em profundidade e com todas as chances de repeti-los quando está sozinho. Quando o professor vai de um aluno ao outro, as limitações da situação, a multiplicidade dos pedidos fazem com que essas intervenções não passem de "pilotagem", propiciando uma conformidade superficial, sem suscitar aprendizagem. Não se sabe se o suporte pedagógico, organizado como tal, também não corre o mesmo risco, mas esse é outro debate. O que eu gostaria de destacar sobre as intervenções do professor com relação a certos alunos, durante a realização de tarefas individuais, é o seguinte:

– essas intervenções são parcialmente diferenciadas;
– essa diferenciação não leva *ipso facto* a "favorecer os desfavorecidos";
– mesmo quando o professor intervém prioritariamente em prol dos alunos desfavorecidos, não se sabe se sua ação é eficaz no nível das aprendizagens, das competências (por oposição ao desempenho do momento).

Nos outros tipos de atividades, trabalhos de grupos e de equipes, jogos, oficinas, pesquisas, conselhos de classe, atividades-marcos ou projetos, podemos descobrir processos semelhantes. Embora exista a intenção de favorecer os desfavorecidos, ela é parcialmente neutralizada por outros determinantes, além da racionalidade propriamente pedagógica. Quanto mais as atividades forem abertas, descentralizadas, diversas em seu conteúdo e ritmo, mais a diferenciação será teoricamente possível. Entretanto, isso pode reforçar as desigualdades ou diminuí-las. Essa é uma das questões colocadas por uma pedagogia ativa. Baseada nos interesses espontâneos dos alunos, em sua autonomia, em sua iniciativa, a quem ela favorece? É uma questão difícil. Ninguém duvida que, ao dar direito de cidadania às vivências, aos interesses, ao ritmo pessoal e à comunicação espontânea, a pedagogia ativa permite a cada um encontrar seu lugar na escola, escolher as atividades em que pode ser bem-sucedido. Por outro lado, as condutas autônomas que se espera dos alunos dependem muito das disposições cultivadas fora da escola, o que poderia, mais que em uma pedagogia muito direcionada, favorecer os favorecidos.

Não posso aprofundar esse problema aqui. Gostaria apenas de destacar que a dupla face da diferenciação subsiste quando passamos de uma pedagogia tradicional a uma pedagogia ativa. No entanto, a análise complica-se ainda mais, porque não é suficiente descrever a diferenciação no nível das intervenções do professor. Em uma pedagogia ativa, o professor é o organizador de situações e de possibilidades, incita, anima, é a pessoa-recurso. Não está ausente do grupo-classe e continua exercendo nele um grande poder, mas deixa de estar presente na maioria das interações legítimas, como acontece em uma classe tradicional, que sempre coloca o professor no centro da rede de comunicação. Por isso, a diferenciação pertinente é mais a das experiências e das situações vividas pelo aluno que a das intervenções do professor.

Gostaria de ressaltar – e isso também é válido para o ensino tradicional – que a análise do tratamento das diferenças não se limita à interação direta entre professor e alunos, mas abrange o conjunto das decisões e das ações que organizam o espaço, o tempo, a abertura para o exterior, os recursos internos, as situações de aprendizagem, as redes de interação e de cooperação entre as crianças, etc. Simplificando, poderíamos dizer que há um *tratamento direto* das diferenças, assim como um *tratamento indireto*, mediado pela organização do sistema de vida, de decisão, de trabalho. A ampliação da observação às classes em que se pratica, mais ou menos sistematicamente, uma pedagogia ativa, obriga a descrever o tratamento indireto das diferenças. Estou apenas indicando essa pista de pesquisa sem ter, neste momento, meios de realizá-la: além da diferenciação da ação pedagógica, podemos observar com maior freqüência uma diferenciação do *currículo*, aparente ou oculto. Naturalmente,com a condição de chamarmos de currículo não o programa ou o plano de estudos que figura nos textos válidos para todos os alunos de uma classe, mas o conjunto das *situações formadoras* com as quais cada um efetivamente se depara na escola e que diferem bastante de um aluno para o outro em um grupo-classe, em mesmo quando a pedagogia seja aparentemente pouco diferenciada.

Nesse sentido, e para evitar uma confusão, devemos insistir no fato de que a diferenciação das aprendizagens não pode estar apenas em função da diferenciação das intervenções do professor, da relação pedagógica ou, de uma maneira mais geral, das situações e expectativas diante das quais os alunos são colocados objetivamente. Em definitivo, a "leitura da experiência" é necessariamente subjetiva e não depende apenas da situação objetiva, mas da forma como o indivíduo a percebe, a sente, a utiliza, a assimila a seus esquemas de compreensão, de avaliação e de ação. Mais concretamente, siginifica que dois indivíduos situados do ponto de vista de um observador externo em uma situação semelhante podem aprender coisas muito diferentes, pelo simples fato de que apreendem essa situação a partir de esquemas, atitudes, personalidade e projetos diferentes. Reencontramos aqui o mecanismo salientado por Bourdieu: um ensino aparentemente indiferenciado, do ponto de vista de um observador externo, pode ser vivido e compreendido de maneiras muito diversas, como experiência subjetiva, por seus destinatários. Por isso, a ausência de diferenciação do ensino é suficiente para, em condições de diversidade das atitudes, do capital cultural, etc., gerar desigualdades de aquisição. De modo caricatural: o que para um é simples, devido ao saber que ele detém, para outro será um discurso totalmente ininteligível, porque não pode ser assimilado aos seus esquemas lingüísticos, conceituais e culturais.

Mesmo se levarmos em conta a diferenciação da ação pedagógica no plano estritamente didático, será preciso considerar a diversidade das pedagogias, das mais tradicionais às mais ativas, das mais autoritárias às que conferem maior poder aos alunos. O que me interessa é superar a representação habitual de uma pedagogia frontal e completamente indiferenciada. Ela não corresponde à realidade na maioria das classes, o que também significa que os professores não encontram nela "sua realidade", podendo, então, desqualificar com facilidade o discurso sociológico sobre a gênese da desigualdade, pois, ele é de fato simplificador. O reconhecimento da parte muito real da diferenciação também mostra que ela tem dois gumes: às vezes, realmente previne o fracasso e a desigualdade, ao menos em suas intenções, enquanto outras vezes favorece os favorecidos ainda mais que um ensino totalmente indiferenciado. Algumas formas de diferenciação também podem não causar nenhum efeito sobre as aprendizagens, ou por estarem relacionadas a aspectos menores da relação pedagógica e das aprendizagens, ou por se manifestarem com muito pouca continuidade e força. A existência de uma certa indiferenciação do ensino não invalida a constatação de que as desigualdades da competência escolar são mantidas, e até mesmo aumentadas, ao longo da escolaridade. Por quê? Porque as duas faces

100 PHILIPPE PERRENOUD

da diferenciação compensam-se e porque sua face positiva, que poderia favorecer os desfavorecidos, não está à altura dos desvios entre alunos.

Isso significa que, na maioria das classes, nem as limitações externas – número de alunos, programas, normas e procedimentos de avaliação, horários, etc.–, nem as responsabilidades e a formação dos professores permitem uma diferenciação das relações e das intervenções pedagógicas *à altura das diferenças que existem entre as crianças*.

Parafraseando o texto de Bourdieu já citado, poderíamos dizer o seguinte: *para que os mais favorecidos sejam favorecidos e os menos favorecidos sejam mais desfavorecidos, é necessário e suficiente que a escola, mesmo quando recomende a diferenciação do ensino, não ofereça aos professores nem a formação nem os meios, e não faça disso a base de suas responsabilidades.* Isso significa que, em uma escola comum, mesmo se for possível – e estimulada – uma certa diferenciação, ela não pode produzir efeitos notáveis na luta contra as desigualdades. Para tanto, seria preciso que o sistema de ensino transformasse inúmeros determinantes institucionais da prática pedagógica.

Não pretendo apresentá-los aqui, pois limito-me a descrever as práticas atuais. No entanto, podemos mencioná-los rapidamente: os conteúdos, a divisão horária válida para todos, o fechamento das disciplinas e dos graus, a organização das atividades em função de um plano de estudos mais do que de objetivos, o sistema de avaliação, a uniformidade dos meios de ensino, algumas metodologias orientadas mais para a ação do professor do que para situações de aprendizagem para a criança, as normas de eqüidade formal (mesmas atividades, mesmo tempo de escola para todos), a ausência de dissociação explícita entre o tempo de trabalho e o tempo de presença na escola, o relativo fechamento da escola aos pais... Não devemos deixar de acentuar também, para além das declarações de intenção, a diferenciação tanto na formação e nas atribuições dos professores quanto na política educacional e em suas expressões concretas nas escolas.

IMAGENS DAS DIFERENÇAS, DIFERENCIAÇÃO DAS IMAGENS

Até aqui, abordamos o tratamento das diferenças em termos de ação: animação do grupo-classe, relação pedagógica e distância cultural, intervenções didáticas. Ora, em todos esses âmbitos, a ação põe em jogo representações que a guiam e que ela contribui para transformar. Talvez não seja inútil, no contexto de uma análise do tratamento das diferenças, interessarnos pela sua representação no professor e – o que não é exatamente a mesma coisa – pelas imagens que ele tem de seus alunos e pelo seu caráter mais ou menos individualizado.

Os conceitos de diversidade ou de heterogeneidade não pertencem ao observador externo. O professor utiliza-os espontaneamente quando pensa em sua classe. Ele forma uma imagem intuitiva desde o primeiro contato com um novo grupo-classe, completando-a e matizando-a a partir da experiência, da observação cotidiana das crianças e dos procedimentos mais formais da avaliação. A heterogeneidade de um grupo-classe é uma característica que o professor pode apreciar globalmente e mesmo especificar conforme várias dimensões: o nível propriamente escolar nesse ou naquele ponto, o desenvolvimento físico ou intelectual, a autonomia e os métodos de trabalho, as motivações e as ambições, a rapidez e a seriedade no trabalho, a participação nas atividades coletivas, a integração no grupo, o comportamento e a disciplina, as condições de vida extra-escolar.

Na verdade, não sabemos muito bem que dimensões da diferenciação um professor utiliza em uma descrição global de seu grupo-classe. No conjunto das dimensões que poderiam propor uma psicologia ou uma antropologia diferenciais, o professor faz uma escolha, amalgama dimensões, estabelece prioridades em função de sua formação e dos conceitos de que dispõe, do caráter mais ou menos central ou pertinente de determinado tipo de diferenças em sua ação ou reflexão pedagógica. Poderíamos pensar que o professor baseia sua imagem global das diferenças em representações individualizadas de seus alunos, ou seja, que ele tem uma imagem relativamente precisa de cada um, do que ele é, do que faz, do que sabe e que, ao confrontar essas imagens individualizadas, ele consegue constatar uma maior ou menor diversidade no grupo, conforme este ou aquele critério. Na prática, não é tão simples assim. Em primeiro lugar, é perfeitamente possível ter uma imagem precisa das diferenças em uma população sem ter representações individualizadas daqueles que a compõem. Assim, um quadro estatístico proporciona uma imagem perfeitamente clara das diferenças ou das desigualdades, sem que saibamos nada a respeito de cada indivíduo em particular. É claro que, em um determinado momento, é preciso observar características individuais, porém elas podem ser esquecidas ou perdidas sem que o quadro estatístico resultante aparentemente perca seu sentido.

Naturalmente, não é possível transpor com exatidão tal raciocínio à sala de aula, pois em geral o professor tem uma imagem qualitativa da heterogeneidade e não estabelece uma estatística em todos os âmbitos; além disso, nem todas as suas informações resultam de uma pesquisa entre seus alunos, embora a avaliação formal estranhamente se pareça com esse tipo de tomada de informação; por fim, se a idéia que ele tem das diferenças foi construída a partir de uma amostragem de alunos, esta é um subconjunto mutante – e nem sempre representativo – do conjunto da classe. Apesar disso, continua havendo uma semelhança real: o professor pode ter uma idéia bastante realista da heterogeneidade de seu grupo conforme várias dimensões importantes, sem dispor de uma imagem muito individualizada de cada aluno. Isso acontece em parte porque, no contexto da formação e da prática atuais da maioria dos professores, eles dispõem de um sistema bastante medíocre de registro e de conservação das informações individualizadas.

A avaliação formal é um bom exemplo disso. Os professores passam uma parte não-desprezível de seu tempo avaliando os desempenhos dos alunos através de provas orais ou escritas. Sejam quais forem os limites desses instrumentos de avaliação, de um ponto de vista psicométrico, podemos imaginar que cada prova oral ou escrita ofereça uma série de informações sobre o que um aluno sabe ou não sabe fazer, além de destacar suas lacunas e dificuldades. Isso não é falso, se utilizarmos bem a produção dos alunos nesse sentido. No entanto, na avaliação normativa e comparativa que ainda predomina, o essencial continua sendo situar os alunos uns em relação aos outros para lhes atribuir nota ou atribuir uma determinada classificação. Para isso, transforma-se toda a informação qualitativa contida em um conjunto de respostas, corretas ou incorretas, completas ou incompletas, em um sistema de notas. Tais notas serão distribuídas e darão uma certa imagem das diferenças no grupo-classe, em um âmbito definido do plano de estudos. Perde-se boa parte da informação individualizada contida em uma prova. Na verdade, muitas vezes ela nem é registrada pelo professor, apressado em corrigir as provas e passar para o capítulo e a prova seguintes.

A PEDAGOGIA NA ESCOLA DAS DIFERENÇAS **103**

Poderíamos dizer o mesmo da maioria das tomadas de informações individualizadas que o professor realiza todos os dias com seus alunos. Elas lhe servem no momento imediato para controlar a situação, avaliar ou reorientar um trabalho, gerenciar a relação, manter a disciplina, etc. O professor *aprende incessantemente coisas muito individualizadas sobre os alunos* de seu grupo, no mínimo porque passa muitas horas por semana com eles. E ele *as esquece incessantemente*, pois essas informações têm, sobretudo, a função de guiar a ação imediata e não se destinam a se acumular para formar uma imagem cada vez mais individualizada e rica de cada aluno.

Talvez pudéssemos ilustrar essa hipótese falando da memória de curto e longo prazo. Muitas informações recebidas espontaneamente ou ativamente pesquisadas são muito individualizadas e são funcionais naquele instante, naquele dia, eventualmente nos dias seguintes. Um professor do ensino fundamental não termina nunca de aprender coisas sobre o estado de saúde de seus alunos, seus interesses do momento, seus problemas familiares, seus conflitos com os outros, suas vontades e seus medos, suas dificuldades propriamente escolares. Ele aproveita uma parte dessas informações. Nelas está o fundamento da parte de diferenciação da ação pedagógica evocada nos capítulos anteriores. Porém, tudo sucede como se essas informações não fossem funcionais a longo prazo, como se fosse mais econômico esquecê-las, como os mil acontecimentos que fazem parte da nossa vida, dos quais memorizamos uma parte ínfima. Isso acontece porque a ação pedagógica é, antes de mais nada, uma ação a curto prazo, ao contrário, talvez, do que se poderia supor através do discurso programático da escola, da organização dos planos e ciclos de estudos. A maioria dos professores tem problemas suficientes para resolver durante o dia ou a semana para não se preocupar demais com o futuro e para não se "entupir" de informações individualizadas que eles não saberiam utilizar no estado atual de sua prática. De fato, sua capacidade de planejamento concentra-se na progressão do programa, no respeito pelos prazos relativos à informação dos pais, na avaliação ou em qualquer outra norma imposta pela instituição. Como um professor pode evitar o registro e a salvaguarda de uma informação individualizada que ele recebe, que utiliza de forma imediata e que muitas vezes o interessa e emociona? Não se trata de má vontade, porque se dedica a esquecer todas as informações que não lhe parecem úteis. Além disso, se dependesse de uma escolha deliberada, cada professor provavelmente consideraria que a maior parte das informações obtidas são interessantes para o futuro e mereceriam ser conservadas, pois esclarecem um aspecto da personalidade ou do funcionamento do aluno, um momento de sua história em suas relações com o professor ou os colegas. Se há desperdício de informações, isso acontece devido à adaptação inconsciente dos esquemas de percepção e de memorização às necessidades da ação.

1. Para fazer alguma coisa com a quantidade de informações com a qual é bombardeado a cada instante, o professor deveria dispor de conceitos, de esquemas de classificação e de registro, até mesmo de técnicas de codificação e de anotações que lhe permitissem selecionar as informações dignas de ser conservadas e organizá-las logicamente. Quando esses esquemas não existem, ou só favorecem as ações a curto prazo, as informações não são registradas nem conservadas, ou seja, não podem ser mobilizadas algumas semanas ou meses mais tarde, no momento em que justamente permitiriam compreender melhor a evolução do aluno e seus problemas do momento.

2. Para que se desenvolvam esses esquemas de memorização e de utilização a longo prazo, é preciso que o professor necessite deles, ou seja, que a ausência de informações individualizadas acumuladas em um período bastante longo torne sua ação difícil ou mesmo impossível. Isso não acontece, pelo menos se ele se limita a cumprir suas atribuições, as quais estabelecem que a diferenciação e a individualização do ensino e, portanto, da avaliação e da imagem das crianças, muitas vezes tem o *status* de um voto piedoso: a instituição convida o professor a proceder da melhor forma possível, sabendo que não poderá chegar muito longe nesse sentido. De qualquer modo, sua qualificação e sua conformidade com as atribuições não serão avaliadas essencialmente em função de suas capacidades de diferenciação do ensino, e sim do nível médio de seus alunos, de sua progressão normal no programa, da disciplina que ele faz reinar em sua classe, do bom relacionamento com seus colegas e com os pais e de seu respeito às diretrizes.

Podemos notar que, na formação dos professores, a preparação para a observação individualizada das crianças, para a organização e a conservação das informações obtidas, para sua utilização na ação pedagógica a médio prazo ocupa um lugar menor e que ele dedica mais tempo à forma de compor um trabalho escrito, de corrigi-lo, de construir uma tabela, que à utilização qualitativa das informações individualizadas que aporta. Peça a um professor que fale de um de seus alunos, selecionado ao acaso. Na maioria das vezes, ele dará uma imagem bastante aproximada, com apreciações muito precisas, outras muito vagas e algumas zonas de sombra. As características evidenciadas serão as mais estáveis, que se referem ao comportamento no grupo-classe, à atitude com os outros, à personalidade, à participação, ao nível global de desenvolvimento e de competência, ou às informações mais recentes, relativas aos acontecimentos dos últimos dias ou às dificuldades escolares do momento. Entre a memória de curto prazo e uma espécie de memória atemporal, há uma solução de continuidade. Isso significa que a informação sobre um período mais longo, sobre a evolução, sobre mecanismos mais profundos ligados à vontade de aprender, à maneira de trabalhar ou de reagir a um problema, etc., são inacessíveis para o professor? Absolutamente. Se, por algum motivo, um professor realmente se dedicar a observar o aluno através da avaliação formal e das mais diversas situações, ele obterá uma massa considerável de informações, que poderiam constituir um diário muito personalizado dos fatos e gestos, das atitudes, dos humores, dos sucessos e do fracasso de um aluno em particular. Permanecerá o problema dos conceitos aplicados, da linguagem utilizada para comunicar suas observações, o que às vezes limita sua precisão. Todavia, isso sugere que o professor *pode* obter uma informação individualizada muito rica, mesmo de forma artesanal e intuitiva, por pouco que sinta necessidade e saiba fazê-lo. Isso é o que acontece espontaneamente quando, em uma situação de crise ou de incerteza, fixa durante algum tempo sua atenção em um aluno, porque precisa tomar uma decisão, ou porque espera que lhe peçam informações. Nesse caso, pode acumular muito mais informação do que aquelas que obtém normalmente com qualquer aluno.

Tudo isso significa – e é fundamental em uma análise da diferenciação – que a *representação está muito perto da ação* e que a diferenciação das imagens não pode ultrapassar a diferenciação possível das intervenções. Nessa economia, agem mecanismos propriamente cognitivos, os quais são reforçados por mecanismos de defesa contra a angústia e a culpa. Com efeito, observar diferenças que praticamente não são levadas em conta é uma situação desconfortável, vivida como um desvio injustificável entre aquilo que o professor pode fazer concretamente e o que o espírito do tempo e a deontologia profissional gostariam que se fizesse, isto é, levar em consideração as necessidades e a personalidade de cada criança. Todos os trabalhos sobre a redução das dissonâncias cognitivas têm mostrado que, quando um indivíduo não pode mudar uma realidade desagradável, é levado a modificar sua representação dessa realidade para torná-la mais adequada àquilo que ele pode tolerar, mais compatível com uma imagem de si mesmo que não seja muito desvalorizadora. No ensino, não faltam ocasiões de fracasso e as frustrações são constantes, devido à brecha entre os projetos e o que se pode fazer concretamente. Assim, uma certa ignorância das diferenças, um certo esquecimento das informações individualizadas, não passam, na maioria dos casos, de provas de um conforto narcisista e de um esquema de sobrevivência a longo prazo na profissão de educador.

Generalizando, certamente poderíamos verificar, em todas as profissões que lidam com pessoas, que elas são expostas a diversos dissabores na falta de um verdadeiro domínio dos fenômenos, de mecanismos mais ou menos eficazes para tornar a situação tolerável: ajuste dos objetivos e das aspirações, cinismo, um véu pudico sobre alguns problemas, subestima dos fracassos ou atribuição de responsabilidades a causas externas, etc. No ensino, entre outros mecanismos, um certo desconhecimento das diferenças é funcional, ao menos enquanto a formação, as atribuições estipuladas e as condições de trabalho não permitirem uma diferenciação proporcional da ação pedagógica.

Para resumir, diria que, mesmo quando têm uma representação bastante precisa da heterogeneidade de seu grupo, os professores têm uma imagem muito pouco individualizada dos alunos. Evidentemente, tal generalização é discutível e seria preciso levar em consideração as variações que há entre as diversas classes. Nesse estágio, posso apenas sugerir sua existência, embora me pareça que elas tenham uma amplitude limitada em condições comparáveis. A individualização das imagens das crianças pode resultar menos das competências, da experiência e das intenções do professor do que de limites objetivos bastante uniformes.

Até aqui, procedi como se o grau de individualização da imagem dos alunos fosse uma constante para todos os alunos. Ora, nada permite tal afirmação. Ao contrário, podemos supor que o professor tem uma imagem bastante individualizada e baseada em uma interação densa de algumas crianças, enquanto de outras essa representação é vaga e estereotipada. Devemos esperar que essas variações favoreçam os favorecidos? Podemos supor que a individualização das representações esteja em função da interação entre o professor e um aluno. Se houver interação seletiva, o professor formará uma imagem mais individualizada de seus interlocutores privilegiados. Ora, já vimos que a interação seletiva tem uma dupla face, favorecendo, às vezes, alunos muito cooperativos e gratificantes e, outras vezes, alunos em dificuldade. Racional, poderíamos admitir que as crianças do *middle range* são as que têm a menor chance de serem percebidas de forma individualizada pelo professor, pois elas não se distinguem do grupo nem pela sua liderança ou por competências excepcionais, nem por seu comportamento fora do comum ou por suas dificuldades escolares graves.

Talvez haja um domínio em que possamos esperar um viés relativamente sistemático em prol das crianças das classes médias e superiores. Trata-se das representações do meio familiar da criança, das práticas e normas educativas nele praticadas. *Isso se deve a dois motivos simples*, que não têm nada a ver com uma vontade deliberada do professor:

1. Essas famílias entram mais facilmente em contato com o professor, comparecem às reuniões de pais, aceitam ou solicitam entrevistas, reagem às perguntas e às considerações, telefonam para o professor, etc. Através desses contatos, ele reúne elementos de informação e de apreciação sobre as condições de vida da família, o lugar da criança, suas relações com os pais ou irmãos, seus divertimentos, seus interesses, os mecanismos ou os conflitos relativos à escola, as práticas e os valores educativos dos pais.

2. Mesmo se não houver comunicação direta, como está mais próximo, o professor pode representar mais facilmente o modo de vida e de educação de uma família de classe média, porque compartilha seus códigos. Assim, indicações muito fragmentadas permitirão que ele reconstitua uma certa imagem da vida da criança fora da escola, pois uma família de trabalhadores imigrantes pode parecer-lhes totalmente estranha. Na classe, os mesmos fenômenos são produzidos na relação entre o professor e as crianças. No entanto, tal fato pode ser compensado – mais facilmente do que pelos pais – por uma atenção contínua às crianças que o professor considera em situação de dificuldade.

A individualização desigual da imagem das crianças não é, evidentemente, o único viés possível. Não me estenderei muito sobre a questão da desigualdade perante a avaliação, que já tratei em outra obra (Perrenoud, 1982b, 1984). Recordemos apenas *três mecanismos importantes*:

Primeiro mecanismo: o efeito Pigmalião pode favorecer os favorecidos; (Rosenthal e Jacobson, 1968) trata-se do prognóstico global realizado pelo professor sobre as possibilidades de aprendizagem e de progresso do aluno. Foi possível demonstrar que os progressos efetivos de cada aluno dependiam da previsão mais ou menos otimista do professor. É uma espécie de *self fulfilling prophecy**, cujo mecanismo não foi totalmente elucidado. Parece que a confiança no aluno é transmitida e modifica, de modo favorável, sua imagem de si e sua motivação no trabalho. Também é possível que o prognóstico otimista torne a interação mais gratificante e significativa para o professor, aumentando a qualidade ou a quantidade. Por fim, e retomamos aqui os vieses na avaliação dos desempenhos, uma previsão otimista pode permitir que sejam interpretados como acidentes de percurso as dificuldades ou os maus desempenhos que, em outro aluno, passariam por sinais premonitórios de fracasso.

Segundo mecanismo: no ambiente escolar, a avaliação contínua das competências é uma operação bastante banal, imbricada em uma relação complexa, e distancia-se bastante do modelo ideal da medição psicométrica. Assim, a avaliação está sujeita a diversos vieses psicossociais e culturais relacionados, por exemplo, ao domínio desigual dos códigos de comunicação e das estratégias sociais que permitem colocar em cena e manifestar competências ou, ao contrário, mascarar lacunas ou dificuldades. Já tentei descrever a avaliação como um processo de transação entre o professor e o aluno, cujo resultado dependeria, assim como as competências efetivas, da metodologia de avaliação e dos vieses sistemáticos que ela permite na interpretação e na negociação (Perrenoud, 1982b). No estado atual da pesquisa, é difícil ponderar sobre a influência dos diversos mecanismos geradores de desigualdades. Sem subestimar os dois anteriores, eu me inclinaria a atribuir-lhes um papel secundário. Por outro lado, eles são parcialmente neutralizados, sobretudo o segundo, pelo desejo de democratização do ensino, que pode introduzir um viés favorável aos menos favorecidos.

---

* N. de R. T. É a expressão de uma profecia que preenche o *self* em sua totalidade.

Terceiro mecanismo: a diferenciação das normas aplicadas aos alunos. A vontade de oferecer oportunidades, de praticar uma pedagogia do sucesso, de não estimular uma identidade negativa no aluno e de não romper a relação podem levar, em diversas classes, à minimização do fracasso e à atenuação de seus sinais exteriores. Neste último ponto, o professor tem todas as condições de embaralhar as cartas: a atribuição das notas é feita em função de uma tabela que ele pode tornar mais ou menos seletiva. Se decidir utilizar apenas as apreciações que a instituição considera médias ou excelentes, a imagem de seus alunos, sobretudo dos mais fracos, estará "superavaliada". Evidentemente, não poderá ultrapassar alguns limites, devido às pressões diretas ou indiretas exercidas sobre ele pelos pais, pela hierarquia, pelos colegas dos graus ou das séries de ensino seguintes. Entretanto, a margem de manobra não é desprezível, sobretudo se muitos professores realizam o mesmo procedimento de forma paralela, provavelmente sem o saber.

Nos sistemas em que o debate sobre o atraso escolar e os fracassos culpa uma parte dos professores, podemos esperar um tipo de manipulação dos sinais externos de competência e até mesmo uma diferenciação real das normas, pois o professor não aplica as mesmas exigências aos textos redigidos pelos alunos, às suas capacidades de leitura ou de comunicação. Ele tem certeza de que essa diferenciação das normas é menos visível nos domínios em que a avaliação não passa por um desconto mecânico de pontos ou de erros e supõe, de qualquer forma, uma apreciação global. Assim, dificilmente um professor poderá atribuir notas diferentes a resultados semelhantes em um teste de ortografia ou de conjugação, ou notas iguais a resultados diferentes. Em outros domínios, porém, terá liberdade para avaliar não o desempenho estrito, mas a evolução, o esforço, o que o aluno faz com relação àquilo que pode realizar razoavelmente em um determinado momento de sua carreira. A diferenciação nas próprias normas ou na atribuição de *sinais externos de fracasso ou sucesso* mereceria ser estudada de maneira mais profunda. Gostaria de dizer apenas que seus efeitos, no tocante à desigualdade, são ambíguos. Em alguns casos, essa diferenciação das normas evita efetivamente um fracasso formal com todas as suas conseqüências psicológicas para a família e para a criança. Em se tratando de uma aprendizagem destinada a ocorrer mais tarde, uma certa tolerância na aplicação das normas ou em sua interpretação permite ampliar o prazo, dando tempo para que o aluno atinja a média do grupo. Muitas vezes, isso

110 PHILIPPE PERRENOUD

acontece com a aprendizagem da leitura. Em outros casos, um tratamento de favor no momento da avaliação leva certas crianças a acumular durante meses, e até anos, lacunas e incompreensões que não provocam nenhuma conseqüência imediata. Em um determinado momento, por exemplo, na primeira orientação ao final do ensino fundamental, a situação torna-se irreversível e, com a acumulação de falhas, os alunos acabam por ser relegados aos cursos menos exigentes, de forma direta ou, o que é ainda mais grave, após um fracasso espetacular em um curso mais difícil.

Percebemos aqui a ambigüidade de uma forma de diferenciação que parece valorizar os alunos em dificuldade; às vezes, isso é possível, mas também pode levá-los a um fracasso definitivo, devido à falta de medidas tomadas no momento adequado. Chegamos, então, ao problema da repetência, do apoio pedagógico, do fechamento dos graus, ou seja, do tratamento das diferenças no nível do sistema e não mais apenas da classe. Reencontramos a imbricação destacada no início desse capítulo: o professor superavalia regularmente alguns alunos em dificuldades e, se o sistema se baseia em sua avaliação, sem controlá-la através de exames ou provas padronizadas, confere ao professor o poder de impedir a ação de alguns mecanismos institucionais de seleção. Nesse sentido, o aparecimento do apoio pedagógico mais ou menos integrado à classe, o qual não constitui uma transferência no ensino especializado, modifica a situação, porque o professor não aplica mais aos seus alunos em dificuldades uma avaliação cujas conseqüências institucionais fogem do seu conhecimento, mas pede a ajuda de um professor de apoio sem perder o controle da situação. Não opinarei sobre a eficácia do apoio pedagógico em suas diversas formas, mas apenas gostaria de dizer que ele constitui um nível intermediário entre a avaliação interna da classe e as normas de passagem e de seleção no nível do sistema, o que provavelmente modifica a economia de ambas.

A análise da representação das diferenças, bem como da diferenciação das representações no nível da sala de aula, teria todo o sentido do sistema de ensino ou de alguns subsistemas. E reencontramos, a complexa dialética que faz com que a ação, as decisões de seleção e a orientação dependam de uma representação das competências individuais e de sua distribuição. Ao mesmo tempo, essas representações são limitadas e canalizadas por aquilo que o sistema pode fazer com elas em sua prática e funcionamento atuais.

No âmbito do tratamento das diferenças, assim como em outros, existe um funcionamento próprio da maioria dos atores sociais: *o conhecimento está em função de uma pragmática*, não é um fim em si mesmo. O observador não-envolvido pode dar-se ao luxo de verificar as diferenças e destacar que são pouco consideradas na ação pedagógica. Cada professor sente essa contradição em alguns momentos, mais ou menos próximos, porém não pode percebê-la constantemente sem ficar paralisado em sua ação cotidiana.

O ENSINO É UM OFÍCIO IMPOSSÍVEL?

Não há como concluir esse capítulo ordenando provisoriamente observações e reflexões relativas ao tratamento das diferenças na sala de aula. Para avançarmos mais, seria preciso confirmar por meio de outras observações a existência dos mecanismos descritos, estimando seu grau de generalidade em um determinado sistema escolar. Também seria necessário relacionar o funcionamento do grupo-classe e a ação do professor a seus determinantes institucionais.

Não tenho espaço aqui para fazer isso de forma sistemática. Por isso, eu me restringirei a apresentar um problema de método bastante difícil. Para descobrir os determinantes institucionais, externos à sala de aula, do tratamento das diferenças na ação pedagógica cotidiana, seria preciso usar o método comparativo. Para que ele fosse fecundo, os sistemas de ensino deveriam oferecer uma grande variedade de determinantes institucionais, à qual poderíamos, no melhor dos casos, fazer corresponder vários modos de tratamento da diferença. Infelizmente, nesse âmbito, a uniformidade parece mais importante que as variações. A maior parte dos sistemas de ensino públicos do mundo baseia-se no mesmo modelo de divisão do trabalho pedagógico, caracterizado essencialmente pela articulação do curso em graus sucessivos, combinada com uma estrutura em forma de árvore que se ramifica a partir do tronco inicial comum. No interior de cada grau, tanto no tronco comum quanto em um ramo secundário, os alunos são agrupados em classes homogêneas, assumidas, durante um ano ao menos, por um professor generalista ou por vários professores especializados. É claro que, nesse esboço básico, há inúmeras variações. Seria absurdo pretender que cada sistema de ensino, em qualquer ramo ou grau, impusesse as mesmas determinações institucionais à prática pedagógica e ao tratamento das diferenças na sala de aula. No entanto, poderia acontecer que o denominador comum fosse suficientemente grande para dificultar ainda mais o uso do método comparativo. Essa forte semelhança dos sistemas de ensino desenvolvidos e burocratizados exige que a análise comparativa baseie-se em *descrições precisas* do tratamento das diferenças na sala de aula e dos possíveis determinantes institucionais. Isso não está excluído, mas precisaríamos de um investimento considerável em pesquisa, pois as informações disponíveis, tanto sobre as práticas em sala de aula quanto sobre a organização do sistema, não são suficientes para identificar as variações pertinentes do ângulo que nos interessa aqui. Isso também significa que, para identificar as variáveis pertinentes ou interpretar corretamente as informações já disponíveis, teríamos de contar previamente com um investimento teórico que uma análise comparativa mais sumária dificilmente poderia oferecer. Em outros domínios, nos quais há variações menos espetaculares, o aporte heurístico de um enfoque comparativo certamente é mais importante.

Para superar tal dificuldade, sofremos a tentação não de comparar um sistema de ensino ao sistema vizinho, mas àquele que poderia existir se fosse organizado em função de outra política para tornar possível outro tratamento das diferenças tanto em nível da sala de aula quanto do sistema. De certo modo, o contraste entre o sistema atual e alguns sistemas alternativos imaginados, e mesmo realizados em pequena escala, parece mais heurístico que uma análise comparativa clássica entre os sistemas de ensino existentes. Enfim, qual é o *status* metodológico e epistemológico de uma comparação entre um sistema existente e um possível sistema alternativo? Nas ciências humanas, esse tipo de comparação parece desempenhar um papel importante, mas nem sempre confessado, na construção de hipóteses ao evidenciar a arbitrariedade histórica ou cultural de uma instituição ou de uma prática social. Evidentemente, poderíamos dizer que, no contexto da construção de hipóteses, todos os meios são legítimos desde que produzam teorias capazes de ser empiricamente confirmadas ou infirmadas. Todos sabem que, nas ciências humanas, a oposição estrita entre construção e validação de uma teoria é bastante fictícia e que grande parte das propostas teóricas enunciadas nunca serão objeto, por diversas razões, de um trabalho rigoroso de validação com outros dados e outros sistemas.

A Pedagogia na Escola das Diferenças **113**

Em todo caso, não há dúvida de que o problema aqui estudado não surgiu independentemente de uma reflexão sobre uma organização alternativa do sistema de ensino. A questão do tratamento das diferenças só é colocada a partir do momento em que se elabora a hipótese de que elas poderiam ser tratadas de outra maneira na ação pedagógica. Ora, essa hipótese não constitui a reflexão sobre a educação e os sistemas de ensino. Ela provém de um debate bastante recente, embora grandes precursores, como Claparède, tenham proposto, no início do século XX, as premissas teóricas de um "ensino sob medida". A idéia de que a ação pedagógica deveria adaptar-se à diversidade das pessoas só passou a marcar o debate pedagógico algumas décadas mais tarde, com o surgimento dos programas de educação compensatória, das pedagogias de domínio e de apoio, dos trabalhos sobre o fracasso escolar, as desigualdades na escola e suas causas.

Esquematizando: somente a partir do momento em que uma pedagogia diferenciada passou a ser concebida, a questão do tratamento das diferenças na escola passou a ser considerada importante, ao menos pelos atores envolvidos. Nada impedia que a sociologia da educação, em princípio, colocasse esse problema teórico de forma autônoma. Todas as organizações que trabalham com pessoas devem conciliar a diversidade de seus usuários e a padronização dos procedimentos e dos papéis profissionais. Algumas delas favorecem uma forte divisão do trabalho; os "casos" são divididos entre especialistas competentes. Outras organizações, ou as mesmas no interior de uma especialização, atomizam as relações entre os profissionais e as pessoas das quais eles se encarregam. A medicina precisa enfrentar a diversidade das doenças e dos doentes com este duplo modo: especialização e colóquio singular. Mesmo no contexto hospitalar, o médico sempre lida com um conjunto de doentes que ele trata de forma individual, sem nunca gerar um grupo. A psiquiatria, a psicologia, o serviço social, a justiça também funcionam conforme o modelo da seriação dos indivíduos e das consultas, das visitas, das audiências. Exceções: as correntes de psicoterapia ou socioterapia de grupo ou de família. Em contrapartida, na animação cultural, no desenvolvimento comunitário, na educação especializada, no ensino, o profissional trabalha com um grupo ou em um grupo. Por que essas variações? Será que elas existem em função do grau de complexidade das intervenções? Do poder institucional e do *status* social dos profissionais? Do tamanho das populações a serem atendidas? Uma sociologia do tratamento das diferenças em profissões e organizações encarregadas de atender pessoas teria podido e poderia desenvolver-se, independentemente de uma perspectiva reformista.

Atualmente, porém, é difícil dissociar a questão teórica do debate político e pedagógico sobre o fracasso escolar e a diferenciação do ensino. Isso é o que torna possível uma pesquisa-ação sobre o tema ou, simplesmente, uma observação dos processos. Isso é o que estimula a reflexão e as pedagogias alternativas. Também é o que corre o risco de enquadrar a sociologia em um enfoque reformista. Para tomar distância e não se prender à linguagem da escola, é essencial a reflexão comparativa e histórica sobre o tratamento das diferenças. Uma questão própria da sociologia da educação, mas que abre perspectivas históricas e comparativas, poderia servir de fio condutor.

Nenhuma pedagogia é estritamente diferenciada. Tentei mostrar isso, contra as simplificações correntes. Mas, esquematizando, não há dúvida de que os atuais sistemas de ensino continuam sendo incapazes de levar em conta as diferenças, a não ser para sancioná-las e transformá-las em desigualdades escolares e, depois, em orientações hierarquizadas. Poderíamos, então, ingenuamente perguntar: o que levou ao desenvolvimento e à manutenção de um sistema tão contrário ao bom senso pedagógico elementar de hoje?

Não reabrirei, o debate sobre a escola como instrumento de reprodução das classes sociais. Uma teoria da reprodução postula, em resumo, que o fracasso escolar de parte dos alunos, a desigualdade das formações, não representa o fracasso do sistema de ensino, mas é sinal de seu sucesso com relação ao que dele esperam as classes privilegiadas: dar aos seus filhos uma formação escolar que corresponda ao capital cultural, social e econômico que lhes é transmitido pela família; favorecer uma certa mobilidade social, propícia ao desenvolvimento das ciências, das técnicas, da economia, em suma, dispor de uma população ativa cujas qualificações sejam proporcionais à divisão do trabalho. Não discutirei aqui essa questão tão complexa. Em outra obra (Perrenoud, 1978), tentei abordá-la do ângulo das políticas de democratização do ensino. Hoje, em nenhum país industrial ocidental pode-se identificar uma classe dominante ou dirigente que reine de forma absoluta sobre a sociedade global, subordinando totalmente o sistema de ensino aos seus interesses de classe ou à sua concepção do desenvolvimento social. Petitat (1982) mostra os limites de uma abordagem do sistema de ensino como instrumento puro de reprodução das relações sociais. A escola também participa da produção da sociedade, de forma desigual, conforme os períodos históricos.

Em uma sociedade na qual a instrução e a seleção escolares são mecanismos políticos importantes, é evidente que a luta contra o fracasso escolar, o desenvolvimento de pedagogias de domínio ou de apoio e as medidas de democratização do ensino refletem parcialmente as relações de força que determinam a política educacional. É preciso, porém, levar em conta a relativa autonomia do sistema de ensino, suas inércias e suas dinâmicas próprias, suas limitações pedagógicas, seus equilíbrios, seus conflitos internos. Também é preciso considerar a história do sistema de ensino: as origens das práticas pedagógicas são mais ou menos antigas. Algumas delas remontam à gênese dos sistemas de ensino ou mesmo da forma escolar de educação. Outras são oriundas de reformas posteriores dos programas ou das orientações políticas mais recentes. Como uma rocha estratificada, cada componente do sistema de ensino está formado por camadas superpostas, produto de acréscimos e de retoques feitos às estruturas ou práticas mais antigas. Assim, a pesquisa das determinações de um modo definido de tratamento das diferenças faz parte de uma geologia ou de uma arqueologia do sistema.

Não posso mergulhar no difícil caminho das práticas pedagógicas no que tange a suas fontes. Entretanto, tudo nos leva a crer que elas assumiram forma, no que se refere ao tratamento das diferenças, muito antes que a escolarização se tornasse maciça e comandasse a reprodução da população ativa. Sugerirei *en passant* uma pista complementar, de ordem histórica: há cinco ou seis séculos, período em que ocorreu a construção dos sistemas de ensino modernos, houve uma evolução no sentido da estruturação das aprendizagens em sucessivos graus e classes homogêneas quanto à idade ou às possibilidades de aprendizagem. Assim, no nível do sistema de ensino – ou de cada escola –, começaram a ser consideradas as diferenças no nível da organização. Ela, porém, parecia dispensar uma diferenciação no interior do grupo-classe. Ora, desde o final do antigo regime, a antropologia da educação evoluiu profundamente. A imagem da criança transformou-se; a filosofia de Rousseau, por exemplo, e depois a psicologia, pouco

116 PHILIPPE PERRENOUD

a pouco colocaram em evidência as etapas e as vias de seu desenvolvimento, a importância da relação afetiva e da atividade nas aprendizagens e a conquista da inteligência. Concebida originalmente como puro discurso, portadora de um saber destinado a ser interiorizado como tal, eventualmente às custas de um certo trabalho e de uma certa repetição, a ação pedagógica tornou-se uma responsabilidade complexa que favorece a construção dos conhecimentos mais que sua transmissão pura e simples. A atual imagem dos processos de desenvolvimento e de aprendizagem exige, quase que obrigatoriamente, uma ação pedagógica individualizada, ao contrário da que prevalecia há um século ou dois e justificava perfeitamente a reunião de um numeroso auditório diante de um professor com um discurso magistral.

Se, a partir das origens dos sistemas de ensino modernos, a pedagogia tivesse sido concebida como uma ação individualizada, a profissão de professor teria se desenvolvido de acordo com o modelo da medicina, da psicologia ou do serviço social. Nesses diversos setores, ninguém teria a idéia de reunir dezenas de pacientes ou clientes para lhes administrar um tratamento coletivo. Este é, em definitivo, o paradoxo da condição de professor: ser progressivamente submetido a normas ou a um modelo ideal quase tão exigente quanto os que regem a medicina, a psicologia ou o trabalho social, enquanto as condições de exercício da profissão são herança dos séculos em que, para transmitir conhecimentos, era suficiente reunir alunos, falar com eles, impor-lhes exercícios escritos. Levar em conta as diferenças para não transformá-las em desigualdades, porém fazê-lo em um sistema cuja organização básica é alheia a tal preocupação: essa é a mensagem que atualmente se dirige a muitos professores e que pode dar-lhes, não sem razão, a impressão de praticar um ofício impossível.

Nota

[1] Publicado na *Revue européenne des sciences sociales*, 1982, XX, n. 63, p. 87-142.

As novas pedagogias são elitistas?[1]

REFLEXÕES SOBRE AS CONTRADIÇÕES DA ESCOLA ATIVA

Entre os professores que lutam contra o fracasso escolar e as desigualdades, encontramos inúmeros partidários das novas pedagogias. Aqui me limitarei às que se referem à escola ativa, moderna ou nova, não mencionando as correntes inovadoras da pedagogia de domínio ou das novas tecnologias.

À primeira vista, a adesão aos princípios da escola ativa parece ser conciliável com a luta contra o fracasso escolar, na medida em que as novas pedagogias enfatizam a criança, seu projeto, sua experiência, sua "vivência", sua atividade pessoal na apropriação e na construção dos saberes. No entanto, eu não descartaria a hipótese segundo a qual as pedagogias ativas, mesmo quando animadas por um desejo de democratização do ensino, podem criar novas distâncias entre a escola e as classes populares ou as classes médias tradicionais. Pelos valores que elas fomentam – autonomia, desabrochar, etc. –, pela pouca visibilidade e pelo caráter flexível de suas regras, pela sua recusa da avaliação, pelo seu relativismo epistemológico, pela relação desinteressada com o saber que elas privilegiam, por sua centralização na criança, pelo valor que atribuem ao jogo e ao prazer, pelo destaque que dão às aprendizagens fundamentais, as pedagogias ativas talvez criem novas desigualdades. Essas serão as hipóteses discutidas aqui.

Vamos falar das *novas pedagogias*: a expressão, deliberadamente vaga, designa as *práticas* que se inspiram de alguma forma em "pais fundadores" tão diversos quanto Freinet, Decroly, Ferrière, Montessori, Dewey, Bovet, Claparède ou, mais recentemente, Dottrens, Neil, Piaget, Steiner,

Rogers, Hameline, Ferry, Oury ou em outros partidários das pedagogias "modernas", "ativas", "não-direcionadas", "cooperativas" ou "institucionais". Como se trata de uma história das idéias pedagógicas, o amálgama seria indefensável: cada um desses autores tem um pensamento original; entre eles, há muitas diferenças e até contradições. Uma sociologia dos movimentos constituídos como sendo da escola moderna, nova ou ativa, também deveria levar em conta a especificidade de cada um.

Aqui me interessarei, mais pela difusão dessas idéias entre o corpo docente. Nem todos os professores retornam aos textos fundadores. Muitos deles se impregnam de algumas idéias básicas porque elas estão na moda, porque definem de uma certa maneira a pedagogia ideal que aliaria a competência intelectual a valores fortes, como o equilíbrio, o desenvolvimento, o respeito por si mesmo, a cooperação, a felicidade, a autonomia, a democracia. Os militantes ortodoxos dos movimentos de escola moderna ou de escola nova muitas vezes lamentam a diluição de um pensamento coerente em seu ponto de partida, às vezes solidário com um verdadeiro projeto de sociedade, que se encontra reduzido, no momento da chegada, a um certo número de idéias ou técnicas sem qualquer perspectiva política e, às vezes, artificialmente incorporadas a um procedimento tradicional. A confusão chega ao auge quando os movimentos de renovação do currículo e das didáticas, no domínio da matemática, da língua materna, do meio ambiente ou das atividades de informação, retomam por conta própria, sem reconhecer explicitamente, a linguagem e alguns procedimentos importantes das novas pedagogias, como a expressão livre, o jogo, a pesquisa, o trabalho em equipe, a comunicação, a fabricação de objetos concretos, a observação, a experimentação, a aprendizagem natural ou funcional, o trabalho por projetos, a integração da experiência extra-escolar à vida em sala de aula. Nesse caso, as novas pedagogias aproximam-se muito do modelo *expressivo* que predominava na escola maternal (Plaisance, 1985b), mas que se estende aos graus sucessivos do curso.

Qual é a difusão dessas idéias entre o corpo docente da escola obrigatória? Em que medida elas são aplicadas? Para sabê-lo, teríamos de realizar um estudo em grande escala com base em uma identificação mais precisa das novas pedagogias. Assim, seria possível constatar que um conjunto bem delimitado de professores pratica com constância e coerência o procedimento descrito por este ou aquele fundador ou movimento da escola nova. Tal conjunto representaria uma fração bastante minoritária do corpo docente. No entanto, essa delimitação estrita seria enganadora, porque a adesão às novas pedagogias escapa em parte aos guardiões da ortodoxia. Muitos professores inspiram-se, por vezes, em princípios ou procedimentos da escola ativa sem fazer parte de uma rede informal ou de uma equipe pedagógica, *a fortiori* sem estar filiados a um movimento organizado.

Para compreender a realidade complexa e diferenciada das representações e das práticas, é preciso aceitar trabalhar com *conjuntos indefinidos*, sem contornos precisos: as minorias ativas, portadoras de um modelo pedagógico coerente, até mesmo sectário, são cercadas por um conjunto flutuante de simpatizantes mais ecléticos e menos engajados em com um combate militante. Observamos fenômenos equivalentes no campo político: para além do círculo dos dirigentes e dos aderentes de cada partido, as ideologias tornam-se flexíveis, flutuantes, contraditórias. Quando falo de novas pedagogias, refiro-me a esse conjunto indefinido. Trata-se, então, da adesão de uma parcela não-desprezível do corpo docente a certas idéias da escola ativa e da escola moderna, sem retorno às fontes escritas nem a movimentos constituídos. De certa forma, poderíamos afirmar que a adesão às novas pedagogias é uma variável contínua, que vai da ortodoxia teórica e prática à rejeição categórica. De acordo com o limite estipulado, delimitaremos um conjunto mais ou menos amplo de professores que adotaram as novas pedagogias. Mas, em todos os casos, ultrapassaremos a minoria dos militantes. A questão de saber se essas pedagogias são elitistas será colocada, então, em termos diferentes.

UMA QUESTÃO COM DUAS FACETAS

Em alguns fundadores, sobretudo em Freinet, encontramos um esforço deliberado de articular e conciliar uma pedagogia democrática, mais igualitária, e uma pedagogia ativa, que baseia a aprendizagem em métodos mais naturais. Não encontramos a mesma preocupação em todos os "dou-

120 PHILIPPE PERRENOUD

trinários" da escola ativa. É claro que eles, mais próximos da medicina ou da psicologia que do engajamento político, permaneceram totalmente centrados no indivíduo (pessoa ou "sujeito epistêmico"). Eles colocaram entre parênteses sua inserção social, como se o desenvolvimento harmonioso de uma criança autônoma equivalesse automaticamente ao desaparecimento do fracasso escolar e das desigualdades na escola. A adesão difusa às novas pedagogias sem dúvida está mais próxima dessa visão *apolítica* que da militância crítica de Freinet. Quanto mais o pensamento pedagógico fala da criança *no singular*, sem levar em conta a diversidade das crianças concretas, mais aumenta o risco de ver alguns professores partidários das novas pedagogias praticarem uma pedagogia mais elitista do que lhes parece à primeira vista.

Embora sua inspiração seja "democratizante" (Isambert-Jamati e Grospiron, 1985), as novas pedagogias correm o risco de ser elitistas. Isso acontece porque o currículo real (Perrenoud, 1984, 1993d) está longe de ser totalmente controlado pelo professor, porque os valores que ele prega, a organização do trabalho e os objetivos pedagógicos que privilegia, suas atitudes frente à avaliação, sua imagem da aprendizagem e do trabalho podem recriar novas distâncias entre a cultura familiar e a escola. As hipóteses que examinarei com mais detalhe não se baseiam na leitura crítica dos textos fundadores, que sem dúvida revelaria ambigüidades e silêncios perturbadores, mas naquilo que as novas pedagogias podem tornar-se se forem mais difundidas, especialmente entre o corpo docente do ensino fundamental. Minha análise não se fundamenta em uma pesquisa extensiva relacionada especificamente às novas pedagogias, mas deriva de diversos trabalhos sobre a renovação do ensino da língua materna (Favre e Perrenoud, 1985a), sobre a avaliação (Perrenoud, 1982b, 1984), sobre a diferenciação do ensino (Favre e Perrenoud, 1985b; Perrenoud, 1982). Ela se fundamenta especialmente em uma experiência de pesquisa-ação, o projeto *Rapsodie* (Grupo *Rapsodie*, 1979; Haramein e Perrenoud, 1981; Hadorn, 1985b). Esse projeto tinha o duplo objetivo de compreender melhor as causas do fracasso escolar e de tentar neutralizá-las. Durante sete anos, professores e pesquisadores viram-se confrontados, de modo cada vez mais claro, com a possível *contradição* entre dois objetivos: por um lado, a democracia do ensino, a diminuição das desigualdades em relação ao sucesso escolar e, por outro, a transformação da natureza do trabalho escolar e da relação pedagógica no sentido da escola ativa. No contexto de *Rapsodie,* colaborei mais diretamente com uma equipe pedagógica que optou por refletir sobre o *sentido do trabalho escolar*. Esse projeto e nossa pesquisa das atividades mais significativas para todos os alunos diversas vezes nos deram a oportunidade de observar de perto certas contradições que tentarei descrever mais tarde, entre as intenções democratizantes e os efeitos reais das pedagogias ativas.

Evitemos generalizações sumárias: nem todos os professores que aderem às novas pedagogias fazem delas máquinas de guerra contra o fracasso escolar. Podemos sonhar com uma escola libertadora esquecendo as desigualdades, negando os vínculos entre as aprendizagens escolares e os mecanismos de reprodução de uma sociedade dividida em classes sociais. Todavia, entre muitos professores, a adesão às novas pedagogias é acompanhada de uma recusa da "escola conservadora" e de seu papel seletivo. Entre os professores que mais defendem os métodos ativos, encontramos pessoas:

– sensíveis à injustiça social, que têm "o coração à esquerda", seja qual for sua filiação partidária e seu comportamento político;
– revoltadas com o fracasso escolar, que se negam a considerá-lo uma fatalidade e a aderir à ideologia do dom, partidárias das políticas de democratização, em resumo, "igualitárias";
– partidárias de uma pedagogia mais democrática e mais cooperativa na relação com os alunos e com a organização do trabalho;
– preocupadas em basear as aprendizagens em verdadeiras necessidades e interesses da criança, tal como ela é, levando em conta sua experiência, sua "vivência" extra-escolar;
– desejosas de abrir a escola para a vida, de fazer com que os pais entrem nela, de fazê-los participar;
– críticas da hierarquia das culturas e das profissões, percebendo diferenças arbitrariamente transformadas em desigualdades onde outros vêem hierarquias "naturais".

Para esses professores, a escola ativa parece a resposta que se impõe precisamente para combater o fracasso escolar! A idéia de que as novas pedagogias poderiam ser mais elitistas que sua inspiração democratizante não os deixa imaginar questões quando estão escorados, porque vai contra sua intenção declarada.

Essa hipótese pode parecer suspeita, pode ser considerada uma forma de desacreditar movimentos pedagógicos geralmente minoritários e alvo de críticas fáceis e injustas dos adversários de qualquer inovação pedagógica e de toda democratização cultural. Nessa polêmica, a simples eventualidade de efeitos elitistas das novas pedagogias poderia, é verdade, fornecer armas à corrente mais conservadora que prega, cada vez mais, o retorno aos saberes, à disciplina e ao esforço como única saída para a "crise da escola" (Milner, 1984). Gostaria de insistir em dois pontos:

1. Se a escola fabrica fracassos e desigualdades, isso não se deve certamente às novas pedagogias, que continuam sendo minoritárias; a atual organização escolar, que favorece pedagogias rotineiras e pouco diferenciadas, contém todos os mecanismos que transformam as diferenças pessoais e culturais em desigualdades escolares.

2. Minhas reflexões sobre as novas pedagogias provêm da crítica interna; elas não visam a combater o desenvolvimento da escola ativa, mas a denunciar seus eventuais efeitos perversos.

Quanto às hipóteses apresentadas a seguir, elas devem ser apreciadas à luz de um dado essencial: as pedagogias ativas aplicadas com coerência e continuidade são a exceção; elas sobrevivem lutando contra a lógica dominante. Nas salas de aula em que se conjugam métodos ativos e pedagogias tradicionais, é bastante difícil verificar seus respectivos efeitos.

UMA IDEOLOGIA PRÓXIMA DAS NOVAS CLASSES MÉDIAS

Os professores partidários das novas pedagogias participam de um sistema de valores que poderíamos caracterizar esquematicamente da seguinte maneira:
– privilegia-se a pessoa, em sua singularidade, por oposição ao papel estatutário ou à filiação a um grupo;
– valoriza-se a autonomia, o *self-control*, a responsabilidade pessoal, a interiorização de princípios reguladores mais que a observância de regras estritas;
– valoriza-se a sociabilidade informal e a cooperação por oposição às relações de dominação e de competição;
– afirma-se a igual dignidade e a igualdade de direitos das pessoas, para além das diferenças de sexo, classe social, origem nacional ou étnica;

A PEDAGOGIA NA ESCOLA DAS DIFERENÇAS **123**

– prega-se o diálogo, a resolução pacífica dos conflitos, a negociação democrática;

– defendem-se valores de tolerância, de respeito às diferenças;

– insiste-se no desabrochar pessoal, no equilíbrio, na realização pessoal, no tempo de viver, no prazer, na criatividade;

– define-se a vida como uma obra a ser realizada pela prática de um projeto pessoal e de uma arte de viver.

É claro que nada permite afirmar que todos esses valores estão constantemente associados e formam um verdadeiro sistema. Também é evidente que nenhuma classe social tem seu monopólio: eles são encontrados em todos os tipos de ambientes, conforme configurações e origens diversas. No entanto, sugiro que esses valores estão muito próximos dos que encontramos tipicamente em uma parcela das novas classes médias (Monjardet e Benguigui, 1982, 1984; Schweisguth, 1983). Penso, aqui naquilo que Bourdieu (1979) chama de "nova pequena burguesia", na qual predominam os assalariados do setor terciário que trabalham no ensino, na saúde, na ação social, na animação cultural, na pesquisa, na mídia, na publicidade ou nas relações públicas. Esses ofícios da comunicação ou do tratamento de pessoas participam da corrente das relações humanas cujas fontes são a psicologia ou a psicanálise.

Tais valores não estão ligados apenas a um tipo de práticas profissionais, mas também a condições sociais relativamente privilegiadas, que protegem parcialmente da dureza do mundo do trabalho. Para acreditar na não-violência, na possibilidade de diálogo, no direito à diferença, é melhor escolher seu bairro e seus vizinhos, não ter de enfrentar todos os dias relações de competição ou de dominação. A experiência do mundo da indústria ou dos negócios não torna as pessoas propensas a uma visão idílica das relações sociais. As pedagogias tradicionais apresentam alguns pontos em comum com esse mundo: controle permanente das condutas, insistência no respeito às regras e à autoridade hierárquica, à ordem, à pontualidade, ao trabalho individual, à concorrência, ao esforço permanente, ao desempenho. Na medida em que elas rompem com os valores dominantes no mundo do trabalho (fora dos aparelhos que abrigam as novas classes médias), pode ser que, ao invés de se aproximarem da cultura e da experiência das classes populares e das antigas classes médias – pequenos comerciantes, artesãos, camponeses –, as novas pedagogias afastam-se delas e, também, dos valores de uma parte dos membros do setor privado.

A ORGANIZAÇÃO INVISÍVEL

Reencontramos aqui a oposição introduzida por Bernstein (1975c) entre pedagogias visíveis e invisíveis. As novas pedagogias caracterizam-se por uma organização flexível, pouco codificada, diferenciada, flutuante, negociada em cada caso, ou seja, pouco visível, difícil de delimitar. Em uma classe que trabalha de acordo com as novas pedagogias, observamos as seguintes tendências:

– supõe-se que cada um saiba o que tem de fazer; portanto, não há necessidade de dar ordens, nem de controlar a atividade ponto por ponto; isso pressupõe uma espécie de autonomia obrigatória dos alunos, dos quais se exige, desde a mais tenra idade, que desejem e sejam capazes de gerenciar seu emprego do tempo e de utilizar o professor ou a documentação como recursos a serviço de um projeto pessoal;

– os limites são móveis ou ambíguos: não há uma separação clara entre o trabalho e o jogo, entre a relação igualitária e a relação de poder, entre o trabalho pessoal e os momentos de cooperação, entre o que se refere ao grupo e a cada um; os limites são redefinidos em função do humor, das necessidades, da dinâmica do grupo-classe;

– não há uma regra de conduta absoluta; espera-se que as crianças respeitem um espírito, uma espécie de "código de deontologia", que coloquem em prática certos valores de sociabilidade, de solidariedade, de respeito ao outro;

– os "desvios" não são sancionados conforme um código preestabelecido, mas dão lugar a um discurso interpretativo, a uma casuística individual que tenta conferir sentido a cada conduta problemática em função do aluno, "do que ele fez"; as sanções, tão raras quanto possíveis, são de ordem "moral" tentam conscientizar de uma responsabilidade e evitar a recidiva mais do que "punir";

– as normas são negociadas com os alunos e assumem a aparência de uma instituição interna, que liga moralmente os alunos, pois espera-se que respeitem as regras que eles mesmos contribuíram para definir;

– o controle do trabalho baseia-se na confiança e na auto-avaliação; os alunos devem trabalhar, ir até o final de sua tarefa e controlar o que fazem sem que um professor tenha de estar constantemente atento aos fatos e gestos de cada um, corrigindo o menor erro, intervindo à menor flexão do esforço.

Tal organização escolar pode parecer fácil, menos estressante, mais agradável do ponto de vista da autonomia de cada um, do clima positivo e relaxante. No entanto, ela exige muito dos alunos, porque os coloca constantemente em situação de parceiros, de interlocutores responsáveis, que devem motivar e negociar suas escolhas, retirando-lhes o relativo conforto de uma relação puramente estratégica à instituição, obrigando-os a participar, a se envolver, a se identificar com o andamento do conjunto. Além disso, essa organização invisível priva os alunos que precisam de limites fortes e de pontos de referência simples e fixos. Esse funcionamento pode, de modo geral, privilegiar os bons alunos, aqueles que têm interesses delimitados, que são capazes de tirar partido da liberdade que têm sem abusar, que não precisam ser puxados continuamente pela mão para trabalhar. As novas pedagogias partem do princípio de que a criança é um ator autônomo e responsável por aquilo que faz. Essa definição remete a um modelo cultural e a um funcionamento relacional desigualmente próximos dos valores e da organização das famílias.

A RECUSA DA AVALIAÇÃO E DA SELEÇÃO

Os professores que aderem às novas pedagogias muitas vezes se opõem abertamente à seleção escolar em todas as suas formas, em particular às notas que hierarquizam seus alunos e à repetência. São muito sensíveis ao estigma que a avaliação escolar e a seleção que ela cria representa para os alunos que fracassam. O espírito de uma pedagogia do sucesso é acabar com os desvios, encontrar algo positivo em todos, colocar em evidência os progressos de cada um, em vez de seu lugar em uma hierarquia. Também tendem a rejeitar a seleção, a dar novas chances, a pensar que, com o tempo, as dificuldades diminuirão, que não se deve precipitar uma repetência ou a exclusão de um determinado grupo.

Praticada com constância, essa atitude pode, às vezes durante diversos anos, proteger os alunos do confronto com a "dura realidade" dos desvios. Para alguns, essa proteção terá efeitos benéficos e evitará que os desvios transformem-se, no ritmo de desenvolvimento ou das dificuldades passageiras, em fracassos duradouros. Para outros, porém, os desvios agravam-se, as lacunas e as dificuldades acumulam-se, e eles se encontram em uma situação dramática, quase irreversível, no momento em que devem enfrentar uma verdadeira avaliação seletiva. Os professores partidários das novas pedagogias podem desejar ardentemente que sua atitude encontre prolongamentos fora do sistema escolar ou na sociedade. Quando isso não acontece, quando o contraste é muito violento, os alunos mais protegidos têm de enfrentar brutalmente as hierarquias e os julgamentos destruidores, contra dos quais não aprenderam a se defender. Se lhes déssemos tempo e recursos, as novas pedagogias talvez fabricassem indivíduos competentes e autônomos, que estariam prontos para enfrentar a competição, as hierarquias e mesmo a violência das relações sociais. Contudo, a escola ativa nem sempre atinge seus fins e deixa partir para outros universos alunos mal preparados, intelectual e afetivamente, para tal experiência.

RELAÇÃO COM O SABER E MOTORES DA APRENDIZAGEM

As novas pedagogias caracterizam-se por um enfoque global, centrado na unidade da pessoa mais que na divisão acadêmica das disciplinas. Daí a tendência a uma descompartimentação, ao estímulo de projetos que têm a ver, ao mesmo tempo, com a matemática, a expressão, o conhecimento do meio ambiente ou a atividade científica. Qualquer que seja sua pertinência, essa descompartimentação priva os alunos de etiquetas cômodas para identificar o que fazem, falar disso com seus pais, colocar ordem no fluxo das atividades diárias. A essas fronteiras móveis eu acrescentaria um certo relativismo quanto ao conhecimento. Como ele parece construído, intelectual e socialmente, mesmo a gramática e a ciência deixam de ser verdades intangíveis e passam a ser estados provisórios, destinados à superação. Por isso, ressalta-se mais a observação e a crítica que o dogma e o argumento de autoridade. Essas atitudes, provavelmente libertadoras a longo prazo, podem dar pouca segurança a crianças jovens, que talvez preferissem estar ligadas a algumas certezas provisórias, dominar alguns saberes e *savoir-faire* antes de tomar consciência de sua arbitrariedade. Os professores que aderem às novas pedagogias evidentemente não são indiferentes à idade e ao nível de desenvolvimento dos alunos a eles confiados. Eles se esforçam, como os outros, para estruturar a aprendizagem, ordenar a progressão, construir sobre bases sólidas. Porém, como tudo permanece igual, especialmente a idade dos alunos, essa relação com o conhecimento que se instaura nas novas pedagogias, por ser menos dogmática, por deixar lugar à subjetividade e à mudança, não facilita o trabalho dos alunos mais angustiados, dos que só podem aprender segundo procedimentos muito estruturados.

As novas pedagogias valorizam o conhecimento como recurso positivo, do qual o indivíduo deve apropriar-se em seu próprio interesse. Para aprender "dignamente", é preciso ter vontade de dominar um saber, aprender com prazer. Nesse espírito, o trabalho de aprendizagem deve proceder de um projeto e de interesses pessoais. Também nesse caso, a intenção é libertadora. Contudo, as novas pedagogias fazem pesar fortes expectativas sobre os alunos quando desqualificam toda relação burocrática com o saber, toda aprendizagem motivada exclusivamente pelo medo das sanções, pela atração das recompensas ou pelo simples conformismo. As novas pedagogias privam de toda legitimidade os alunos que gostariam de aprender apenas para agradar aos outros ou para obter benefícios sociais. Eles devem querer aprender por si mesmos, porque compreenderam que a aprendizagem não é apenas útil na vida, mas é uma forma privilegiada de realização. Essa "moral do conhecimento" será mais familiar às crianças que vivem em um meio no qual ela é um valor dominante, pois corresponde à experiência escolar e profissional dos pais, que têm um nível de formação elevado e uma relação pessoal, gratificante e não-dogmática com o saber.

A CRIANÇA NO CENTRO DO MUNDO

As novas pedagogias são fortemente centradas na criança como pessoa única, ativa, criativa e responsável. Elas participam do *sentimento moderno da infância* (Ariès, 1973). Durante muito tempo, as crianças não foram consideradas seres à parte, protegidos ao máximo das ameaças, das relações de poder, da promiscuidade, do dinheiro, do trabalho; elas formavam uma mão-de-obra familiar, agrícola ou industrial; viviam com os adultos e, desde a mais tenra idade, integravam-se a redes sociais complexas, a família estendida, a vizinhança, a comunidade local, a fábrica ou a granja. A criança "imagem do casal" ou "objeto de consumo" é uma invenção moderna. A idéia de que os interesses da criança sempre devem prevalecer é nova. Durante muito tempo, os adultos utilizaram sem escrúpulos seus meios de dominação para reduzir as crianças ao silêncio, para fazê-las obedecer e trabalhar.

A difusão dessa nova imagem da criança atingiu todas as classes sociais, mas parece ser mais marcante nas classes médias e superiores, porque elas participam mais da *Vulgate* psicológica ou psicanalítica e também porque, para que a criança adquira todas as virtudes e seja digna de todas as atenções, é preciso viver em condições privilegiadas que permitam sobreviver sem sua força de trabalho, tolerar sua liberdade de movimento e de palavra, encontrar tempo e vontade de negociar com ela as menores coisas da vida. "A educação liberal avançada" é um luxo que nem todas as classes sociais podem ainda se permitir, considerando suas condições e seus horários de trabalho, suas condições de moradia, sua renda. A criança da escola ativa é mimada, amada, habituada a ser escutada e ouvida, respeitada em seu ponto de vista, dispõe de uma esfera pessoal, escolhe seu lazer. Todas essas condições estão longe de ser a regra na maior parte dos ambientes.

TRABALHO E JOGO

As novas pedagogias destacam sempre o jogo, com exceção de Freinet, para quem o trabalho continua sendo o valor central, fato que, sem dúvida, está vinculado à sua posição política. Em Decroly e Montessori, ao contrário, o jogo é a atividade por excelência. As novas pedagogias não dão totalmente as costas à noção de trabalho, de esforço, de limite, mas dão muita importância ao prazer de fazer e aprender, à atividade funcional. A insistência no caráter lúdico das atividades escolares, com o que isso supõe de arbitrário e de gratuito, corresponde melhor à imagem das profissões intelectuais, ricas em tarefas apaixonantes, criativas, até mesmo lúdicas, do que à imagem do trabalho como necessidade econômica, como tarefa alimentar realizada em situações de desconforto, de contínua vigilância, de cansaço e aborrecimento.

Quando as crianças de origem popular que freqüentam uma sala de aula ativa contam sua jornada na escola, seus pais podem ter a impressão de que os filhos brincam o dia inteiro, que não se exige deles nenhum esforço, que não se impõe a eles nenhum limite e, portanto, que não aprendem nada. A escola em que se aprende brincando, em que a aquisição dos conhecimentos não é sinônimo de sofrimento, de esforço e de competição, é uma escola que, geralmente, a geração dos pais não conheceu. Para aqueles que não estão familiarizados com as psicologias da moda, para aqueles cuja experiência do trabalho escolar e profissional torna pouco crível e mesmo incompreensível a idéia de que é possível aprender brincando, as novas pedagogias parecem pouco sérias. Sabe-se, em todas as classes sociais, que ela sem dúvida pretende tornar as crianças mais felizes, fazer com que elas vão à escola sem angústia, com prazer. No entanto, confia-se menos em sua eficácia. Nos meios de operários, artesãos, pequenos comerciantes e empregados, as novas pedagogias não podem ser realmente levadas a sério, o que desqualifica as crianças e seu professor e cria uma distância a mais entre a escola e o ambiente familiar.

PRIVILEGIAR AS APRENDIZAGENS FUNDAMENTAIS

As novas pedagogias caracterizam-se por um certo desprezo pelo trabalho escolar tradicional, pelo *drill**, pela aprendizagem de cor, pelas correções mil vezes feitas e refeitas, pela preocupação com o detalhe que oculta o aspecto essencial dos mecanismos. Confortadas pelas renovações dos ensinos da língua materna, da matemática e das ciências ambientais, as novas pedagogias privilegiam o desenvolvimento intelectual e a aprendizagem das estruturas fundamentais do pensamento e da língua em oposição à multidão de saberes e *savoir-faire* parciais valorizados na escola tradicional. Em uma escola ativa, não se passa a maior parte do tempo aprendendo de cor textos, regras, listas de palavras; dedica-se menos energia a fazer operações aritméticas, a completar exercícios com lacunas, a transformar frases, a conjugar verbos, a resolver infinitos problemas matemáticos. Tenta-se envolver as crianças em atividades globais que farão funcionar a língua e o raciocínio em todas as suas dimensões.

---

* N. de R. Em inglês, treinamento realizado através da prática e da aplicação repetitiva de exercícios.

Essa ênfase nas atividades globais, nos mecanismos fundamentais do pensamento e da língua priva uma parte dos alunos dos trunfos que garantem um certo sucesso no ensino tradicional: em uma sala de aula ativa, não é suficiente ser aplicado, conformista, perfeccionista, fazer escrupulosamente seus exercícios, apresentar trabalhos impecáveis para passar por um bom aluno (Perrenoud, 1984). Valoriza-se mais a imaginação, a participação, a capacidade de formular hipóteses, de comunicá-las, de tomar iniciativas. Embora possam ser pouco exaltantes do ponto de vista de uma definição ambiciosa do conhecimento, as virtudes escolares tradicionais talvez sejam acessíveis a um maior número de alunos, pois não apelam para uma cultura geral, uma personalidade ou um nível de desenvolvimento intelectual fora do comum, e sim para a boa vontade e o trabalho.

Pode ser que uma parte dos sucessos registrados no ensino obrigatório não tenha grande significado a longo prazo, já que abrangem apenas a aquisição de hábitos e de automatismos que mascaram a ausência de verdadeiro domínio das estruturas profundas da língua ou do pensamento matemático. Aqui podemos iniciar um amplo debate ideológico: que é o conhecimento? É dominar com precisão um número limitado de saberes e *savoir-faire* que serão mobilizados de maneira eficaz em situações estereotipadas? Ou é dispor de meios polivalentes que permitirão adaptar-se a todos os tipos de situações e aprender rapidamente, quando for necessário, o detalhe das regras, dos procedimentos e do vocabulário próprios a um determinado campo? As novas pedagogias optam decididamente por essa segunda resposta, criando talvez uma variedade inédita de fracassos escolares: às vezes, elas fazem fracassar alunos incapazes de participar das atividades de pesquisa ou de desempenhar um papel importante na gestão de um projeto, ao passo que um trabalho consciencioso garantiria seu sucesso no ensino tradicional.

As novas pedagogias correm o risco de se antecipar aos bons alunos, aos que já dominam os instrumentos básicos do pensamento e da expressão e que podem utilizá-los para se lançar de forma autônoma e cooperativa em atividades mais complexas, mais enriquecedoras. Por outro lado, aqueles que não dominam os rudimentos ficam condenados a ser espectadores da iniciativa, da participação e do desenvolvimento dos alunos mais favorecidos.

À GUISA DE CONCLUSÃO

Evidentemente, essas poucas hipóteses mereceriam ser matizadas e completadas. Amalgamei sob o rótulo de "novas pedagogias" para simplificar procedimentos pedagógicos variados, que não são justificáveis em todos os pontos da análise anterior; assim, é provável que não encontremos nenhum professor cuja pedagogia corresponda totalmente ao perfil apresentado anteriormente, mas eu quis, sobretudo, destacar as tendências. E, o que é ainda mais grave, sugerindo uma possível distância entre as novas pedagogias e as classes populares, caricaturizei o modo de vida e a cultura das diversas classes sociais e retomei um certo número de estereótipos que valem apenas para um certo período da história em uma determinada sociedade. Todos conhecem o debate sem conclusão sobre o permissivismo ou o rigor respectivo das classes médias e populares na educação das crianças jovens, particularmente quanto aos hábitos de limpeza; sobre essa questão, foram "demonstradas" as teses mais contraditórias. É possível que, em uma parcela das classes populares ou em certas regiões, a criança seja mais bem-tratada e mais estimada do que nas classes médias ou superiores e que o contrário seja verdade em outras parcelas das classes populares ou médias. Esse é um problema da existência de um hábito ou de uma cultura "de classe". Nas sociedades contemporâneas, é importante reconhecer a diversidade das culturas ou dos hábitos familiares, bem como certas características comuns ligadas a uma condição comum, a uma posição vizinha nas relações de classe, a um nível de formação semelhante. A sociologia da educação deve, é claro, dar conta da relação entre o fato de pertencer a uma classe e o fracasso escolar. Mas também deve dar conta do fato de que essa relação não é mecânica. A explicação do fracasso escolar em termos de distância cultural entre o aluno e a escola deve, em primeiro lugar, ser construída no nível mais concreto: por um lado, o da distância entre a cultura que uma criança particular deve à sua família e, por outro, o currículo real e as normas de excelência com as quais é confrontada cotidianamente em uma sala de aula particular (Parrenoud, 1982b, 1984).

As hipóteses precedentes, sobre a possível contradição entre o projeto social e pedagógico da escola ativa e seus efeitos concretos, têm o objetivo principal de esclarecer a distância possível entre a cultura familiar e o currículo real. Isso reforça a seleção social. Parece-me que o essencial é evidenciar o risco, através de toda mudança, de recriar outros mecanismos de transformação das diferenças culturais em desigualdades escolares. "É suficiente inovar?", pergunta-se Langouët (1985) a propósito de outras reformas que pretendem lutar contra o fracasso escolar. No que concerne às novas pedagogias, a resposta é negativa!

A possível contradição entre as intenções e os efeitos não nos deve fazer subestimar o engajamento de muitos professores partidários das novas pedagogias na luta contra o fracasso escolar, na diferenciação do ensino, na redução da distância entre a escola e as classes populares (Testanière, 1967-1968, 1985). Se a escola ativa não escapa ao risco de recriar desigualdades, é porque as coisas sempre são mais complicadas do que nos parecem. A distância cultural entre a escola e a família não se dá apenas no terreno clássico dos "handicaps socioculturais", mas está relacionada ao modo de vida, à concepção da infância, do saber, do grupo, do trabalho, do esforço e da disciplina. Mesmo se dedicarmos todas as nossa forças para permitir que as crianças mais desfavorecidas desenvolvam-se, tornem-se autônomas e apropriem-se dos saberes e *savoir-faire* escolares essenciais, podemos, com a melhor intenção do mundo, confrontá-las com uma organização e com normas não menos estranhas para elas que as pedagogias tradicionais, que lhes são familiares. Se isso acontecer, as novas pedagogias também podem impedir as crianças de serem bem-sucedidas na escola, seja qual for sua origem social. Todavia, nada nos autoriza a dizer que isso é inevitável. A análise dos efeitos perversos pode, no melhor dos casos, permitir neutralizá-los!

Não posso deixar de colocar um problema: em uma nova pedagogia, qual é a distância cultural assumida pelo fato de ela corresponder a um objetivo educativo, à vontade de fazer participar de uma outra cultura? E qual é a parte de distância involuntária, não-dominada? É uma questão bastante difícil, pois as novas pedagogias tendem justamente a fazer aprender pela interiorização de um modo de fazer mais que por um trabalho escolar orientado em função de objetivos bem delimitados.

Nota

[1] Comunicação ao colóquio *Classes populaires et pédagogies*, Université de Haute-Normandie, Rouen, 14-16 de março de 1985.

Diferenciação do ensino: resistências, lutos e paradoxos[1]

Passo pela história das pedagogias compensatórias e das pedagogias de apoio, pela crítica das noções de *handicap* sociocultural ou de pobreza, para colocar o problema em termos sistêmicos: quando nos encontramos diante de alunos diferentes, que não têm nenhuma razão de aprender a mesma coisa se tratados uniformemente, o que fazer? Já conhecemos as respostas em seu princípio: individualização dos percursos e dos ritmos, com base em objetivos de domínio claros e realistas, com uma regulação contínua das intervenções educativas e das situações didáticas fundamentadas em uma observação formativa, intuitiva ou instrumentada. Podemos chamar de pedagogia diferenciada todo dispositivo que permita essa "gestão" individualizada das aprendizagens. Da pedagogia de domínio proposta inicialmente por Bloom (1976) às pedagogias diferenciadas de inspiração mais interacionista e construtivista, há uma continuidade no princípio de regulação, mesmo se os dispositivos, as teorias de referência e os instrumentos divergirem.

Uma parte das resistências e dos paradoxos suscitada pelas pedagogias diferenciadas não se refere ao paradigma geral, mas à sua encarnação em um dispositivo, em didáticas, em disciplinas particulares. Quando queremos diferenciar "o ensino" da poesia, da filosofia ou da expressão oral, deparamo-nos com o *status* nobre, indizível ou pessoal dessas aprendizagens, que torna sua "racionalização" parcial ilegítima, ao passo que as disciplinas mais científicas parecem mais adequadas para uma abordagem em termos de domínio. Não diferenciamos da mesma maneira uma aprendizagem curta (dominar alguns fenômenos e sua transcrição) ou um longo encaminhamento (aprendizagem da leitura, da redação de textos, por exemplo). A aprendizagem da análise de variância no primeiro ciclo universitá-

134 Philippe Perrenoud

rio exige estratégias diferentes da aprendizagem da subtração aos oito anos de idade, e assim sucessivamente.

Entretanto, existem resistências bastante comuns para que seja possível analisá-las sem entrar no detalhe de uma situação concreta. Não falarei aqui de uma variante particular da pedagogia diferenciada. Por outro lado, embora meu terreno privilegiado de observação continue sendo o ensino fundamental, várias das idéias que apresentarei a seguir me parecem pertinentes para além dele. Distinguirei dois tipos de resistências: os *lutos* e os *paradoxos*. No primeiro caso, há resistência porque alguém deve (ou acredita que deve) renunciar a algo importante para si, porque tem de assumir seu luto. No segundo caso, deparamo-nos com as contradições fundamentais do próprio ato pedagógico e, de algum modo, a realidade dos processos de aprendizagem é que resiste, mais que atores identificáveis.

ASSUMIR O LUTO

Situo-me no contexto da escola pública, com sua estrutura e seus programas. Nela, a diferenciação é um mecanismo importante. Que uma escola particular, uma escola-piloto, uma escola alternativa invistam na diferenciação do ensino, tudo bem. Mas quando se trata de lutar em grande escala contra o fracasso escolar, devemos falar das escolas e das classes comuns. Os inovadores muitas vezes fingem acreditar que tudo o que o que resiste a eles provém de uma rigidez patológica, de um apego irracional à tradição. Na verdade, com freqüência as resistências são inteligíveis se quisermos adotar o ponto de vista dos atores envolvidos. Falarei aqui apenas dos professores. Não para sugerir que os administradores, os pais e os alunos não manifestam resistências, mas porque as dos profissionais são decisivas. Se não as compreendermos, é inútil tentar atacar as resistências dos outros: a diferenciação não progredirá contra os professores, e eles é que estarão na primeira fila para convencer pais, alunos ou colegas conservadores de que uma mudança está bem fundamentada.

Diferenciar seu ensino é assumir o luto por representações e práticas bastante cômodas. Sem dúvida, os reformadores sempre dizem que é pelo bem dos alunos, mas devemos reconhecer que, muitas vezes, os interesses dos alunos chocam-se de frente com os interesses dos professores. Por isso, não é suficiente chamá-los ao dever e à abnegação, convidar os professores a renunciar, "pelo bem dos alunos", a representações e práticas vitais para seu próprio equilíbrio e até mesmo para sua sobrevivência na profissão. É mais realista ajudá-los a *reconstruir satisfações profissionais em um outro nível de domínio*, a assumir o trabalho do luto, sem minimizá-lo. Isso não pode ser feito em um dia, nem na solidão. As estratégias de mudança passam por dinâmicas de equipes pedagógicas, de estabelecimentos ou de redes que ajudam todos a evoluir, durante vários anos.

A análise dos diversos lutos, dos quais apresento aqui uma lista aberta, não sugere sozinha as formas de estimular e sustentar um processo de mudança. Seria absurdo jogar essa lista aos professores, esperando que ela facilitasse as coisas. Em compensação, a lista pode ajudar os animadores e os agentes de mudança a colocar um pouco de ordem nas intuições e representações que emergem naturalmente em todo processo de inovação, ou simplesmente de formação, se criarmos o clima desejado para que cada um ouse dizer o que realmente o assusta e o que verdadeiramente tem a perder...

O luto do fatalismo do fracasso

É cômodo acreditar que há crianças dotadas e outras não e que "não há nada a fazer". Para ser tentado por esse fatalismo, não é preciso ser conservador, inatista, elitista, racista. Mesmo os que lutam contra o fracasso escolar passam por momentos de dúvida: é muito difícil fazer aprender, suscitar vontade, criar condições de desenvolvimento, de autoestima, de atividade.

No entanto, diferenciar o ensino é assumir o luto por representações deterministas, ao mesmo tempo desesperadoras e confortáveis, de ordem filosófica, científica, pedagógica e prática. É aceitar que nada se determina "no momento do nascimento" ou "antes dos seis anos". É afirmar, junto com o CRESAS (1981), que "o fracasso escolar não é uma fatalidade"; é acreditar, junto com Bloom (1979), que 80% dos alunos podem dominar 80% do programa se forem colocados em condições adequadas de aprendizagem; é aceitar uma responsabilidade, às vezes uma culpa, bastante pesada.

O luto da rejeição do bode expiatório

Há fatalismos e fatalismos. Não lutamos da mesma maneira contra o fatalismo *genético* ("Não importa o que se faça, sempre haverá...") e contra o fatalismo *sociológico ("*Aqui e agora, não posso fazer nada"). No primeiro caso, as coisas ocorrem no registro das representações do inato e do adquirido, da natureza da inteligência, da aprendizagem, da motivação. No segundo caso, o fatalismo do fracasso não é, necessariamente, uma forma de adesão à ideologia do dom, mas pode ser um sentimento de impotência prática, na escola e na sociedade tais como elas são, ou o simples resgate de resultados medíocres em função da energia investida. Além disso, cada professor não passa de um elo de uma corrente que começa com os pais e passa através de diversos professores, em função da divisão do trabalho educativo.

Esses ônus são reais. Mas também é verdade que as pessoas que trabalham nas escolas tentam "passar a peteca" aos outros: os alunos, os pais, a administração, as políticas, o "sistema". Uma parte dos professores diz "Mudem a sociedade, mudem a escola, flexibilizem os programas, diminuam as exigências, abrandem-se, diminuam o número de alunos por sala de aula, que eu me encarrego do resto". Seria absurdo negar o peso dos fatores estruturais (Perrenoud, 1988e). Porém, com "doze bons alunos três horas por dia" (Perrenoud, 1989a), não há certeza de que se diferenciaria melhor. Assumir o luto dessas imagens em branco e preto é admitir que, em certa medida, é possível *diferenciar tudo logo* (Perrenoud, 1986a), sem se esconder constantemente atrás do álibi dos programas, da estrutura, das condições de trabalho. Estas não passam de máscaras que evitam o questionamento dessas práticas, são formas de se negar a ver que sempre há *variáveis que podem ser mudadas* (Bloom, 1980), no âmbito da sala de aula, da equipe pedagógica, do estabelecimento, sem esperar "o grande dia".

O luto do prazer de se dar prazer

Uma parte das práticas pedagógicas tem a única função de dar prazer ao professor: tratar de assuntos de que ele gosta (mas de importância bastante secundária), animar atividades coletivas agradáveis (mas ineficazes geradoras de desigualdade), improvisar conforme o humor, passar horas preparando material que será utilizado em alguns minutos, tranqüilizar-se com correções e controles a perder de vista, tentar olhar e renunciar diante do primeiro obstáculo, oscilar entre diversos objetivos ou contratos didáticos sem ousar escolher... Não acabaríamos nunca de listar gestos profissionais espetaculares, porém ineficazes; momentos de integração agradáveis, mas sem efeito; tentativas de tateio divertidas, mas desestabilizadoras; hábitos confortáveis para o professor, mas soporíficos para os alunos. Sem dúvida, podemos dizer o mesmo de todos as profissões: é preciso viver, sobreviver, divertir-se um pouco e mudar para lutar contra o tédio, não mudar e estabelecer rotinas para não gastar muita energia.

O prazer, em seu sentido amplo, não é um motivo inconfessável. Como esperar que os professores suscitem o prazer de aprender se eles mesmos se entediam ou se sentem mal com o que fazem? Acontece que a diferenciação é, antes de mais nada, o rigor no planejamento, a determinação dos objetivos, o contrato, as regulações, o emprego do tempo. Mesmo quando as condições de trabalho são aceitáveis ou boas, sempre falta tempo. Diferenciar é aceitar uma forte tensão na gestão de recursos raros: as idéias, as interações formativas, as ocasiões, o tempo, a energia, os erros fecundos, as sinergias, as vontades, os projetos, etc. Nessa tensão, os professores podem sentir um forte prazer profissional, ligado ao sentimento de domínio, ao desafio, à intensidade da ação, ao engajamento constante em um pensamento estratégico e em múltiplas decisões. Sem dúvida, é a esse preço – uma forte *profissionalização* (Perrenoud, 1994b), pode-se renunciar a prazeres menos exigentes. Isso é difícil e o pior, em uma estratégia inovadora, seria negar que, ao menos por um tempo, será preciso renunciar a uma certa tranqüilidade de espírito, a uma certa arte de "viver sem quebrar a cabeça" ou a uma certa fantasia.

O luto da liberdade na relação pedagógica

Diferenciar é aceitar enfrentar com mais freqüência, de forma mais intensiva e mais metódica, os alunos menos gratificantes: os que resistem, "não jogam o jogo", não querem ser ajudados, às vezes abusam da confiança que se tem neles. Os que apresentam muitas lacunas, bloqueios, *handicaps* que não sabemos por onde constituir ou reconstituir um mínimo de identidade positiva e de vontade de aprender, nem em que bases construir ou reconstruir aprendizagens. Os desagradáveis, indisciplinados, agressivos, fugidios, preguiçosos, lunáticos, negligentes, sujos...

É claro que, no ensino público, um professor aceita as classes que lhe são destinadas, mas conserva uma importante margem de manobra nas interações mais individualizadas. Diferenciar é colocar essa margem, integralmente, a serviço dos alunos mais desfavorecidos. É enfrentar a diferença em suas aparências menos abstratas, distâncias culturais e pessoais, conflitos, rejeições. Portanto, é aceitar trabalhar consigo mesmo, com preconceitos e imagens do aluno aceitável (Perrenoud, 1994b, 1994c).

O luto das rotinas repousantes

Como sugerem os estudos do ciclo de vida (Huberman, 1989), uma das perguntas que o professor se faz é: "Vou morrer com um giz na mão?". Trata-se de durar, de conseguir sobreviver algumas décadas em situações ao mesmo tempo desesperadoramente repetitivas e sempre imprevisíveis em seu detalhe. Daí vem a tentação, como em todas as profissões, de construir rotinas que funcionem sem exigir muita energia nem criatividade.

Quando não aceitamos mais que uma parte dos alunos fracasse, condenamo-nos a *inventar* constantemente soluções originais para os alunos que resistem aos procedimentos padronizados. Podemos conservar as rotinas que convêm aos alunos que aprendem sem dificuldade, mas isso é para refletir melhor sobre os problemas sempre *singulares* dos alunos em dificuldade. Portanto, diferenciar é questionar constantemente a organização da sala de aula e das atividades para jogar com os limites de tempo e de espaço, para tirar o melhor partido das possibilidades de agrupamento e de interação. Os professores que praticam uma pedagogia diferenciada apóiam-se em esquemas básicos, mas sua preocupação com a eficácia leva-os a remodelar periodicamente o funcionamento do grupo-classe.

O luto das certezas didáticas

As pedagogias que se acomodam ao fracasso escolar podem repetir todos os anos, enquanto o programa não muda, transposições e seqüências didáticas que foram aprovadas por alunos médios ou bons. Para os alunos em dificuldade, não há método garantido; a relação com o saber, a divisão dos conteúdos, as seqüências de aprendizagens deveriam ser reconstruídas em função de um caso concreto, em um funcionamento inspirado em um *procedimento clínico*.

A diferenciação também exige uma aposta naquilo que é essencial. Com freqüência, é sábio renunciar ao enfoque do esforço em todo o programa. Assim, deve-se determinar o que importa mais *para cada aluno* em função das expectativas dos professores que o receberão em outras séries, mas também das possibilidades do momento. O professor deve, em cada caso, reconstruir um currículo e até mesmo os objetivos, fazer-se perguntas que, em princípio, são resolvidas em outro nível da organização, pois ele percebe, dia após dia, que os planos de estudos, os manuais, os procedimentos metodológicos que a instituição lhe propõe valem apenas para os alunos sem dificuldades. Para os outros, tudo está para ser feito...

O luto do esplêndido isolamento

É difícil diferenciar sozinho. No mínimo, deve-se negociar com os colegas mais próximos e com a administração para ampliar os graus de liberdade com relação ao programa, à avaliação, ao emprego de tempo e do espaço: toda diferenciação pedagógica obriga a trapacear mais ou menos discretamente com as normas do estabelecimento. De preferência, deve-se trabalhar com os pais, para associá-los a um contrato de trabalho ou, ao menos, para evitar as ações discordantes, por exemplo, a repressão por parte da família no momento em que o professor se esforça para elevar a auto-estima de seu aluno (Montandon e Perrenoud, 1987).

A diferenciação deveria estar, sobretudo, a cargo de uma *equipe pedagógica* por muitas razões evidentes: divisão do trabalho, reforço mútuo, continuidade ao longo do curso, descompartimentação, multiplicidade de visões sobre os alunos e de estratégias de intervenção, acúmulo e partilha de experiências, etc. Ora, trabalhar em equipe é assumir o luto de sua autonomia e de sua loucura pessoal. É conceder aos outros, por uma boa causa e sem os mecanismos de defesa que conservam a hierarquia a distância, um direito de observar as práticas aplicadas, um direito e um dever de ingerência na sala de aula. É romper com a "lei ambiental" dos professores: "Cada um por si; depois de fechar a porta, eu é que mando na sala e não me intrometo no que os meus colegas fazem". É enfrentar a diferença, o conflito, os problemas de comunicação e de poder entre adultos. No entanto, uma diferenciação eficaz tem esse preço. Todos aqueles que têm experiência de trabalho em equipe pedagógica sabem que precisam assumir o luto de uma forma de liberdade. É claro que também abandonam, no melhor dos casos, os sentimentos de impotência e de solidão que os acompanham. Aqui também é inútil negar o luto. É melhor trabalhar por aquilo que o justifique, em primeiro lugar pelos alunos, mas também pelos adultos!

O luto pelo poder magistral

Talvez esse seja o luto mais exorbitante para todos aqueles que optaram pelo ensino para propiciar um espetáculo permanente a um grupo, para estar sempre no centro dos acontecimentos, como maestro da orquestra, líder carismático, placa giratória (Ranjard, 1984). Talvez seja o luto mais fácil para todos aqueles que vivem o confronto com o grupo como uma ameaça ou um conflito ininterrupto, uma incerteza sempre reiniciada quanto a saber o que acontecerá com a relação de forças. Provavelmente no ponto em que o contrato pedagógico estiver mais degradado, melhor se aceitará o fato de ter de mudar de papel, de se tornar organizador, pessoa-recurso, mestre de apoio, criador de meios e seqüências didáticas geradas em parte sem o professor, oferecedor de *feedback*, negociador de contratos, inspirador desejos e projetos, mediador entre os alunos e outras fontes de informação ou enquadramento, em vez de *magister* único, detentor do saber e do poder na sala de aula.

O trabalho do luto

Diferenciar é assumir o luto de uma prática antiga, e isso jamais acontece sem hesitações e ambivalências. Inovar, nesse sentido, significa atribuir um *status* ao luto, verbalizá-lo, trabalhá-lo, declarar as resistências

A Pedagogia na Escola das Diferenças **141**

legítimas (Gather Thurler, 1993a) mais que apelar somente à racionalidade e à consciência profissional dos professores. Já mencionei em outra obra (Perrenoud, 1988a) a idéia de que a pedagogia de domínio é uma *utopia racionalista*, destinada a se chocar contra os interesses e as estratégias dos atores (alunos e professores) na organização. Podemos dizer o mesmo de toda pedagogia diferenciada. E a única solução – porta estreita, caminho espinhoso – é reconhecer essa contradição e elaborá-la com os interessados.

PARADOXOS

Os paradoxos não são resistências que podem ser atribuídas aos atores, mas conseqüências da complexidade dos processos de ensino e aprendizagem.

O paradoxo das novas pedagogias

A aprendizagem é uma atividade bastante caprichosa, que exige um forte envolvimento da pessoa e que, por isso, deve ter sentido, se possível para além da simples conformidade às expectativas do outro. Quanto mais as aprendizagens são de alto nível taxionômico, mais se estendem no tempo e passam por construções e reconstruções parcialmente invisíveis e imprevisíveis. Toda perspectiva construtivista e interacionista reafirma isto: o aluno é que aprende, em seu ritmo, seguindo seus próprios modos de pensamento. Os professores podem apenas propiciar situações didáticas, esperando que elas sejam fecundas, que sejam apresentadas no momento mais adequado, quando o aluno quererá e poderá investir nelas. Isso é o que tentam as novas pedagogias, as correntes da escola ativa, desde o século passado.

Geralmente, esses movimentos apóiam a diferenciação pedagógica no plano dos princípios. O problema é que as pedagogias mais promissoras também são as mais difíceis de gerenciar de forma diferenciada. Isso ocorre simplesmente porque a escola ativa não só se acomode a uma certa *desordem,* mas também se serve dela: uma pedagogia cooperativa, uma pedagogia do projeto, uma pedagogia da descoberta são empreendimentos incertos, que dependem em grande parte da negociação, da improvisação, da personalidade e das iniciativas dos atores. Como garantir, ao mesmo tempo, aprendizagens programadas? Sabemos muito bem que as escolas ativas mais convincentes são aquelas que não utilizam um programa estrito e visam a aprendizagens significativas para os alunos, fundamentais para seu desenvolvimento global e a longo prazo, sem se preocupar muito com a sincronização dos percursos nem com a passagem por etapas obrigatórias em momentos determinados. Com essa condição, com objetivos amplos e a longo prazo, é possível tirar o melhor partido possível das ocasiões e da dinâmica dos projetos, retomando seus passos.

Na escola pública, mesmo que os ciclos fossem substituídos por programas anuais, mesmo que se renunciasse a planos de estudos detalhados para privilegiar domínios globais, os professores deveriam sempre levar em consideração o próximo encontro, a próxima fase de seleção, orientação ou certificação para a qual devem preparar igualmente todos os alunos. Conclui-se, então, que a diferenciação do ensino, como vontade de gerar progressões coordenadas, muitas vezes entra em conflito com as dinâmicas das pessoas e dos grupos. Em *L'école mode d'emploi* (Meirieu, 1988), há um esforço para conciliar métodos ativos e pedagogia diferenciada. Também acredito que o paradoxo pode ser superado se passar por uma rigorosa análise. O mais grave seria acreditar que a coerência das intenções é suficiente para garantir a coerência das práticas.

Por outro lado, as atividades mais fecundas geralmente fazem parte de um projeto coletivo, que não pode ser aplicado considerando-se somente os alunos em dificuldade. As novas pedagogias podem ser *elitistas* (Bernstein, 1975; Perrenoud, 1985c, ver Capítulo 3 desta obra), *favorecer os favorecidos*, talvez ainda mais que as pedagogias tradicionais, a menos que isso seja reconhecido e reconsiderado de outra forma que não seja o pensamento mágico.

O paradoxo da escolarização sem fim

Diferenciar é dar aos alunos mais desprovidos ocasiões de aprender, de agir e de interagir. Não significa necessariamente encarregar-se deles de modo individual, nem colocá-los em uma relação de assistência ou de apoio pedagógico, mas interessar-se por eles muito de perto, acompanhá-los continuamente, mesmo que seja de longe, mantê-los sob o olhar do professor, mesmo que benevolente. Ora, uma parte do problema do fracasso escolar é o "excesso de escola", isto é, a recusa a ser constantemente reconduzido a um *status* de aprendiz, cujo único trabalho é o de superar sua ignorância (com vistas a um futuro que, como lhe prometem, será mais cor-de-rosa se ele tiver mais instrução). Illich (1970) demonstrou até que ponto nossas sociedades são *escolarizadas*. Em outra obra, tentei analisar os efeitos perversos da "obsessão de instruir a juventude pelo seu bem" (Perrenoud, 1985d, 1994a), ou sugeri que a avaliação formativa era um avatar da ideologia pan-óptica (Foucault, 1975) ou do fantasma da *glasnost* pedagógica (Perrenoud, 1991a). Não podemos omitir que diferenciar o ensino é, aumentar a pressão sobre os alunos, lutar contra as estratégias de comunicação (Sirota, 1988) ou contra as estratégias de fuga que permitem que todos os alunos, sobretudo os menos felizes na escola, protejam-se um pouco (Perrenoud, 1988b, 1994a). A diferenciação pedagógica corre o risco de acentuar o caráter de *instituição total* (Goffman, 1968) da escola, tentando identificar e controlar – por uma boa causa? – os processos mentais, as angústias, as vontades, o desejo de poder, as dinâmicas relacionais...

De modo mais banal, a pedagogia diferenciada entra em conflito com o desejo dos alunos de fazer "apenas o necessário" para ter paz e, no melhor dos casos, progredir sem surpresas no curso. O "pode melhorar" dos boletins escolares não traz conseqüências. É mais difícil tentar, concreta e insistentemente, aumentar os esforços suplementares dos alunos que, mesmo que seja uma estratégia de vida curta, aspiram a rir ou a não fazer nada!

O paradoxo das pedagogias do sucesso

Não se pode aprender sem uma auto-estima elevada. Assim, é preciso convencer os alunos em dificuldade de que eles podem aprender, assim como valorizar todos os seus progressos, por menores que sejam. Enquanto uma pedagogia frontal muitas vezes se orgulha da dureza das hierarquias de excelência que ela constrói e torna públicas, uma pedagogia diferenciada sempre deve navegar entre dois perigos: dizer a realidade sobre os

144 PHILIPPE PERRENOUD

desvios e as dificuldades e, portanto, desencorajar; ou encorajar e, portanto, criar a enganadora ilusão de que tudo está bem.

Tudo fica ainda mais difícil quando é preciso conciliar uma avaliação formativa a serviço da diferenciação, em uma lógica *pragmática* (Perrenoud, 1991a), e uma avaliação certificativa/seletiva a serviço do sistema, que exige eqüidade formal e transparência das hierarquias.

Viver com os paradoxos

Poderíamos fazer referência a vários outros paradoxos. Aqui, a lista importa menos que a *integração da dimensão paradoxal à reflexão sobre a diferenciação*. É preciso saber que, nesse sentido, não teremos de enfrentar apenas conservadorismos institucionais ou individuais, mas também a complexidade do real. Aprender e fazer aprender exigem que se concilie o inconciliável, a liberdade e o rigor, a abertura aos outros e a concentração, a estruturação e a plasticidade. Não é de estranhar que as condições requeridas sejam improváveis...

Não há nenhuma garantia de sucesso. Sem dúvida, eu tenderia a privilegiar as dinâmicas de equipes e de estabelecimentos (Hutmacher, 1990; Gather Thurler, 1993a) e, nesse contexto, o trabalho sobre as representações: adotar uma pedagogia diferenciada significa desaprender, "desconstruir", ultrapassar as práticas antigas para mudar. Isso não pode ser feito de forma inconsciente, com rejeição ou esquecimento, mas com a integração do passado e das novas perspectivas. Esse é o sentido de uma análise das resistências, dos lutos necessários e dos paradoxos inevitáveis: longe de ser um discurso sobre os professores, é preciso que seja um caminho compartilhado, que permita e a um situar-se, identificar seus próprios bloqueios e contradições como obstáculos totalmente normais, que não poderiam ser superados por meio de sua negação.

Nota

[1] Texto de uma intervenção no contexto da Université d'Élé: "Différentiation pédagogique. Bilan et perspectives", Lyon, 7-12 de julho de 1991. Publicado em *Cahiers pédagogiques*, 1992, n. 306, p. 49-55.

Organizar a individualização dos percursos de formação: medos a superar e habilidades a construir[1]

A individualização dos percursos de formação é um fato, ao menos se considerarmos o percurso como uma série singular de experiências formativas, ou seja, um currículo real. Essa será minha primeira tese. A segunda decorre da primeira: não se trata de criar, com todas as peças, uma individualização que só existiria de forma utópica, mas de controlá-la, de organizá-la, de colocá-la a serviço de uma política da educação. Minha terceira tese é de que esse controle opera-se em diversos níveis complementares e de que é inútil agir apenas sobre um deles. Tentarei definir esses níveis, das interações didáticas cotidianas às estruturas subjacentes aos cursos.

Em todos esses níveis, encontramos resistências, há *medos a superar*. E também há *habilidades a construir*, sem as quais a individualização dos percursos de formação continuará sendo uma miragem. Medos a superar e habilidades a construir revelam em cada nível ambivalências e múltiplas lógicas dos atores. Essa será minha quarta tese.

O CURRÍCULO REAL JÁ É INDIVIDUALIZADO!

Quando propomos que os percursos de formação sejam individualizados, sugerimos implicitamente que hoje eles são padronizados para o conjunto dos alunos de uma mesma geração no mesmo sistema escolar. Mas isso não é verdade. Que é um percurso de formação? No nível mais abstrato, podemos assimilá-lo a um *curso-tipo* realizado por um aluno que atravessa o sistema educativo, isto é, uma *série de posições ocupadas no sistema escolar*. Mesmo nesse nível de abstração, há vários cursos-tipo, pois no final do ensino fundamental os graus de ensino hierarquizam-se e diversificam-se, o tronco comum dá origem a inúmeros ramos que ficam ainda mais complexos no final da escolaridade obrigatória.

A diversidade aumenta quando passamos dos cursos-tipo (em princípio os mais prováveis estatisticamente) aos cursos efetivos dos alunos, isto é, às carreiras observadas. Mesmo quando limitamos a estatística das carreiras escolares à sucessão dos graus seguidos, observamos uma grande variedade de percursos, que aumenta se levarmos em consideração a educação especializada, os intercâmbios entre o setor público e o privado, ou entre as redes escolares estáticas, comunais ou livres. A isso se acrescenta, evidentemente, a imensa diversificação dos percursos imputável aos movimentos migratórios, que levam uma crescente parcela de crianças a passar por vários sistemas educativos entre os 4 e os 20 anos.

Para além das carreiras

A diversidade dos percursos de formação aumenta ainda mais quando passamos para além das carreiras. Acompanhemos um grupo de alunos que começa sua escolaridade no mesmo sistema educativo e a continua paralelamente, progredindo grau após grau, recebendo as mesmas orientações em cada ramo. Eles têm a mesma carreira, no sentido da estatística escolar. No entanto, seguiram o mesmo percurso de formação? Isso só será verdade se abstrairmos os conteúdos efetivos do ensino que receberam.

Nos sistemas educativos descentralizados, as leis nacionais prescrevem apenas "programas marcos", que as regiões, e até mesmo as comunas ou os estabelecimentos, adaptam às circunstâncias particulares. Portanto, é público e notório que o mesmo grau da escolaridade obrigatória não abrange exatamente as mesmas aprendizagens. Mas não acontece o mesmo em um país centralizado? Talvez tenha havido uma época em que se fazia o mesmo ditado, na mesma hora, em Marselha e em Estrasburgo. Isso não garantia que se ensinasse a ortografia da mesma maneira em todas as classes da França. Portanto, é preciso lembrar, os planos de estudo e os programas, por mais explícitos e volumosos que sejam, não passam de *prescri-ções*. Como toda norma, permitem e atraem transgressões, interpretações, apropriações pelos atores coletivos e individuais, variações e desvios. Se libertarmos o discurso mítico sobre a igualdade na escola e a uniformidade da administração, redescobriremos o segredo de Polichinelo: *não há dois professores que ensinem o mesmo programa da mesma maneira* (Perrenoud, 1984). As variações possuem diversas causas, das quais posso apontar apenas as principais:

• Como diz Chevallard (1986), o programa é somente uma moldura, o quadro ainda tem de ser pintado, o que se relaciona forçosamente à cultura do professor, à sua relação com o saber, à sua visão do que é importante, interessante, necessário, fácil ou difícil, etc. (Perret e Perrenoud, 1990).

• Na maior parte do tempo, os programas são muito extensos e não podem ser cobertos integralmente: por esse motivo, os professores selecionam em função de múltiplos fatores.

• Sabemos que o plano de estudos, em geral, é uma referência mais abstrata e distante que os meios de ensino; quando estes não estão padronizados, ou não o estão totalmente, o verdadeiro programa são os manuais e os cadernos de exercícios que o professor opta por utilizar com seus alunos.

• O professor escolhe, adapta ou constrói procedimentos didáticos pessoais que necessariamente implicam uma interpretação particular, uma inflexão singular do programa, em função do tratamento didático privilegiado – mais substancial, mais convincente, mais bem-ilustrado, mais realista – de algumas noções ou objetivos.

• Conforme sua energia, sua convicção, sua adesão ao programa, sua capacidade de mobilizar o interesse dos alunos, sua eficácia didática, um professor transmite um número variável de noções, saberes e *savoir-faire* durante o mesmo ano escolar.

• Conforme o nível e as atitudes dos alunos, e em uma negociação explícita ou implícita com eles, o professor modula os conteúdos para que eles sejam acessíveis, conservem um mínimo de sentido e permitam o funcionamento do contrato didático.

• Mais que com o programa, que é uma abstração, o professor preocupa-se com as expectativas de seus colegas, particularmente com aqueles que receberão seus alunos no ano seguinte e poderão julgá-lo pelo trabalho realizado; o conteúdo é parcialmente ditado pelas expectativas reais ou supostas dos colegas que ensinam nas séries posteriores.

• A cultura, o clima pedagógico, o grau de seletividade do estabelecimento também influenciam as exigências e a orientação pedagógica em uma determinada escola.

• Como Viviane Isambert-Jamati (1987) demonstrou a propósito das atividades de descoberta, os professores levam em conta a composição sociológica de seu público, em termos de expectativas, de aportes culturais e de prováveis destinos na existência.

• De modo geral, o ensino é ministrado em função das possibilidades escolares ou profissionais locais, e privilegiam-se os saberes e *savoir-faire* mais rentáveis em uma determinada região; em um ambiente orientado para as indústrias eletrônicas de ponta, os pais e o pessoal da escola têm outros interesses que em um ambiente orientado para o comércio e as línguas estrangeiras.

• Além do contexto econômico, a comunidade local às vezes pesa sobre a própria definição da cultura escolar, sobre seu grau de laicidade, sobre sua impregnação por valores tradicionais ou uma coloração étnica ou confessional predominante.

Evidentemente, esses aspectos acentuam-se ainda mais no caso das escolas particulares, cuja própria vocação é respeitar as opções de grupos sociais ou de um determinado tipo de usuário. Mesmo na escola pública, há imensas e inevitáveis variações do *currículo real* de uma classe para outra, até quando são obrigadas a aplicar um mesmo currículo formal (programa, plano de estudos, textos oficiais), por mais explícito, substancial e imperativo que ele seja.

De fato, há uma diversidade considerável de percursos de formação. Se tentarmos reconstituir os conteúdos efetivos do ensino dispensado a 100 alunos escolhidos ao acaso na mesma geração, no âmbito de um sistema educativo unificado, é provável que encontremos 100 percursos diferentes, pois esses alunos foram escolarizados em classes e estabelecimentos diferentes.

Uma série de experiências singulares

Avancemos um pouco mais na análise do currículo real. O que dissemos anteriormente está relacionado ao nível do estabelecimento e da classe e permite perceber, por conseqüência, que os alunos que passaram *juntos* toda a sua escolaridade obrigatória compartilharam o mesmo currículo real. Ora, isso também não é verdade.

Ainda existirá uma classe de ensino obrigatório em que se pratica um ensino puramente frontal, em que o professor se dirige constantemente a todos os alunos, em que cada um deles recebe as mesmas orientações, as mesmas tarefas, os mesmos recursos? Podemos duvidar disso. Na maioria das classes do ensino obrigatório, os alunos não se deparam sempre com as mesmas situações por três motivos:

1. O professor interage seletivamente com eles e, por isso, alguns têm, mais do que outros, a experiência de ser ouvidos ou interpelados, felicitados ou repreendidos (Sirota, 1988). Quanto à comunicação não-verbal, como ela poderia ser padronizada?

2. Mesmo nas classes tradicionais, por vezes o trabalho é realizado em subgrupos, em equipes, por plano de trabalho, e o professor deixa de ser o facilitador de um grupo grande e passa a ser uma pessoa-recurso que circula ou permanece à disposição dos alunos em seu escritório.

3. A variedade dos ritmos de trabalho leva ao enriquecimento ou ao empobrecimento das tarefas. Assim, em uma jornada escolar, alguns alunos têm tempo de ler ou brincar, ou mesmo podem sair antes, enquanto outros sempre demoram para terminar seu trabalho e é preciso esperá-los para passar para a atividade seguinte ou mandá-los para casa.

Imaginemos uma classe em que o ensino seja puramente frontal, constantemente coletivo. Só porque o professor sempre se dirige a todos, temos de imaginar que cada um dos alunos ouve a mesma coisa? Só porque ele indica uma tarefa padronizada, temos de acreditar que todos os alunos a percebem e compreendem de forma idêntica? No fim das contas, o que é o currículo real senão a experiência do aluno ou, mais exatamente, a parte de sua experiência que gera aprendizagens mais ou menos estáveis? Ora, em uma classe de 25 alunos, mesmo que o ator principal desempenhe seu papel diante do grupo inteiro, *há tantas experiências quanto alunos*, por diversas razões que só posso indicar superficialmente:

• A classe é um espaço no qual são feitas, mostradas ou ditas certas coisas, mas inevitavelmente elas são percebidas de forma muito desigual; assim como no teatro, existem camarotes e arquibancadas. O que o professor escreve na lousa pode ser uma frase legível ou um grafite indecifrável, conforme a distância em que se encontra o aluno ou talvez pelo fato de ele usar ou não seus óculos... Da mesma maneira, os objetivos do professor podem não passar de um ruído de fundo para um determinado aluno, enquanto outro não perderá uma palavra. Espaço sonoro e visual, a classe coloca os alunos a uma distância desigual daquilo que eles devem ver e ouvir. Portanto, não vêem e não escutam sempre a mesma coisa.

• Devido às flutuações da atenção, da concentração, da disponibilidade, do interesse, do envolvimento de cada um, uma parte do que acontece na classe escapa da consciência ou não deixa nenhum vestígio: é impossível estar mentalmente presente cada segundo durante seis a sete horas por dia. Por isso, uma das mais importantes diferenciações do currículo está relacionada à freqüência e à forma como os alunos estão mentalmente ausentes do cenário escolar; devemos acrescentar a isso as efetivas ausências, muito variáveis entre os alunos; para uma parte deles, o que vivenciam na sala de aula é uma série desconexa de momentos sem pé nem cabeça, pois perdem o fio condutor.

• Mesmo quando os alunos estão presentes e relativamente interessados, o *sentido* que podem atribuir ao que acontece varia muito conforme seus recursos intelectuais, suas estratégias, seus mecanismos cognitivos ou não-cognitivos. Na aula de história, por exemplo, quando os alunos apostam sobre o número de vezes em que o professor utilizará seu tique favorito de linguagem, aparentemente eles estão escutando com a maior atenção, mas e daí?

• A coloração afetiva e relacional dos conteúdos é muito variável de um aluno para outro: o texto varia conforme a identificação do aluno com este ou aquele personagem, a mesma lição muda se o professor é considerado simpático ou detestável, ou se o fato de ir à escola encanta ou desespera o aluno, divirte-o ou revolta-o.

Chegamos aqui a um problema teórico e conceitual fundamental: qual é o estatuto da experiência? Quem realmente pode saber o que um aluno ouve, vê, compreende e vive? Dois alunos sentados lado a lado, olhando juntos para o professor e a lousa, demonstrando os mesmos sinais externos de atividade e de interesse, estão vivendo a mesma experiência? De um ponto de vista behaviorista, se não nos interessa a construção do sentido e os processos cognitivos e metacognitivos do sujeito, pode parecer que esses dois alunos estão acompanhando o mesmo currículo real. Na verdade, a experiência jamais está dissociada do sentido e do envolvimento, nem se limita a uma análise puramente externa. Em última instância, não há nada mais que uma experiência singular. Consideremos dois alunos imersos no enunciado de um problema matemático, cada um com seu livro aberto na mesma página e tendo entendido bem a ordem do professor: "Leiam o problema nº 37 e o resolvam em seu caderno de matemática, explicitando todas as operações". Aparentemente é a mesma situação didática, mas para um o enunciado é límpido, enquanto para outro "é chinês". Os sociólogos freqüentemente nos lembram que não é a própria situação que induz ao comportamento, mas o modo como os atores a definem. Esse é o aporte de toda a corrente construtivista, que concede a maior importância à maneira como os atores fabricam representações e sentido, sozinhos ou coletivamente.

Se considerarmos o currículo real como uma série de experiências, chegaremos, *grosso modo,* a uma conclusão evidente: *o currículo real é personalizado, dois indivíduos nunca seguem exatamente o mesmo percurso educativo, mesmo se permanecerem de mãos dadas durante anos* (Perrenoud, 1993e).

CONTRA UMA INDIVIDUALIZAÇÃO DEIXADA AO ACASO

A diversificação efetiva dos percursos de formação é uma garantia de individualização? Poderemos responder afirmativamente se entendermos a individualização em um sentido meramente descritivo: cada um tem sua história educativa. Cada aluno encarna, a seu modo, Fabrício em Waterloo: ele vê apenas uma faceta da batalha, conforme a posição em que o acaso ou seus esforços o colocaram. Entretanto, nas ciências da educação, normalmente não nos referimos a esse sentido descritivo. A individualização designa mais a *adaptação deliberada e pertinente dos percursos educativos às diferentes características, às possibilidades, aos projetos e às necessidades diferentes dos indivíduos.*

Em geral, a temática da individualização dos itinerários de formação não se inscreve em uma problemática puramente descritiva, cuja principal ambição seria verificar às semelhanças e as diferenças no currículo real dos alunos de uma mesma geração. Situamo-nos em uma perspectiva de luta contra o fracasso escolar em busca de uma escola mais eficaz na construção das competências fundamentais. Nessa perspectiva, denunciar a pouca individualização dos itinerários de formação não significa que cada um siga exatamente o mesmo percurso, mas que a diversidade é anárquica ou, pior ainda, que cria ou reforça as desigualdades.

A indiferença às diferenças

Bourdieu (1966) falou da *indiferência às diferenças* para dizer que a escola trata todos os alunos como *iguais em direitos e deveres*. Muitas vezes tentei matizar essa formulação (Perrenoud, 1970, 1979, 1989b, 1992c), mostrando que raramente todos os alunos são tratados como sendo iguais em direitos e deveres, mesmo em um único grupo-classe, *a fortiori* no âmbito do sistema educativo, levando em conta as disparidades regionais e as variações de currículo real já mencionadas. Por isso, definirei a indiferença às diferenças como uma desigualdade totalmente aleatória. A loteria é sua perfeita ilustração: nem todos ganham e os ganhos são muito desiguais, mas o que cabe a cada um independe totalmente de suas características individuais – só o acaso atribui os prêmios.

Nesse sentido, a imensa diversidade dos itinerários de formação seria, de forma abstrata, perfeitamente compatível com uma total indiferença às diferenças. Na realidade, a individualização não é completamente aleatória. Isso não quer dizer que ela seja controlada por atores definidos. O currículo real seguido por um determinado aluno depende de três mecanismos:

– Primeiro, o acaso é que atribui esse aluno a tal classe, a tal curso, a tal estabelecimento, a tal sucessão de situações de escolarização e de situações didáticas.

– Segundo, a individualização segue algumas regularidades, das quais ninguém é plenamente consciente; por isso, os filhos das classes populares geralmente se deparam com seus iguais nos estabelecimentos menos prestigiosos, mais mal-equipados, com os professores mais jovens e menos estáveis. Viver sua escolaridade média em um colégio podre da periferia ou em um colégio BCBG não é uma simples loteria. Em função da classe social e do habitat, os quais estão ligados entre si, pode-se prever uma boa parte do destino escolar individual, pelo menos desse ângulo. Mas ninguém orquestra essa forma de individualização.

A PEDAGOGIA NA ESCOLA DAS DIFERENÇAS **153**

– Terceiro, a individualização dos percursos de formação resulta de decisões identificáveis. Todas as decisões de seleção e de orientação evidentemente são desse tipo, assim como, no espaço da sala de sala, todas as decisões que geram o agrupamento dos alunos e a atribuição de tarefas ou de situações didáticas diferentes para estes ou aqueles.

A individualização voluntarista

Para que a individualização do currículo real seja orientada em uma perspectiva de luta contra o fracasso escolar e de democratização do ensino, é suficiente que ela resulte de decisões explícitas dos professores ou dos estabelecimentos ou, eventualmente, de negociações com os pais ou os alunos? Não, pois as decisões que regem a individualização dos percursos (ou de fragmentos de percursos) seguem todos os tipos de lógicas, que dividirei resumidamente em três categorias:

1. Há lógicas estranhas à desigualdade na escola. Assim, quando se favorece a autonomia dos estabelecimentos ou a liberdade acadêmica dos professores, em geral isso não é feito para diminuir o fracasso escolar, nem para aumentá-lo, mas para responder a outras preocupações.

2. Algumas decisões situam-se claramente no âmbito da discriminação negativa, pois favorecem os favorecidos. Isso é o que acontece, por exemplo, quando são criadas escolas para crianças superdotadas, escolas de excelência ou escolas para esportistas ou artistas de alto nível, às quais se propõe um currículo sob medida, compatível com sua prática.

3. Por fim, certas decisões pertencem claramente ao âmbito da discriminação positiva; por exemplo, quando são criadas zonas de educação prioritárias, o que não leva apenas, como demonstrou Isambert-Jamati (1990), a conceder recursos suplementares aos estabelecimentos, mas a transformar o currículo no sentido de uma escola mais ativa, mais aberta para a vida e para a comunidade escolar, etc. Da mesma forma, quando os alunos são enviados para classes de apoio ou cursos que levam mais em conta suas dificuldades, pretende-se lutar contra o fracasso escolar e as desigualdades.

Ao falarmos em individualizar os percursos de formação, em geral pensamos nesse tipo de decisões, situando-as no contexto das medidas de

154 PHILIPPE PERRENOUD

diferenciação do ensino e dos caminhos didáticos, das políticas delibe-radamente orientadas para a otimização das aprendizagens e a diminui-ção das desigualdades na escola. Meu propósito consiste simplesmente em lembrar que:

– as decisões desse tipo representam apenas uma parte, às vezes irri-sória, do conjunto das decisões do qual depende a individualização de fato do currículo real;

– essa individualização revela, por um lado, processos que não per-tencem ao âmbito da decisão, mas participam de regularidades que funcio-nam à revelia dos atores e, por vezes, contra sua vontade;

– enfim a diferenciação do currículo real em um mesmo grupo que passa por um sistema educativo em parte depende do acaso, concebido como o encontro de séries causais independentes. Na loteria escolar, o cur-rículo depende do acaso.

Acaso puro (encontro de séries causais independentes)	Regularidades que funcionam à revelia dos atores	Decisões tomadas em uma lógica de discriminação negativa
		Decisões tomadas em uma lógica indiferente às desigualdades
		Decisões tomadas em uma lógica de discriminação positiva

Quadro 5.1 – Processos subjacentes à individualização de fato do currículo real

A conclusão que tiro daí é bastante simples, porém fundamental para a política educacional: *não é suficiente, para individualizar os percursos de formação, multiplicar as decisões explicitamente orientadas no sentido da discriminação positiva.* Também é preciso contar com o acaso, levar em conta as regularidades inconscientes, discernir as decisões tomadas com outra lógica e neutralizar a discriminação negativa. Sem isso, os esforços feitos para democratizar o ensino por meio da individualização dos percur-sos irão chocar-se com milhares de processos que arruinarão sua eficácia.

AGIR EM DIVERSOS NÍVEIS

O controle da individualização dos percursos ocorre no âmbito do sistema, do estabelecimento, da equipe pedagógica e da classe, assim como de toda estrutura intermediária. Somente uma ação conjunta pode controlar a totalidade dos processos que determinam a individualização do currículo real e, sobretudo, seu efeito global sobre as desigualdades.

As políticas educacionais são, pela própria definição das competências de um Estado regional ou nacional, aplicadas no âmbito do sistema educativo que delas depende, em função de exigências de igualdade e de finalidades educativas circunscritas à região ou à nação. Mesmo as sociedades que dedicam consideráveis esforços à democratização do ensino pouco se preocupam com os formidáveis desvios entre regiões ou nações. Na medida em que apenas uma sociedade política constituída pode propor e gerenciar o problema das desigualdades na escola e adaptar a ele suas políticas educacionais, essa compartimentação, por mais absurda que seja, é bastante explicável. Só a constituição da Europa ou do planeta em sociedade política integrada permitirá que os problemas sejam colocados nessa escala. Por enquanto, cada um "se vira" um pouco em seu canto, enquanto a integração econômica e os movimentos demográficos criam uma comparação e competições em uma escala mais ampla.

Ao menos podemos esperar que esse tipo de compartimentação não se reproduza no interior de um mesmo sistema educativo. De fato, para que um estabelecimento desenvolveria, por exemplo, uma pedagogia de domínio bastante sofisticada, acabando com os graus e os grupos-classes, para conduzir os alunos aos domínios fundamentais por meio de itinerários muito individualizados? Evidentemente, é importante mostrar que isso é possível e em que condições. Mas e daí? *Para que serve uma gota de igualdade em um mar de injustiça*? Tanto melhor para os alunos e as famílias, diretamente envolvidos, e para os professores e diretores do estabelecimento, que podem sentir um orgulho legítimo. No entanto, a democratização dos estudos só se define em larga escala!

Estamos diante de um *paradoxo* que deve ser bem analisado: uma parte das soluções para os problemas do sistema educativo será necessariamente local, inventada ou reinventada pelos professores no âmbito das classes, das equipes pedagógicas e dos estabelecimentos. Entretanto, se não houver o desenvolvimento paralelo, na maior parte dos estabelecimentos, de dispositivos de individualização dos percursos de formação – por mais diversos que sejam em suas modalidades –, o balanço global será ínfimo: disporemos de alguns locais privilegiados, de algumas experiências-piloto, de alguns motivos para não nos sentirmos culpados. E daí?

Isso coloca o problema da articulação de políticas nacionais (ou regionais) de luta contra o fracasso escolar e de dinâmicas de mudança no âmbito dos estabelecimentos e dos professores, considerados individualmente ou em equipes pedagógicas. Não posso esperar resolvê-lo, nem mesmo colocá-lo aqui. Apenas posso tentar analisar as variáveis mutáveis, assim como as resistências, nos diversos níveis do sistema. Distinguirei três níveis:

1. O nível do *sistema de ensino*, nacional ou regional, e suas direções gerais dos ensinos fundamental, médio, etc. Nesse nível, decidem-se as leis sobre a edudação pública, a orientação geral das políticas educacionais (com suas incidências orçamentárias), as medidas de descentralização, a gestão do mapa escolar, as estruturas globais do ensino (cursos, especializações), os diplomas, os programas, a divisão do trabalho entre estabelecimentos. Nesse nível, também se elaboram as formas de gestão local, de inovação, de resolução de problemas, de formação contínua, que são recursos impostos ou propostos aos estabelecimentos e aos professores. Todos esses parâmetros, mesmo quando não estão organizados de maneira centralizada, subjazem à individualização dos percursos de formação, tornando-a possível e limitando-a ao mesmo tempo.

2. O nível do *estabelecimento*, escala em que a individualização dos percursos encarna-se concretamente e, em parte, decide-se, sobretudo em um sistema descentralizado. Nesse nível, institui-se o encontro regular entre professores e alunos nas classes, os grupos de nível, os cursos de especialização, as oficinas, as áreas abertas ou qualquer outro modo de trabalho.

3. O nível das *interações didáticas*. Em uma estrutura escolar tradicional, tal nível poderia ser assimilado ao da sala de aula. Porém, a

individualização dos percursos de formação muitas vezes passa por uma ruptura com as formas clássicas de organização, de divisão do trabalho entre professores e de agrupamento dos alunos. Em última análise, a organização reúne, por determinados períodos, um certo número de alunos e de professores, entre os quais são negociadas situações didáticas e modalidades de trabalho e de avaliação. Também nesse nível, a individualização dos percursos é possível, embora seja mais tênue, menos estável e menos visível que no nível do sistema de ensino ou de estabelecimento.

Evidentemente, esses três níveis não dão conta da complexa realidade das organizações escolares modernas, caracterizada pela multiplicação dos níveis e dos atores coletivos institucionais, que conduzem sua própria política (Perrenoud e Montandon, 1988). No entanto, nesse estágio da análise, a distinção bastará. Em cada um desses níveis, tentarei identificar:

– por um lado, os *medos a superar* para aplicar os itinerários individualizados;

– por outro, as *habilidades a construir* se pretendemos dominar as dificuldades que surgem quando adotamos esse caminho.

É claro que, na prática, a antecipação das dificuldades a serem superadas pode alimentar os medos, e estes últimos não são obstáculos dos quais podemos nos desvencilhar de uma vez por todas: os conservadores lideram combates na retaguarda e as dificuldades provocadas pela mudança, muitas vezes, ressuscitam os medos iniciais. A atribuição de um medo ou de uma habilidade a este ou àquele nível às vezes é arbitrária, porque encontramos processos semelhantes – por exemplo, o medo da complexidade – em todos os níveis e porque os níveis superiores supostamente devem compreender, antecipar e ajustar os processos de mudança aos níveis inferiores: os medos de uns podem tornar-se as preocupações de outros. O quadro que apresentamos a seguir tem apenas um valor indicativo.

Retomemos, para cada nível, cada um dos medos a superar e cada uma das habilidades a desenvolver. Com certeza, somente posso indicar algumas pistas; seria preciso que me detivesse longamente em cada ponto e desses numerosos exemplos. Aqui, porém, o mais importante é a visão de conjunto.

NÍVEIS	MEDOS A SUPERAR	HABILIDADES A CONSTRUIR
Sistema de ensino	• Medo da igualdade • Medo de perder as vantagens adquiridas • Medo de perder o controle do sistema • Medo de minar a unidade republicana	• Controle dos fenômenos de concorrência • Controle das racionalidades desiguais • Controle das derivações da autonomia • Controle da diversificação das formas de excelência
Estabelecimento	• Medo da complexidade • Medo das diferenças • Medo dos conflitos • Medo do poder e das responsabilidades	• Controle da regulação contínua dos dispositivos • Controle das pressões externas • Controle das dinâmicas de colaboração entre os professores • Controle das estratégias dos atores da organização
Interações didáticas	• Medo de perder sua inocência • Medo de perder seu prazer • Medo de perder sua liberdade • Medo de perder suas certezas • Medo de perder sua tranqüilidade • Medo de perder seu poder	• Controle do contrato didático e das estratégias dos usuários • Controle da regulação das aprendizagens • Controle das contradições entre pedagogias ativas e diferenciação

Quadro 5.2 – Visão de conjunto dos medos e das habilidades, em três níveis

OS OBSTÁCULOS NO NÍVEL DO SISTEMA DE ENSINO

As políticas educacionais regem a lógica geral dos percursos de formação oferecidos pelo "sistema" e, notadamente, a natureza e a amplitude das desigualdades de formação que caracterizam as sucessivas gerações. Nesse nível, assim como em outros, os indivíduos têm estratégias e mecanismos pessoais. Abordaremos aqui os medos dos atores coletivos, que desempenham um papel decisivo nas "políticas de individualização" no nível do sistema.

Medos a superar

Distinguirei quatro: medo da igualdade, medo de perder as vantagens adquiridas, medo de perder o controle do sistema e medo de minar a unidade republicana.

Medo da igualdade

Na perspectiva aqui adotada, a individualização dos percursos de formação é uma estratégia de democratização do ensino. Portanto, ela terá de enfrentar todos aqueles que pensam que a desigualdade protege seus privilégios de classe, assim como aqueles que, considerando que a desigualdade faz parte da ordem das coisas, não vêem por que as coletividades públicas gastariam fortunas para lutar contra a fatalidade. Os debates dos anos 70 sobre a reprodução descartaram a tese do complô, mostrando que os mecanismos da herança cultural e da reprodução das hierarquias em parte funcionavam sem o conhecimento dos atores, em especial dos professores. Ocorre que a análise de Bourdieu e Passeron, assim como de alguns outros, nos fez perder toda a inocência: hoje em dia, sabemos que as políticas da educação voluntarista podem neutralizar parcialmente os mecanismos que fabricam o fracasso escolar e as desigualdades. Ainda deve haver uma vontade política coerente, constante, a longo prazo, acompanhada de recursos orçamentários à medida das ambições. Vemos que essa não é a situação geral, mesmo nos países desenvolvidos.

Nesse sentido, estamos diante de uma conjuntura bastante contraditória: o fim do comunismo afetou as ideologias igualitárias e, ao mesmo tempo, obrigou ou obrigará os países capitalistas desenvolvidos a encontrar novos mecanismos de regulação. Quanto mais avançamos no tempo, mais se torna claro que é um contra-senso ajustar o nível de educação das novas gerações às qualificações *atualmente* exigidas pela economia, porque as transformações tecnológicas exigem uma mobilidade e uma polivalência crescentes e porque a complexidade jurídica, cultural, científica e técnica das sociedades modernas cria necessidades de formação que superam, e muito, a qualificação profissional *stricto sensu*.

A essas tendências de fundo adicionam-se os ciclos de conjunturas, a crise das finanças públicas, a reconstrução da Europa, os novos equilíbrios planetários, todas elas dinâmicas que geram incerteza entre as relações de força. Com exceção das sociedades mais imóveis e mais conservadoras, torna-se difícil identificar dois campos bem delimitados: se quiser levar 80% de uma geração ao nível do *baccalauréat*, nenhuma sociedade poderá desenvolver a economia de uma forma e a individualização dos percursos de formação de uma outra, sejam quais forem as forças políticas no poder. Entre essa evidência e as flutuações conjunturais das políticas educacionais, ainda há lugar para muitas incertezas, pois as classes no poder continuam divididas entre os imperativos da modernização e a defesa de seus privilégios.

Medo de perder as vantagens adquiridas

Os sistemas escolares contemporâneos tornaram-se imensas burocracias, regidas por textos legais e estatutos, tanto para as pessoas quanto para os estabelecimentos. Cada um tem seus direitos e deveres, não pretendendo modificar sua situação sem a devida compensação. Ora, a individualização dos percursos de formação passa necessariamente por uma flexibilização das estruturas, pela recomposição de horários, espaços e recursos, por descompartimentações, por coordenações, aspectos que obrigam a tomar algumas liberdades com as atribuições do professor e os privilégios estatutários. Em um colégio ou uma escola profissionalizante, por exemplo, não se pode reconstruir módulos e itinerários de formação em função dos alunos, de suas necessidades e de suas demandas sem mudar um pouco os hábitos dos professores, sem convidá-los, ao menos durante uma etapa de transição, a fazer coisas para quais não são pagos e, eventualmente, a não fazer as coisas pelas quais são pagos, buscando novos equilíbrios.

Esses fenômenos manifestam-se, sobretudo, na escala local, na gestão dos estabelecimentos, mas principalmente no sistema centralizado. As fechaduras são em boa parte nacionais, pois é nessa escala que se decidem os estatutos da função pública, os títulos, as cargas de serviço, os privilégios que todos querem manter nas diversas etapas da inovação.

Medo de perder o controle do sistema

Poderíamos sonhar com uma individualização dos percursos de formação completamente pensada e decidida no centro do sistema, como aconteceu com os níveis, os graus de ensino e as opções nas reformas clássicas do ensino médio. Então, cada estabelecimento trabalharia conforme um esquema unificado, com alguns ajustes em função do número de professores e alunos e, eventualmente, da demanda local.

Esse sonho seria um pesadelo. Para partir para uma verdadeira diversificação dos percursos de formação, é preciso outorgar mais autonomia para as regiões e os estabelecimentos a fim de que possam pensar e organizar a individualização. No nível do ministério ou de uma direção geral, significa expor-se a deixar de controlar, mesmo no papel, os percursos propostos por um estabelecimento. Comprometidos com as estratégias de individualização dos percursos, os estabelecimentos não passariam seu tempo descrevendo o próprio funcionamento, o qual já teria mudado quando a informação chegasse ao ministério...

Portanto, todas as tentativas de individualização dos percursos de formação enfrentariam resistências clássicas na administração: medo de perder o controle renunciando à uniformidade, medo de cobrir e financiar "qualquer coisa", medo de confiar "cegamente", por falta de meios de avaliar e controlar o que ocorre nos estabelecimentos. Os maus espíritos poderiam alegar que, hoje em dia, a realidade não é muito diferente. Contudo a individualização sistemática dos percursos de formação obrigaria a renunciar à ficção de um sistema unificado, o que incitaria à invenção de novos modos de gestão administrativa, levando em conta mais os objetivos e os resultados que a observância de regras idênticas em todo o território.

Medo de minar a unidade republicana

Quando a escola é "única", temos a impressão de que ela é "democrática" ou, ao menos, que se fabricam desigualdades com relação à *mesma*

162 Philippe Perrenoud

cultura, às *mesmas* exigências, às *mesmas* condições de escolarização. É evidente que a diversificação das estruturas e dos itinerários de formação comporta um risco verdadeiro: embaralhar completamente as cartas, mascarar, por um tempo, as desigualdades sociais e as disparidades regionais e, ao fazer isso, permitir que elas se agravem.

Na mesma ordem de idéias, poderíamos recear um desgaste da unidade nacional se não fossem mantidos os valores e os conhecimentos comuns a todos os alunos que freqüentam a escola obrigatória. Esses temores não são absurdos, embora alguns levantem a bandeira da desordem para defender melhor os interesses particulares. É verdade que a diversificação das formas de excelência (Perrenoud, 1991d) pode levar bastante rapidamente a novas hierarquias. Nem todos os medos manifestam um conservadorismo desenfreado.

Habilidades a construir

Distinguirei quatro: controle dos fenômenos de competência, controle das racionalidades desiguais, controle das derivações da autonomia e controle da diversificação das formas de excelência.

Controle dos fenômenos de competência

Toda diversificação da formação reforça a identidade de consumidores prudentes nos usuários da escola, alunos e pais, os *consumidores de escola* de que fala Ballion (1977). Depois de caírem na *armadilha escolar* (Berthelot, 1983), os usuários tentam ampliar seu espaço de jogo, e toda diversificação do sistema escolar vai nesse sentido. Quanto maior o número de cursos especializados, quanto maior a autonomia dos estabelecimentos e sua oferta de formações de níveis e conteúdos variados, mais os pais se sentem responsáveis por fazer "a escolha correta" com relação a seus filhos.

Como a individualização dos percursos de formação obedece à lógica de responder a expectativas variadas, a necessidades diversas, as estratégias de consumidores prudentes não são totalmente negativas. No entanto, podem provocar imensos efeitos perversos, sobretudo porque as capacidades estratégicas dos consumidores aumentam as desigualdades de capital cultural escolarmente rentável. Em geral, as famílias mais favorecidas e os alunos que têm menos dificuldades é que descobrem primeiro o melhor uso do sistema, se preciso pervertendo ou desviando de sua função inicial os itinerários recentemente postos em prática.

Toda individualização do sistema de formação cria um *mercado* e choca-se com *estratégias de atores* que seguem sua própria racionalidade, preocupando-se muito pouco com a política global do sistema. Isso também acontece com os professores: no caso dos estabelecimentos e dos cursos especializados, nem tudo é equivalente do ponto de vista do conforto, do interesse, da dificuldade do trabalho. Todo aumento da diversidade do sistema cria ou reforça estratégias egoístas, que podem perverter as melhores intenções.

Controle das racionalidades desiguais

Podemos supor que a individualização dos percursos de formação insere-se em uma racionalidade igualitária no nível do sistema, mas não sabemos se o conjunto das regiões e dos estabelecimentos está pronto para abraçar esse ponto de vista. Para alguns, isso vai contra seu interesse. Podemos fazer um rápido paralelo com os transportes públicos ou a mídia: em geral, a diversificação é deficitária. O que interessa a uma companhia aérea ou às ferrovias são as linhas rentáveis. Um canal de televisão privilegia os programas que dão bons índices de audiência. As necessidades das minorias só são levadas em consideração em uma lógica de serviço público. A partir do momento em que os estabelecimentos são gerenciados como empresas, o que é parcialmente uma condição de sua autonomia, tendem a otimizar senão seus lucros, ao menos o balanço entre gastos e recursos. Assim, pode ser muito mais rentável concentrar-se em alguns itinerários de formação especializados ou de alto nível, esperando que os excluídos encontrem em outro lugar uma oferta que corresponda às suas necessidades. Se constituímos as regiões onde os estabelecimentos agem como atores coletivos, é possível esperar que eles tenham uma política educacional em sua escala, o que não vai necessariamente no sentido de uma política nacional (Grisay, 1988; Perrenoud e Montandon, 1988).

164 PHILIPPE PERRENOUD

Controle das derivações da autonomia

Se a diversificação dos itinerários de formação passa por uma crescente autonomia dos estabelecimentos, devemos aceitar os dois lados da moeda: por um lado, essa autonomia permitirá que parte dos estabelecimentos construa itinerários de formação e dispositivos didáticos mais flexíveis, mais inteligentes, mais adaptados à diversidade dos alunos e dos problemas; por outro, a mesma autonomia pode autorizar que parte dos estabelecimentos privilegie estruturas mais rígidas, conteúdos mais seletivos ou modos de organização mais anárquicos e, por isso, ineficazes. Evidentemente, a solução não é voltar à centralização, mas oferecer recursos e competências de gestão, de animação, de avaliação aos estabelecimentos que tiverem necessidade disso, além de proporcionar instrumentos de controle das aquisições e dos efeitos que não deixem a nenhum estabelecimento, a longo prazo, a liberdade de fazer qualquer tipo de coisa... Nesse ponto, é importante que a autonomia seja claramente definida como um meio de alcançar os objetivos de um serviço público, não como um direito de reconstituir feudalismos ou principados que escapam a qualquer controle.

Controle da diversificação das formas de excelência

Quando a diversificação dos percursos de formação toca os conteúdos, as habilidades visadas, a cultura à qual se acede, o problema da diversificação das formas de excelência fica mais grave. No papel, podemos tentar decretar a *equivalência* de conteúdos diferentes: equivalência em termos de dificuldades, de níveis, de interesses, de dignidade, de utilidade, etc. Tal equivalência voluntarista dificilmente resiste às hierarquias efetivas que os atores constroem. Em uma escola média, quando os cursos especializados de línguas modernas, 5 ou 10 anos após sua introdução, enviam um terço de seus alunos para os estudos longos, contra 80% nos cursos especializados de "línguas antigas", afirma-se que esses cursos são equivalentes e representam apenas orientações qualitativamente distintas, a realidade é outra: no espírito de cada um, esses cursos são hierarquizados e escolhe-se o latim não por se gostar das línguas antigas, mas porque é a melhor forma de ingresso, aquela que proporciona mais possibilidades de escolhas posteriores, inclusive a de estudar línguas modernas na universidade... O problema não é novo, porém todo acréscimo de diversificação nos itinerários de formação torna-o ainda mais complexo.

OS OBSTÁCULOS NO NÍVEL DO ESTABELECIMENTO

Nesse nível, não pensamos mais nos efeitos globais, mas nos custos e nas vantagens de outra organização da escala local, a de uma escola de ensino fundamental ou médio, eventualmente de um conjunto um pouco mais vasto (rede de estabelecimentos) ou um pouco mais restrito (equipe pedagógica em um estabelecimento).

Medos a superar

Distinguirei quatro: medo da complexidade, medo das diferenças, medo dos conflitos e medo das responsabilidades.

Medo da complexidade

Para a direção de um estabelecimento, é bastante tranqüilizador gerenciar um sistema estável de cursos, opções e níveis. De qualquer forma, devido às flutuações demográficas que afetam os efetivos de alunos e aos movimentos no corpo docente, a cada ano é preciso reconstruir um equilíbrio quantitativo e qualitativo, decidir sobre o número de classes em cada curso, o número e a qualificação dos professores necessários e a divisão de seu tempo entre diferentes classes e cursos. No ensino fundamental é mais simples; em todas as outras escolas, a gestão já é complexa, cada volta às aulas é uma incógnita, sobretudo em períodos de turbulências demográficas ou orçamentárias. Ora, a diversificação dos percursos de formação junta-se a essa complexidade, remetendo regularmente à profissão de um ano letivo ao outro, ou mesmo durante o ano letivo, mudando as próprias estruturas subjacentes ao agrupamento dos alunos e à divisão do trabalho entre os professores.

É normal que os responsáveis por "reunir regularmente professores e alunos" resistam à complexidade exigida pela diversificação e também pelo reajuste regular dos dispositivos didáticos e de percurso.

Medo das diferenças

Como mostram os trabalhos de Derouet (1985, 1988, 1992) sobre sociologia da educação, e mais amplamente os de Boltanski e Thévenot (1987, 1991), a eqüidade e a justiça são fatores de grande importância em todos os grupos e organizações. É o problema da proporcionalidade entre a tarefa e a formação exigida, entre a tarefa e o salário ou as outras vantagens materiais, entre a tarefa formal e suas condições reais de realização. É a mesma coisa ser professor em um colégio "podre" da periferia e em um colégio de prestígio do centro da cidade? É a mesma coisa ser professor de uma classe com 80% de alunos imigrados ou com apenas 10%?

Esses problemas não são novos, mas a individualização dos percursos de formação acentua-os e torna-os mais agudos na própria escala do estabelecimento. Suponhamos que, para individualizar os percursos, seja preciso reconstruir durante o ano alguns módulos, de modo que o horário dos professores não seja mais uma constante semanal, e que haja períodos nos quais estarão mais ocupados que em outros, em função dos projetos dos alunos, de um pedido, de fases mais ou menos intensivas de enquadramento ou de apoio pedagógico, etc. Nesse longo período, seria preciso encontrar os equilíbrios, uma certa *justiça*. Mas quais são os critérios pertinentes? É mais difícil trabalhar com três alunos, sem programa, ou com 20 seguindo um caminho? É mais confortável ter um horário regular, ou reconstruir seu emprego do tempo cada quinzena? É mais enriquecedor negociar o programa com os alunos, ou se proteger atrás de textos relativamente rígidos? Tudo depende das expectativas, dos valores, dos modos de vida dos professores. Por isso, temos de esperar que a individualização dos percursos multiplique os sentimentos de injustiça e obrigue a reconstruir equivalências e procedimentos de arbitragem.

Medo dos conflitos

Os sentimentos de injustiça são, é claro, uma fonte privilegiada de conflitos, mas também há outros. Em torno da diversificação dos percursos de formação, surge a questão da divisão dos recursos, dos espaços, do tempo, das tecnologias informáticas e audiovisuais, dos meios de documentação. Também é preciso reconstruir acertos e colaborações entre os professores, adaptar-se a condições de trabalho que mudam, a novos limites e objetivos, a outros alunos mais freqüentemente que no funcionamento tradicional das escolas de ensino fundamental ou médio. E, sobretudo, é preciso decidir continuamente, no sentido de manter ou de mudar os dispositivos. Cada decisão provoca um debate, um enfrentamento sobre questões ideológicas, pedagógicas ou administrativas, no qual alguns ganham e outros perdem. A flexibilidade das estruturas da formação tem esse preço: podemos compreender que isso assuste os professores e os responsáveis pelos estabelecimentos.

Medo do poder e das responsabilidades

Não pode haver individualização adaptada à realidade sem delegação de poder nos estabelecimentos e nas equipes pedagógicas. Isso muda fortemente os jogos habituais nos sistemas escolares. Em um sistema centralizado, cada um pode, todos os dias, denunciar o absurdo dos programas, dos horários, do uso dos espaços; trata-se, ao mesmo tempo, de uma constatação de impotência e de uma maneira cômoda de questionar as decisões tomadas por outros, no nível da direção do estabelecimento ou do ministério. Em um funbionamento mais descentralizado, em que todos os recursos estão sob o controle das equipes pedagógicas, cada um deve assumir mais responsabilidades. Não é possível procurar um bode expiatório. Surge, então, o medo bastante conhecido da liberdade e do poder, pois nós o associamos a riscos e responsabilidades.

Habilidades a construir

Distinguirei quatro: controle da regulação contínua dos dispositivos, controle das pressões externas, controle das dinâmicas de colaboração entre os professores e controle das estratégias dos atores da organização.

Controle da regulação contínua dos dispositivos

Não há nenhuma razão para se esperar que a individualização dos percursos de formação possa ser pensada "de uma vez por todas". É claro que existem regularidades na composição dos grupos de alunos e na história das aprendizagens durante o ano. Tanbém é claro que nem tudo deve ser reinventado constantemente. Mas uma individualização digna desse nome, se não impede de antecipar, de construir um cenário, deveria, em princípio, adaptar-se à realidade e, portanto, mudar as ofertas de formação e suas modalidades em função das necessidades.

Sem dúvida, essa lógica entrará em choque com a necessidade de estabilidade dos atores, sejam eles professores ou alunos. Na vida, profissional ou privada, às vezes fazemos coisas pressentindo que elas não são as mais inteligentes nem as mais eficazes, porque não temos coragem de questionar as soluções habituais, não temos coragem de lutar e não temos energia para colocar problemas fundamentais, voltar aos objetivos e avaliar lucidamente os sucessos e os fracassos.

Podemos imaginar, portanto, que uma escola que deu um grande passo rumo à individualização dos percursos de formação, acabando com os hábitos e os direitos adquiridos, tenha a tentação, bastante humana, de não querer instalar-se na mudança permanente. No entanto, essa é a única maneira de superar a usura dos dispositivos didáticos e dos itinerários disponíveis. Uma usura que se relaciona, simultaneamente, à evolução dos problemas e dos usuários à perda de eficácia inseparável do hábito. O apoio pedagógico foi e continua sendo uma boa idéia diante de certas dificuldades (Perrenoud, 1991b e c), mas quando passa a ser praticado sem reflexão, como um trabalho qualquer, perde suas virtudes essenciais. Além disso, uma parte das mudanças responde à necessidade de mudanças externas, como, por exemplo, a natureza variável da imigração e dos modos de vida familiares, porém outras respondem à necessidade de reconstruir regularmente a eficácia e o sentido das práticas, mesmo para encarar necessidades comuns.

Controle das pressões externas

Um estabelecimento não é uma ilha. Vive em uma comunidade urbana ou rural que nele investe recursos e expectativas. Tomemos um exemplo elementar: em alguns bairros, uma parte dos locais escolares é colocada à disposição de diversas associações, à noite ou aos fins de semana. Ora, os grupos de adultos que vêm ocupar a escola esperam encontrar uma organização convencional do espaço e do mobiliário ou, em caso contrário, podem surgir conflitos.

No outro extremo, há mecanismos que se referem à própria formação: a individualização dos percursos choca-se com as expectativas e as exigências de uma parcela dos pais, que tem demandas bem precisas para seus filhos, em termos de níveis e conteúdos. Esquematicamente, podemos dizer que todas as famílias cujos filhos têm uma boa atuação na escola possuem excelentes motivos para se contrapor às pedagogias diferenciadas e à individualização dos percursos, pois podem perder seus pontos de referência sem obter nada em troca.

Em algumas escolas, não só os pais de alunos, mas também os colegas de outros estabelecimentos ou os empregadores pressionam para manter as aquisições e os modos de organização tradicionais.

Nesse caso, o estabelecimento deve compor constantemente suas forças, o que impede, em alguns momentos, a aplicação de um projeto educativo coerente. Isso é o que costuma acontecer quando ele depende da boa vontade comunitária para administrar os locais, os horários ou aumentar o número de recursos tecnológicos.

Controle das dinâmicas de colaboração entre os professores

Diversificar os itinerários de formação significa romper com a divisão do trabalho pedagógico e pedir aos professores que trabalhem juntos mais regularmente e que cheguem a um acordo, não só sobre objetivos e conteúdos, mas sobre os modos de gestão das aprendizagens, os dispositivos didáticos, as formas de avaliação, de manutenção da ordem, de definição do contrato didático, etc. Mesmo os professores adeptos desse trabalho coletivo têm, no ano letivo ou em sua carreira (Huberman, 1989), fases de retiro, seja porque sua vida fora da escola absorve uma energia que não está mais disponível para funcionamentos negociados, ou porque estão amargurados, cansados do trabalho em equipe. Além disso, uma parte dos professores é totalmente refratária à colaboração, pois eles abraçaram essa profissão para ficar "tranqüilos" depois de fechar a porta de sua sala, para não ter de trabalhar com outros adultos, para ser "os únicos comandantes a bordo".

Os estabelecimentos que se comprometem com a diversificação dos percursos de formação nunca conseguem levar os refratários a um mínimo de colaboração espontânea, nem conseguem curar as mágoas e o desânimo daqueles que ainda acreditam nela...

Controle das estratégias dos atores da organização

A partir do momento em que, em um estabelecimento, cria-se um espaço de decisão coletiva, em que as estruturas não são mais determinadas de antemão, mas devem ser construídas, em que os conteúdos e os níveis de exigência são negociáveis em que os agrupamentos dos alunos podem ser feitos ou desfeitos, em que os caminhos didáticos são inventados ou suprimidos, é preciso esperar o confronto de todo tipo de lógicas com algumas totalmente estranhas à democratização do ensino. Para alguns, a democratização dos percursos de formação é a ocasião de assumir o poder; para outros, de acabar com a rotina; para outros, ainda, de abandonar disciplinas ou atividades que não apreciam ou dominam pouco, em prol de outras com as quais se sentem mais à vontade. Tudo isso é normal, não pode deixar de acontecer. Mas significa que a lógica da individualização terá de enfrentar permanentemente outras lógicas, ditas ou não-ditas, que podem limitá-la ou pervertê-la.

OS OBSTÁCULOS NO NÍVEL DAS INTERAÇÕES DIDÁTICAS

A individualização dos percursos de formação embaralha as estratégias dos atores e modifica concretamente as condições cotidianas de trabalho dos professores, assim como o contrato pedagógico que estabelecem com os alunos. Cada um sente que deverá reconstruir uma identidade, maneiras de delimitar seu território, de proteger sua autonomia, etc.

Medos a superar

Distinguirei seis: medo de perder sua inocência, medo de perder seu prazer, medo de perder sua liberdade, medo de perder suas certezas, medo de perder sua tranqüilidade e medo de perder seu poder. Esses temas são desenvolvidos um pouco mais amplamente na análise dos lutos exigidos pela diferenciação (Perrenoud, 1992a, Capítulo 4 desta obra).

Medo de perder sua inocência

Diversificar os percursos de formação significa, em parte, colocar o fracasso escolar e a desigualdade sob o controle dos estabelecimentos e das equipes pedagógicas. Trata-se de medir constantemente o que pode ser feito, mas que não consegue ser feito porque faltam recursos, imaginação, boa vontade ou consenso. É bastante cômodo pensar que não se pode fazer nada pelos alunos em dificuldades devido à estrutura, aos programas, à compartimentação dos graus e das classes, etc. A partir do momento em que é possível fazer algo, em que se tem domínio sobre variáveis que se modificam, a pessoa rapidamente se torna responsável se não fizer nada ou se se enganar.

Medo de perder seu prazer

Ensinar em um estabelecimento que pratica a diversificação de itinerários de formação significa, em parte, aceitar o exercício de outra profissão e a perda de alguns prazeres profissionais, sem estar certo de encontrar outros ao menos equivalentes. O prazer de se sentir no centro de um grupo fechado desaparece em um sistema de níveis, de opções e de módulos, por exemplo. O professor carismático cede seu lugar à pessoa-recurso, que visa a fazer funcionar dispositivos didáticos e itinerários, mais que a ministrar uma mensagem pedagógica brilhante.

Medo de perder sua liberdade

Se há diversificação dos percursos de formação, a interdependência dos professores aumenta. Eles deixam de ser "combatentes solitários" (Gather Thurler, 1993a e c), artesãos individualistas que dominam o conjunto da relação pedagógica quando trabalham com um grupo, em sua disciplina, e desinteressam-se do mesmo quando terminam a aula.

É difícil gerar um sistema de itinerários individualizados sem uma forte cooperação entre os professores, um trabalho de equipe, momentos de negociação, uma divisão do trabalho e especializações que não estão necessariamente ligadas aos recortes disciplinares, mas que podem ser concebidas para enfrentar alguns problemas ou para se encarregar de categorias particulares de alunos. Perde-se também uma parte da própria liberdade diante dos alunos. Em toda pedagogia diferenciada e em todas as formas de luta contra o fracasso escolar, é importante trabalhar prioritariamente com os alunos que têm necessidades, em vez de com aqueles que são mais cooperativos ou mais gratificantes como parceiros do jogo didático. No ensino tradicional, o professor não pode desinteressar-se completamente de alguns alunos, mas tem uma autonomia que lhe permite estabelecer com alguns uma relação mínima, estritamente profissional, e com outros uma relação privilegiada, mais rica, feita de cumplicidade e de prazer de se comunicar. A luta contra o fracasso escolar, de certo modo, põe fim a essa liberdade. Não que a interdite formalmente, mas é preciso priorizar as necessidades dos alunos, em vez das preferências pessoais. O apoio pedagógico ou as formas de diferenciação integradas na sala de aula não induzem às mesmas limitações que a diversificação dos percursos. Talvez esta última obrigue menos a um confronto com os alunos tomados individualmente, porém reparte os professores entre grupos que nem sempre eles teriam escolhido espontaneamente...

Medo de perder suas certezas

Em um curso estável, em um ensino relativamente frontal, nós nos acomodamos com as rotinas, sem mesmo tomar consciência da arbitrariedade e dos inconvenientes de um certo tipo de funcionamento, de contrato didático, de progressão no programa, de forma de avaliar. Quando nos dirigimos de maneira prioritária aos alunos em dificuldade, que resistem à ação pedagógica ou a questionam, somos forçosamente levados a duvidar tanto dos conteúdos quanto dos procedimentos de ensino. Quando tentamos enfrentar isso diversificando as situações didáticas e os percursos, não podemos ignorar a arbitrariedade de cada modo de trabalho, de cada agrupamento, de cada tipo de tarefas privilegiado neste ou naquele grupo. A diversificação dos percursos de formação e a diferenciação do ensino são acompanhadas de um grande número de incertezas pessoais e coletivas que, legitimamente, podem assustar.

Medo de perder sua tranqüilidade

As incertezas e as dúvidas também são motivo de perda da tranqüilidade interior. Porém, não há senão a tranqüilidade de espírito. Em um estabelecimento que diversifica os itinerários de formação e diferencia o ensino, nunca se cessa de reorganizar, de negociar os módulos, os recortes, os grupos, os modos de colaboração e de regulação. Em outros termos, o que nas escolas mais tradicionais passa por adquirido, pelo menos durante um ano letivo, às vezes por uma década, torna-se um conjunto de parâmetros que podem ser mudados de forma permanente, com tudo o que isso acarreta em matéria de tempo de concepção, de negociação, de aplicação e de avaliação de um determinado dispositivo.

É claro que também é um poder, um desafio, um prazer intelectual. Todavia, os que buscam no ensino apenas um ganha-pão, ou que não têm muita energia para investir em sua profissão devido à saúde, ou ainda os que estão em crise em sua vida pessoal ou têm outros compromissos, possuem motivos suficientes para hesitar quanto à adoção dos itinerários diversificados de formação. Inevitavelmente, isso complicará sua vida profissional os colocará diante de um certo número de problemas e de decisões que são deixados de lado nas escolas que funcionam de maneira rotineira, sem se preocupar muito com o fracasso escolar.

Medo de perder seu poder

Em uma escola que tenta diversificar os percursos de formação, o poder coletivo dos professores aumenta, mas cada um deles torna-se mais dependente dos outros, uma vez que ninguém pode decidir e colocar a diversificação em prática se estiver sozinho. Alguns professores podem ter a impressão de que, com esses dispositivos, "perderão o controle da situação": os alunos são confrontados com uma equipe pedagógica e, portanto, com uma diversidade de expectativas e de práticas; o emprego do tempo, as exigências, as modalidades de trabalho e de avaliação, o uso e o fechamento dos espaços devem ser negociados regularmente. Todos perdem poder.

Ora, alguns professores gostam desse poder. Talvez porque ele garanta um espaço de liberdade no qual podem investir sua criatividade pessoal, muitas vezes porque os protege, permite que não façam o que não gostam ou não sabem fazer, ajuda-os a concentrar suas forças na negociação com seu único parceiro "inevitável", os alunos, cada vez menos dóceis e disciplinados. Para muitos, o gosto pelo poder não é uma "vontade de ter poder", mas um mecanismo defensivo, que permite aos professores sobreviver, limitando a complexidade e as incertezas de seu ambiente.

Habilidades a construir

Distinguirei três: controle do contrato didático e das estratégias dos usuários, controle da regulação das aprendizagens e controle das contradições entre pedagogias ativas e diferenciação.

Controle do contrato didático e das estratégias dos usuários

Toda diversificação dos itinerários de formação modifica o espaço de jogo dos atores, tanto professores quanto alunos e suas famílias. Quando são aplicados dispositivos de apoio, de pedagogia diferenciada, de ensino *à la carte*, isso geralmente é feito para ajudar os alunos mais desfavorecidos. Podemos ter a ilusão de que eles agradecerão aos professores pelos esforços despendidos em sua intenção e que cooperarão. No entanto, a observação mostra que:

– por um lado, os alunos que têm interesse de cooperar (do ponto de vista dos professores) estão de longe de sempre compreender isso, em parte porque estão em um estado de ruptura com a escola depois de uma trajetória movimentada, em parte porque suas dificuldades nascem de uma resistência de longa data ao empreendimento educacional;

– por outro, os alunos mais favorecidos não permanecem inertes; suas famílias mobilizam-se para manter o nível e fazer com que os favorecidos continuem sendo favorecidos; há estratégias de retirada, de pressão, de suspeita que obrigam a equipe pedagógica e o estabelecimento a tranqüilizar, a se comprometer para não entrar em conflito com os bons alunos e seus pais, mesmo que seja por uma boa causa.

Mais globalmente, todo dispositivo de formação oferece possibilidades que os atores utilizarão em benefício próprio, se necessário pervertendo ou mudando o rumo dos funcionamentos em seu proveito. Assim, uma parte das estruturas mais bem pensadas rapidamente se torna ineficaz, devido aos interesses de outros atores.

Controle da regulação das aprendizagens

A diversificação dos itinerários de formação e a diferenciação do ensino estão baseadas na hipótese de que, a qualquer momento, é possível identificar as dificuldades dos aprendizes e saber o que mais convém a cada um deles. Eis uma aposta imensamente positiva no conhecimento didático e psicopedagógico disponível! Em alguns domínios do currículo, o pensamento dialético e os instrumentos de observação e de regulação ainda são de uma pobreza considerável. Mesmo nos campos em que a experiência e a pesquisa oferecem elementos de resposta, ainda temos dúvidas cruéis. Em se tratando de aprendizagens consideradas fundamentais, como a leitura, as operações aritméticas e a produção de textos, estamos longe de compreender a diversidade dos modos de funcionamento e de aprendizagem, assim como de saber analisar os obstáculos, as dificuldades, os bloqueios e os erros para reorientar a ação educativa.

Portanto, é preciso aceitar a idéia de que uma parte da energia investida na diferenciação do ensino e na individualização dos percursos será gasta em pura perda, pois as decisões serão tomadas com base em intuições ou análises errôneas (Perrenoud, 1991e). A isso se acrescenta a dificuldade de avaliar a correção das decisões de orientação ou de aplicação e de remetê-las ao ofício. Todo sistema complexo tem uma inércia considerável, relacionada especialmente aos limites da energia, da competência e da boa vontade dos atores.

Controle das contradições entre pedagogias ativas e diferenciação

Todo sistema de individualização dos percursos de formação, de diferenciação das situações didáticas e de encaminhamentos pedagógicos leva a uma *lógica de gestão*, avatar daquela que, em certas épocas, encarnou-se, de forma caricatural, no ensino programado ou nas pedagogias por objetivos. E isto é bastante normal: uma parte da energia é investida na regulação das aprendizagens e na orientação para outros módulos, outros cursos, outros níveis de estudos. A própria metáfora dos percursos sugere que se trata de regular a circulação, o "escoamento" dos fluxos dos alunos em um sistema mais complexo e mais movediço que o curso tradicional, o que implica mais decisões, controles e meios para saber exatamente quem faz o quê.

O excesso de individualização também pode levar a uma explosão dos grupos e a se considerar o aprendiz como um indivíduo que caminha em seu ritmo e conforme uma trajetória original em um sistema modular. O controle do sistema passa a apresentar, então, alguma semelhança com o trabalho dos controladores de vôo, que se encarregam de um certo número de vôos... Essas características estruturais podem ter fortes incidências sobre o contrato pedagógico e o sentido do trabalho escolar. Elas podem alterar a relação professor-alunos, acabar com o tempo e o espaço, multiplicar os interlocutores e as mudanças. Ora, em parte, as pedagogias ativas, as pedagogias cooperativas e as pedagogias do projeto constroem o sentido da continuidade, da identificação com um grupo, do envolvimento em uma ação.

É preciso encarar uma contradição sempre possível entre a lógica da diferenciação e a das pedagogias ativas (Meirieu, 1988; Perrenoud, 1985c, Capítulo 3 desta obra). Embora com freqüência sejam os mesmos militantes, os mesmos inovadores que reivindicam as duas correntes, a lucidez obriga a reconhecer que, se a contradição não for ideológica nem teórica, pode ser prática, no nível da relação pedagógica, do uso do tempo, da natureza das tarefas, da divisão do poder, etc.

DEVEMOS NOS DESESPERAR?

Essa acumulação de medos a superar e de habilidades a construir, no nível do sistema, do estabelecimento ou das interações didáticas, evidentemente corre o risco de desestimular o mais entusiasta dos inovadores. Essa não é minha intenção. Nenhum dos obstáculos analisados parece-me definitivamente intransponível. Desde que não se caia no pensamento mágico e acredite-se que se conseguirá individualizar os percursos de formação e diferenciar o ensino sem antecipar e superar todos os tipos de resistências que não são, de forma alguma, irracionais, que não refletem o egoísmo, o conservadorismo nem a burrice dos atores ou das organizações, mas simplesmente sua diversidade, suas ambivalências, suas hesitações bastante compreensíveis entre as certezas do *status quo* e os riscos da mudança.

Na educação, os inovadores tendem a apelar para "o bem da criança" como principal motor de mudança, com as desilusões que todos conhecemos. Parece-me que a análise fria das resistências, embora possa esmorecer alguns entusiasmos, é a única maneira de sair da alternância entre momentos de utopia e de depressão. A individualização dos percursos de formação não é um empreendimento fácil, e a aplicação de um dispositivo não passa de um começo; o essencial virá com o tempo, com a capacidade de reavaliar e de remanejar as estruturas criadas. Portanto, precisamos de tempo, não podemos ser prisioneiros de políticas ou de reformas dependentes de um ministro ou de uma conjuntura. Daí a importância de documentar tentativas e erros, de analisar os erros, de transmitir as estratégias eficazes, assim como as outras, para constituir pouco a pouco um corpo de saberes e de *savoir-faire* sobre a própria inovação (Gather Thurler, 1993a; Gather Thurler e Perrenoud, 1991).

Nota

[1] Publicado em E. Bauthier, J. Berbaum e Ph. Meirieu (ed.), *Individualiser les parcours de formation*, Lyon, Association des enseignants-chercheurs en sciences de l'éducation (AESCE), 1993, p. 145-182.

Ciclos pedagógicos e projetos escolares: é fácil dizer![1]

6

Em 1991, o Ministério da Educação da França definiu uma *Nouvelle Politique pour l'École* (NPE), reorganizando a escolaridade primária em três ciclos pedagógicos: primeiras aprendizagens (dos 2-3 aos 4-5 anos), aprendizagens fundamentais (dos 5-6 aos 7-8 anos) e aprofundamentos (dos 8-9 aos 10-11 anos). A NEP indica três objetivos principais: continuidade das aprendizagens, flexibilidade na organização do ensino e coerência no âmbito de cada escola. Incita a romper com a estruturação do curso em programas anuais, a enfatizar a construção contínua de competências-chave, através das atividades disciplinares e das situações didáticas que desenvolvam competências transversais. Nesse tipo de organização, a repetência não tem razão de ser, cada criança progride em seu próprio ritmo ou, em caso de necessidade, percorrendo um ciclo em dois ou quatro anos, de preferência segundo um percurso individualizado que lhe permita progredir diversamente conforme os domínios.

Os textos que definem a NPE acentuam os corolários dessa reforma: negociação entre os ciclos e no interior de cada um, trabalho em equipe, projetos escolares, colaboração com os pais e as coletividades locais. Eles prevêem modalidades diversas e descentralizadas dos ciclos em termos de horários, de divisões disciplinares e de agrupamento dos alunos.

Em suma, não falta nada! A NPE mobiliza quase todas as propostas dos movimentos pedagógicos inovadores e da pesquisa educacional no sentido das pedagogias ativas e diferenciadas, do trabalho em grupo e por projetos. No entanto, na prática, será que é tão simples assim? É suficiente introduzir a possibilidade estrutural de uma pedagogia diferenciada para que ela logo se realize? A NPE, evidentemente, representa um progresso, desde que seja considerada um *primeiro passo*, uma decisão que, superando obstáculos, se envolve em um processo de tateio e de pesquisa a longo prazo. A NPE só pode levar a soluções realmente novas se reconhecer os *verdadeiros obstáculos*: didáticas, modos de ensino, formas de avaliação, formações, modos de pensamento pouco favoráveis à diferenciação e, sobretudo, identidades, hábitos de trabalho, aspirações e temores pouco propícios à cooperação, ao trabalho de equipe, à gestão de projetos. Será que é preciso, em primeiro lugar, jogar pedras nos professores e professoras, culpados de não saber aproveitar imediatamente a ocasião histórica de dar um grande salto para a frente? Seria melhor aceitar a imensa dificuldade da tarefa, compreender que ela envolve uma mudança do ofício e do funcionamento das escolas.

VIVER UMA ÉPOCA FORMIDÁVEL!

É bastante cômodo dizer: *Não podemos fazer nada conservando as estruturas que não foram concebidas para a diferenciação do ensino!* A NPE priva desse pretexto, salvo se as estruturas aplicadas pela esquerda fossem desfeitas por meio da alternância. Mas isso não é muito provável. Foi-se o tempo em que a classe dominante tinha como interesse vital limitar o acesso aos estudos longos. A sociedade mudou, o fracasso escolar é um entrave para o desenvolvimento econômico. Por outro lado, nas sociedades pluralistas, os governos, seja qual for sua cor, têm uma margem de manobra muito estreita, entre os limites do mercado e os movimentos sociais. Os ciclos pedagógicos não são mais uma "idéia de esquerda". Eles correspondem à preocupação de formar o maior número possível de crianças e de adolescentes para uma sociedade complexa, planetária, móvel, instalada em um desemprego estrutural, marcada por movimentos populacionais sem precedente na história, por recomposições imprevisíveis dos Estados, por evoluções tecnológicas que rapidamente tornam obsoletas as qualificações básicas, por novos conflitos confessionais, culturais, ideológicos. Neste mundo, a formação não é mais um sonho da esquerda nem um investimento da direita, mas uma necessidade para a sobrevivência.

Então, a peteca agora caiu nas mãos do pessoal da escola. É claro que quem tiver necessidade disso, como sempre, terá motivos para não mudar: textos contraditórios, meios inadequados, uma hierarquia que nem sempre é capaz de favorecer a mudança, conjunturas políticas instáveis. Quem não precisa desses pretextos considera a criação dos ciclos pedagógicos uma possibilidade estrutural – nem mais, nem menos – de transformar, enfim, a escolaridade fundamental no sentido de uma formação mais completa, mais sólida e menos desigual.

A individualização dos percursos: retorno às origens

Os ciclos pedagógicos valem apenas pelo seu potencial de individualização dos percursos de formação. Desde o início do século XX, falava-se de individualização do ensino. A expressão evoca uma espécie de tutoria pessoal de cada um, pouco realista em uma escola de massa, que daria as costas à interação entre aprendizes como motor da formação. Mais tarde, falou-se da pedagogia diferenciada (Legrand, 1976; Meirieu, 1990). Nem todas as crianças aprendem no mesmo ritmo, da mesma forma, com os mesmos recursos. Portanto, é absurdo colocá-las constantemente diante de tarefas e exigências idênticas, sob o pretexto de que têm a mesma idade ou pertencem ao mesmo grupo-classe.

A individualização dos percursos de formação (Bauthier, Berbaum e Meirieu, 1993) vai mais longe no caminho da diferenciação. Naturalmente, exige uma ruptura radical com o ensino frontal e obriga a uma maior centralização na pessoa do aprendiz – trata-se do seu percurso – não só em cada situação de aprendizagem, como sugere a didática moderna, mas a longo prazo, para levar em conta sua história de vida educativa, sua caminhada ao longo dos anos. A individualização dos percursos de formação exige um dispositivo de regulação que ultrapasse qualquer situação didática e até mesmo o contexto do ano letivo. Por fim, os ciclos pedagógicos oferecem esta possibilidade: gerenciar as caminhadas durante vários anos. Passar ao lado dessa *continuidade*, limitar-se à sucessão de pedagogias não-negociadas, por mais diferenciadas que sejam, seria andar na contramão da história!

Medos a superar e habilidades a construir

Isso não será simples, nem mesmo "razoavelmente complicado". Será *complexo*, no sentido utilizado por Morin (1977): *a complexidade está na base*, temos de conviver com ela, domesticá-la. Ela reside nas ambivalências, nas diferenças e nas tensões dos sujeitos, de seus projetos, de sua relação com os saberes, de suas relações mútuas. Com um bom modelo teórico e ferramentas de gestão apropriadas, um engenheiro pode dirigir diversos processos paralelos. Da mesma forma, uma equipe de controladores de vôo pode guiar centenas de aparelhos que se aproximam ou se afastam de um aeroporto. A conjugação de recursos – a informática, os dispositivos de segurança, um espírito de decisão em caso de urgência – permite gerenciar uma imensa diversidade caminhadas materiais. O mesmo não acontece com as caminhadas intelectuais, afetivas, relacionais, pois a tomada de informação, a decisão, a intervenção operam sobre e passam por serem humanos que, em cada época, procuram compreender, interpretam as regras à sua maneira, tomam iniciativas, negociam, fazem alianças, iniciam conflitos, criam estratégias em função de múltiplas lógicas.

Um sistema que subordinasse completamente os seres humanos à tecnologia poderia – por um tempo – controlar, de maneira centralizada, a coordenação de múltiplos processos paralelos. Na escola, a gestão de percursos de formação individualizados não pode estar calcada nesse modelo; ela é necessariamente *descentralizada*, pois passa pela adesão, pela imaginação, pela negociação e pela cooperação das organizações e das pessoas. Isso não acontece sem medos a superar, sem habilidades a construir. Já tentei (Perrenoud, 1993b, Capítulo 5 *desta obra*) esquematizar esse quadro, *em três níveis*:

- o nível do sistema educativo ou de vastos subconjuntos, como o ensino fundamental em uma região;
- o nível dos estabelecimentos, das escolas como unidades de gestão e de projeto;
- o nível das interações didáticas, isto é, da relação professor-alunos no cotidiano, assim como das equipes pedagógicas.

Evidentemente, os medos estão ligados a uma ausência de controle, real ou imaginária. Assim, um diretor de estabelecimento pode temer ser confrontado com problemas de eqüidade que ultrapassem suas competências e mesmo sua legitimidade, porque o funcionamento em ciclos pedagógicos subverte a divisão do trabalho entre os professores. Enquanto durar esse medo, ele se oporá, aberta ou sutilmente, a qualquer ruptura importante com a igualdade formal que prevalece nas organizações escolares: a diplomas e *status* equivalentes, ao mesmo número de horas e de cargas para todos, não por ser essa a fórmula mais apropriada, nem a mais eqüitativa – se aprofundarmos um pouco, veremos que ela oculta inúmeras desigualdades –, mas porque autoriza a dar uma resposta burocrática à questão da justiça (Perrenoud, 1993b).

Construir habilidade é quase sempre superar um medo. Porém, mais globalmente, também é adquirir novos saberes e *savoir-faire* para enfrentar a complexidade. Não posso aqui examinar em detalhe todos os medos a superar e todas as habilidades a construir para fazer dos ciclos pedagógicos um instrumento convincente de individualização dos percursos de formação. Eu me deterei em alguns aspectos importantes:

1. Enriquecer sua caixa de ferramentas.
2. Aprender a trabalhar em conjunto.
3. Trabalhar consigo mesmo.

Aqui me importa mais a visão de conjunto que o detalhe. Sem um enfoque sistêmico da mudança, será impossível progredir: para que aperfeiçoar as ferramentas se a cooperação profissional é tão dolorosa, se diversas pessoas permanecem isoladas ou fechadas?

ENRIQUECER SUA CAIXA DE FERRAMENTAS

A metáfora é pertinente se partimos da concepção da ferramenta como objeto material: nos ofícios humanos, as ferramentas são *instrumentos para efetuar um trabalho*. Entretanto, esses instrumentos são, em primeiro lugar, as próprias pessoas, sua compreensão do mundo, das finalidades, das limitações, das causalidades, sua identidade, sua coragem, sua formação, suas atitudes e suas idéias, no sentido mais amplo: saberes, representações, conceitos, esquemas ou métodos de trabalho. Essas ferramentas podem materializar-se em grades, em listas, em *softwares*, em procedimentos co-

184 PHILIPPE PERRENOUD

dificados, em objetos concretos, mas não passam de suportes de uma atividade simbólica e relacional complexa. Assim, nenhuma grade é útil se o usuário não compreender seu conteúdo e sua razão de ser, se não for capaz de interpretá-la e adaptá-la à situação; em suma, a verdadeira ferramenta é a pessoa.

Precisamos ter novas ferramentas, porque a NPE aumenta as possibilidades de ação. Em um grupo-classe e um ano de programa, as ferramentas de diferenciação são proporcionais às margens de manobra. Em uma caminhada de três anos, os ciclos pedagógicos exigem instrumentos mais ambiciosos.

Ferramentas de observação e de regulação

Para individualizar os percursos de formação, é preciso primeiro entender a caminhada de cada um, observar sua posição e trajetória, seu ritmo, sua forma de avançar ou as razões de um bloqueio de aprendizagens. Depois, convém reorientar o aprendiz para outras atividades, outros projetos, outros níveis, outro contrato didático. Observação e regulação não são duas etapas ou duas ações diferentes. Ao tentar compreender, muitas vezes é preciso jogar a isca de uma regulação: questionar o aprendiz, interessar-se por seu ambiente, intervir. Ao inverso, quando tentamos fazer algo é que compreendemos certas resistências, certos erros.

A observação e a regulação não são ferramentas básicas de toda ação educativa? Por que os ciclos impõem sua extensão? Simplesmente porque a formação dos professores é sob esse ângulo, bastante pobre. Não estou pensando aqui nos leitores assíduos de *Cahiers pédagogiques*, ou de obras sobre as pedagogias diferenciadas, a avaliação formadora ou formativa , a ajuda metodológica, as didáticas inovadoras. Penso nos professores que não fazem parte de movimentos pedagógicos, não lêem jornais profissionais nem livros de ciências da educação e freqüentam pouco a formação contínua. São eles – a maioria – que farão com que os ciclos sejam melhores ou piores. Para que sejam melhores, não poderão satisfazer-se com as ferramentas de observação formativa de que dispõem atualmente.

Ferramentas de transposição e de planejamento didáticos

Adotar os percursos individualizados é construir um curso "sob medida", favorecendo, assim, uma transposição didática original, senão para cada aluno, ao menos para cada família de aprendizes provisoriamente semelhantes do ponto de vista de seu nível, de suas necessidades ou de seu projeto de formação, de seu ritmo de progressão, de sua forma de se apropriar dos conhecimentos ou de construir as competências. O ensino programado dos anos 60 autorizava apenas, como seu nome indica, progressões individuais em uma rede de seqüências pensadas de antemão. Gerar percursos individualizados equivale a dar um passo a mais, construir caminhadas a partir das necessidades e das aquisições dos aprendizes, mais que empurrá-los rumo a itinerários balizados. A individualização não é um objetivo em si mesmo: quando uma determinada caminhada convém a diversos aprendizes, por que não aplicá-la a todos? As agências de viagem vêm propondo, há algum tempo, diversas fórmulas: viagens organizadas para aqueles que considerarem conveniente essa fórmula padronizada, percursos totalmente personalizados para aqueles que não viajam como todo mundo e, entre os dois métodos, fórmulas *à la carte* para aqueles que, sem optar por um percurso totalmente direcionado, dispõem-se a fazer um pedaço do caminho com outros companheiros.

Para aplicar o equivalente pedagógico, precisamos contar com novas ferramentas para pensar os objetivos, os conteúdos, as situações e as seqüências didáticas, as caminhadas individuais, seus pontos comuns e suas diferenças, e com outras ferramentas para orientar regularmente os aprendizes rumo a outros níveis, outros grupos, outras atividades. A força dos agrupamentos estáveis está no fato de que as decisões de orientação são tomadas uma vez por ano, com base em um balanço global. Nos ciclos pedagógicos, é preciso aprender a multiplicar os grupos de níveis, de necessidades, de projetos, a recompô-los, a fazer com que os alunos circulem de um para o outro.

Ferramentas de gestão de classe e de projetos

Assim, os professores co-responsáveis por um ciclo deparam-se com uma grande complexidade; é compreensível que ela os assuste, pois não

186 PHILIPPE PERRENOUD

dispõem de instituições internas capazes de pôr ordem e regularidade naquilo que pode parecer, à primeira vista, um imenso caos. a situação do pessoal da escola assemelha-se à do chefe de uma estação que vê os trens aproximarem-se de uma estação cuja planta ainda não foi traçada. Como escapar dos fantasmas de colisões e de confusão? Os pedagogos estão em uma situação ainda pior: o chefe da estação pode contar com modelos transponíveis: sua estação será parecida com outras, não será preciso reinventar os trilhos, nem as plataformas, nem os sinais. Todos esses elementos de gestão do tráfego são conhecidos, testados, transportáveis e adaptáveis a vários ambientes. Quais são os materiais equivalentes para construir um ciclo pedagógico? De modo geral, ainda têm de ser inventados. Faltam, ao mesmo tempo, os conceitos, a linguagem e os modelos culturais compartilhados de gestão de classe e de projetos para três anos de escolaridade. Quantos motivos para ter medo!

Ferramentas de comunicação e de negociação

A observação e a regulação passam pela comunicação pedagógica clássica entre professores e aprendizes. Todavia os elementos anteriores mostram que não se trata apenas de comunicar algo sobre as tarefas e os processos de aprendizagem, mas também sobre os objetivos, o contrato didático, os projetos, os modos de organização, de decisão, de planejamento, tanto entre os professores quanto entre os alunos e seus pais.

Trata-se de comunicar para explicar, bem como para encontrar compromissos entre os atores, entre os limites, entre as urgências do cotidiano e os objetivos a longo prazo. Daí a importância de uma crescente capacidade de negociação, o que veremos mais especificamente quando falarmos do trabalho em equipe e do projeto escolar.

APRENDER A TRABALHAR EM CONJUNTO

Nas estruturas convencionais do ensino fundamental, ainda podemos conservar a ilusão de que cada um é um "combatente solitário", quase um artesão autônomo, que pode coexistir pacificamente com seus colegas, evitando falar de pedagogia, ou praticando alguns intercâmbios de material. Em um ciclo, esse individualismo temperado com sofrimento, infelizmente, permanece possível. Se não se souber fazer nada melhor ou se não se tiver coragem para isso, pode-se recriar níveis e classes, extrair a nova estrutura dos antigos compartimentos. A força de uma estrutura aberta também é seu ponto fraco: ela autoriza e estimula as interpelações locais, confia no gênio próprio das escolas e das equipes. Nas escolas cheias de professores que não têm vontade ou que têm medo de trabalhar em conjunto, quando as equipes existem apenas no papel, a estrutura permite colocar o vinho velho em um odre novo, salvaguardando as aparências, apresentando alguns sinais exteriores de renovação e de cooperação.

Melhor que jogar pedras nos professores tentados por essa regressão seria reconhecer que o trabalho em equipe é extremamente difícil e também que negociar e dar vida a um projeto escolar são desafios para as organizações escolares.

Viver em equipe pedagógica

Em outra obra (Perrenoud, 1993f, 1994d), fiz uma distinção entre:

– as pseudo-equipes, que são constituídas para compartilhar um crédito ou espaços suplementares, as forças de um professor de suporte ou de um especialista, em suma, para fazer um arranjo interessante;

– as equipes *latu sensu*, que se limitam a intercâmbios sobre as idéias ou as práticas de cada um; para os membros, a equipe é um ambiente estimulante, que dá idéias, coragem, vontade, pistas concretas, ajuda;

– as equipes *stricto sensu*, que, para além dos arranjos materiais ou das práticas de intercâmbio, são formadas por pessoas que realmente agem em conjunto, constituem-se em um sistema de ação coletivo, cada uma delas renunciando voluntariamente (e sem ambivalência) a uma parte de sua autonomia.

Entre estas últimas, ainda faço distinção entre as equipes pedagógicas que coordenam práticas, cada uma delas conservando o domínio de *seus* alunos, e aquelas cujos membros compartilham coletivamente a responsabilidade pelos mesmos alunos. O ideal seria que os professores que ensinam no mesmo ciclo pedagógico progressivamente se aproximassem deste último caso: os alunos que freqüentassem o ciclo tornar-se-iam alunos de todos, os professores sentir-se-iam coletivamente responsáveis e assumiriam em conjunto tudo o que fosse feito nessa intenção. Da pseudo-equipe instaurada pelos textos oficiais a essa verdadeira equipe, o caminho é longo e difícil. Além das resistências bastante racionais a um trabalho de equipe tão exigente (perda de tempo, indefinição na partilha das responsabilidades didáticas, perda de uma parte de identidade no trabalho), é preciso também contar com o medo do outro, de seu olhar, de seu julgamento, de seu poder, o medo do conflito, o medo de perder o controle da relação pedagógica. Para assumir em equipe a gestão de um ciclo pedagógico, é preciso aprender a superar esses obstáculos. E, antes de mais nada, a recusar-se a negá-los ou a projetá-los no outro!

Negociar um projeto de escola

Não é suficiente se entender bem em uma verdadeira equipe. A NPE prega a continuidade entre os ciclos, o que pressupõe uma coerência e uma forte identidade da escola em seu conjunto. Por isso, parece legítimo relacionar trabalho em ciclos e projeto de escola. Mas, nesse caso, o bom senso estaria em reconhecer que um projeto de escola não se decreta. Os professores só se comprometem se tal projeto foi devidamente negociado entre eles e levou em conta suas aspirações e seus temores. Um projeto de estabelecimento não passa de uma ficção se não estiver ancorado em uma *cultura de cooperação*, em um modo de relações profissionais que autorize e estimule a comunicação entre os professores, a partilha dos êxitos e dos fracassos, as perguntas e as respostas (Gather Thurler, 1993a e b).

Se tal cultura não existe, é capaz de se desenvolver no momento da introdução dos ciclos? Podemos imaginar que esse é o momento menos oportuno: a organização em ciclos coloca certos professores diante de um desafio que não está à sua altura e, por isso, favorece um recuo em relação ao individualismo ou à balcanização da escola. Para prevenir esse risco, é importante oferecer aos professores envolvidos nessa aventura um verdadeiro suporte, recursos e modelos para construir outra cultura profissional.

A mais longo prazo, o pleno uso dos ciclos pedagógicos passa pela crescente profissionalização do ofício de professor (Meirieu, 1989; Perrenoud, 1994b).

TRABALHAR CONSIGO MESMO

Em última instância, a mudança tecnológica reflete-se na pessoa do professor. Podemos conceber isso de uma perspectiva voluntarista: cada um teria de "assumir sua parte", fazer calar seus medos, suas dúvidas, suas frustrações, suas rejeições. Trabalhar consigo mesmo é algo diferente: não censurar bravamente seus estados de ânimo, escutá-los, analisá-los para compreender melhor e por vezes ultrapassar aquilo que impede a adoção de novas práticas, de novos saberes, um novo olhar sobre os alunos ou os colegas. Trabalhar consigo mesmo não equivale a se fechar, a trabalhar na solidão. Para avaliar, não há nada melhor que enfrentar os outros, diferentes e semelhantes, em um clima de confiança e de escuta em formação contínua, em equipe ou nos momentos informais da vida do estabelecimento.

Trabalhar seus medos

Quem nunca sentiu medo nessa profissão? Medo dos alunos, dos pais, dos colegas, da hierarquia, dos programas, da formação contínua, da mudança? Medo de perder o controle, de se enganar gravemente, de se entediar, de não estar à altura? Entretanto, ninguém fala de seus medos. Por... medo de ser ridículo, de se desnudar, de mostrar sua fragilidade, de dar armas aos seus adversários (Cifali, 1994). Ora, os ciclos reforçam esses medos, pois constituem um "novo início" na carreira docente.

Trabalhar seus prazeres

O tabu relacionado aos prazeres é quase tão grande quanto o anterior. No entanto, em uma profissão humanista, ele pode estar presente, ser adequado, eficaz, tranqüilizador, incitante todos os dias e todos os instantes. Uma parte da resistência aos ciclos refere-se ao fato de que eles privam de seus prazeres imediatos, professores incapazes não só de reivindicar seus antigos prazeres, considerados inconfessáveis – o prazer de ser o único chefe a bordo – ou arcaicos – o prazer de ser o maestro da orquestra, a estrela diante dos alunos –, mas também incapazes de construir outros.

Ninguém pode definir novos prazeres profissionais no lugar dos interessados. Trabalhar com os prazeres não é adotar uma nova norma, mas indagar-se a respeito de que satisfações podem ser obtidas com essa profissão e se há outras, equivalentes, porém mais próximas do que envolve o trabalho em ciclos pedagógicos. Isso é recusar a utopia racionalista (Perrenoud, 1988a).

Trabalhar suas dúvidas e certezas

Em uma profissão impossível (Cifali, 1986, 1994), como não ser possuído pela dúvida? No entanto, a confissão da dúvida é, muitas vezes, vivida como um sinal de fraqueza no âmbito do ensino. Cada um mantém suas questões em segredo, impressionados pelo domínio que os outros demonstram. Só é possível acabar com essa fachada criando condições de comunicação pouco comuns nas escolas e instaurando uma forte reciprocidade ao assumir riscos.

Também é importante trabalhar as certezas, pois tanto no trabalho de equipe quanto na relação com os aprendizes, muitas vezes elas funcionam como máscaras que impedem de compreender o mundo, deslocar-se e encará-lo de outra maneira.

Trabalhar suas atrações e rejeições

Em uma profissão humanista, relacionamo-nos com crianças, adolescentes e adultos que não escolhemos. Alguns nos agradam, nos atraem, nos fazem bem. Outros, porém, nos irritam, nos fazem sentir pouco à vontade, nos despertam sentimentos incômodos ou agressivos. Em geral, a escola nega a sedução, o amor, o ódio, o desgosto, a arbitrariedade das rejeições e das atrações. Essa é uma forma de remeter cada um a si mesmo, a seus preconceitos, a seus valores e problemas pessoais. Trabalhar suas atrações e rejeições é reconhecer que elas são inseparáveis das relações humanas, que é impossível um profissional não sentir nada, embora se esforce para controlar suas emoções e suas preferências para não deixá-las guiar indevidamente, sua ação. Tanto o trabalho com crianças em dificuldade quanto o trabalho em grupo enfrentam esse problema da forma mais viva possível.

CONCLUIR?

Em uma palavra: os ciclos pedagógicos são uma oportunidade não só para combater o fracasso escolar, mas também para acelerar a profissionalização do ofício de professor e as mutações da escola. É preciso aproveitá-la e não esperar que tudo esteja claro no âmbito político-administrativo para se envolver com ela. Nas sociedades pluralistas, nenhuma política é totalmente clara e coerente e, sobretudo, jamais é assumida de forma duradoura pelo poder em vigor. A NPE é o produto imperfeito de uma sociedade democrática, uma criação da esquerda que a direita retomou na falta de algo melhor. Essa é uma razão para deixá-la de lado, sonhando sempre com o melhor dos mundos? Atualmente, as pessoas ligadas ao ensino ainda não têm senso de relatividade: hesitam em compreender que os estabelecimentos escolares, assim como os sistemas políticos, são tortuosos, são ordens negociadas e instáveis, cujos meios e finalidades nunca são tão límpidos quanto nos livros de instrução cívica...

Diante do desafio, não partimos do zero. Os trabalhos de pedagogos, didáticos e especialistas da observação formativa oferecem múltiplas pistas. Várias equipes pedagógicas, nos movimentos pedagógicos ou no próprio contexto dos ciclos (ver, por exemplo, a *Maison des Trois Espaces*, 1993), propuseram fórmulas inovadoras. Os psicossociólogos, por sua vez, estudaram a mudança, as culturas profissionais, o trabalho em equipe. Os ciclos representam uma oportunidade privilegiada de mobilizar tais conhecimentos e intuições.

---

[1] Texto remanejado de uma conferência realizada na IUFM de Bonneville (Haute-Savoie), em 17 de novembro de 1993, no contexto da Association Générale des Instituteurs et Institutrices d'École maternelle de Haute-Savoie (A.G.I.E.M.). Publicado em *Cahiers pédagogiques*, 1994, n. 321-322, p. 28-33.

Perspectivas: contra o pensamento mágico!

7

Só é possível combater eficazmente o que compreendemos. Portanto, é importante que:

– a pesquisa fundamental sobre as dificuldades de aprendizagem e o fracasso escolar possam ser continuadas e ampliadas;

– mais energia e inteligência sejam consagnadas à integração dos trabalhos disponíveis;

– a difusão dos saberes acumulados seja acentuada, na formação inicial ou contínua dos professores, assim como no contexto de projetos de estabelecimentos ou de pesquisas-ações;

– esses saberes sejam levados em conta no momento de conceber e de aplicar as políticas educacionais, assim como de tomar decisões aparentemente mais técnicas sobre programas, avaliação, métodos e meios de ensino;

– os esforços de desenvolvimento de didáticas disciplinares sensíveis às diferenças tenham continuidade, assim como de dispositivos de individualização dos percursos e de diferenciação, de métodos e instrumentos de avaliação formativa (Lebrun e Paret, 1993; Allal, Bain e Perrenoud, 1993).

Hoje em dia, ninguém é capaz de propor um modelo pronto de pedagogia diferenciada nem de dizer como é possível controlar tudo o que gira em torno do sentido do trabalho escolar, da relação com o saber, da distância cultural à forma e aos conteúdos da educação escolar. Sem dúvida, década após década, a pesquisa na área da educação e os movimentos pedagógicos têm proposto teorias cada vez mais precisas e dispositivos cada vez mais sofisticados *e* realistas de luta contra o fracasso escolar. Essas estratégias, porém, somente se tornarão eficazes em virtude da adesão intelectual e afetiva, das competências, da imaginação e da mobilização dos professores que, dia após dia, podem dar corpo a essas idéias promissoras. Podemos trabalhar, a partir de hoje, com esse componente do problema, analisar o que mais resiste a uma transformação dos sistemas educacionais e das práticas pedagógicas no sentido da diferenciação do ensino: as representações, os hábitos, a identidade, os interesses e os valores dos *atores*.

Poderíamos ser tentados a tratar o fracasso escolar como um problema específico, passível de ser enfrentado através de uma estratégia específica. Mas isso não é assim. O mecanismo é simplesmente tornar a escola mais eficaz, conciliar seu funcionamento aos seus objetivos declarados. Em suma, trata-se de proporcionar a vontade e os meios de aprender aos alunos que não os têm. Devemos lembrar que essa é a vocação da escola, sua razão de ser, mas também que não consegue realizá-la o suficiente na sociedade atual. Para lutar realmente contra o fracasso escolar, é preciso ter *outra escola* (Schwartz, 1977), uma escola construída para prevenir o fracasso escolar, para torná-lo extremamente improvável. Uma escola baseada no princípio da educabilidade de todos – *Todos são capazes!*, diz o Groupe Français d'Education Nouvelle (GFEN) – e sobretudo na recusa insistente do pensamento mágico, que existe desde a época em que confundíamos as palavras e as coisas, em que tomávamos os desejos pelas realidades. Está na hora de olhar a realidade de frente: fazer aprender os que não aprendem espontaneamente é uma tarefa muito difícil, que exige da ação educativa coerência, continuidade, qualidade, uma pertinência bastante ambiciosa. Não basta repetir que todos os professores "dignos desse nome" são profissionais eficientes, preocupados com a luta contra o fracasso. Seria melhor perguntar em que condições eles realmente podem tornar-se eficientes. Enumerarei algumas dessas condições. É preciso mudar:

- de identidade e de satisfações profissionais;
- a relação com a cooperação profissional;
- a relação com os saberes, a aprendizagem, o sentido;
- a relação com as pessoas e as famílias;
- a relação com a mudança.

Retomemos cada um desses aspectos.

MUDAR DE IDENTIDADE E DE SATISFAÇÕES PROFISSIONAIS

Mesmo quando se distanciam das pedagogias frontais e dos cursos *ex cathedra*, os professores encontram suas raízes no domínio de uma cultura, nos saberes a serem ensinados. *"Primeiro, possuímos um saber. Depois, o transmitimos de forma mais ou menos ativa"*. A capacidade de fazer aprender vem a seguir, como uma "segunda camada" em sua socialização profissional, uma espécie de complemento que permite levar em consideração "o resto", ou seja, as exigências da transposição didática, os processos de comunicação e de manutenção da ordem, a necessária construção dos conhecimentos, as relações intersubjetivas, as dinâmicas dos grupos de formação, os limites e os jogos nas organizações, etc.

Apesar dos esforços das ciências da educação e das didáticas das disciplinas para redefinir o ensino como um trabalho de criação e de gestão de situações de aprendizagem (Astolfi, 1993; Barth, 1993; Develay, 1991; Meirieu, 1989b e c; Vergnaud, 1994), ninguém pode assegurar que essa revolução cultural esteja hoje terminada. Pode-se recear até mesmo que ela esteja apenas começando, ao menos na maioria dos ânimos. É claro que atualmente ninguém se vangloria de transmitir saberes pura e simplesmente. Pagamos tributo ao construtivismo, aos métodos ativos, ao culto ao aprendiz. Mas daí a pensar como um profissional capaz de fazer aprender através de uma relação educativa e de situações didáticas há um grande passo.

Todavia, por mais decisivo que seja, esse passo não passa do primeiro. Se quisermos lutar eficazmente contra o fracasso escolar, será melhor dar um segundo: aceitar a irredutível diversidade dos aprendizes e assumir o luto de uma pedagogia única, adaptada a todos. Não basta romper com o ensino frontal: todos os tipos de práticas mais interativas e de didáticas construtivistas ainda se dirigem a um aluno genérico, sem levar em conta sua história, suas raízes culturais, sua inserção no grupo-classe. Sem dúvida, é preferível ajustar o diálogo pedagógico àquilo que os alunos dizem em sala de aula, tomados individualmente ou em subgrupos. Mas isso não garante que estejamos considerando *o que eles são*, sua relação específica com o saber, a forma como aprendem.

Um médico, um psicólogo ou um assistente social sabe que trabalha com pessoas e que aquilo que se pede ou propõe a elas só tem sentido para cada uma em particular, não para o seu conjunto, que, por outro lado, nun-

196 PHILIPPE PERRENOUD

ca se reúne. Cada uma delas exige um raciocínio específico, a abertura de um dossiê particular. Disso resulta uma relação dual, um trabalho caso a caso (*case work*), como forma *evidente* da ação profissional. No entanto, isso não impede a criação de analogias: nenhum caso é totalmente singular, ele sempre se assemelha, em certos aspectos, a outros. O especialista não reinventa tudo, ele transpõe esquemas e estratégias testadas em situações comparáveis. Entretanto, seu referencial continua sendo a pessoa e, se às vezes agrupa algumas pessoas, é porque é mais cômodo ou econômico, mas sem prejudicar a qualidade de sua ação, ou porque o próprio grupo torna-se um recurso terapêutico, o qual permite integração, interações e apoios mútuos.

Houve uma etapa de nossa história em que o ensino era pensado de acordo com o mesmo modelo: do preceptorado às pequenas classes de leitura do século XVII, o professor dirigia-se às pessoas e sabia disso. Contudo a emergência dos colegas e depois das classes primárias no contexto das escolas cristãs ou do ensino mútuo lancasteriano constituíram o marco obrigatório do ensino (Giolitto, 1983) e as "pedagogias de grupo" como paradigma de toda pedagogia (Meirieu, 1987a). No entanto, hoje é necessário um imenso trabalho para redescobrir que nunca deixamos, *de fato*, de nos dirigir a pessoas que, por mais adaptadas que estejam ao grupo, à aparência e ao espírito do mestre, na realidade sempre aprendem cada uma da sua forma, em seu ritmo, conforme sua relação com o saber e sua personalidade. No imaginário dos professores atuais, o grupo-classe predomina, ele é que deve ser enfrentado, para ele foram elaborados uma lei (Imbert, 1994) e um programa, ritmos e exigências; com base em seus saberes e suas possíveis derivações é que ele cria seus fantasmas.

Quando pressionados, todos sabem e admitem que a aprendizagem é um assunto muito pessoal, sem negar a influência das interações. Ninguém aprende sozinho, mas o que cada um aprende depende de *sua* história pessoal, que não se parece com nenhuma outra, apesar das solidariedades, dos conformismos, das influências mútuas e das dependências comuns. Assim, a definição da profissão coloca institucionalmente o professor em presença de um grupo e prioriza a gestão desse coletivo e sua progressão em um programa. Como, em tal situação, não sentir a tentação de esquecer *praticamente* a pessoa? Por força das organizações escolares, o professor funciona como um general que sabe – em última instância – que tem indivíduos sob seu comando, mas que se dedica sobretudo a comandar corpos do exército, porque são *abstrações gerenciáveis*.

Para renovar profundamente essa identidade, será preciso transformar a instituição, fazer aparecer em cena a pessoa do aprendiz – sem negar sua origem social – e reconhecer os agrupamentos de alunos como ferramentas de trabalho flexíveis e diversificadas em suas funções e com um período de vida limitado. No entanto, se não houver uma evolução paralela no espírito dos professores, a aplicação de novas estruturas escolares, como os ciclos de aprendizagem, os módulos ou outros dispositivos de individualização dos percursos, provocará efeitos perversos, recriando clandestinamente, com a cumplicidade dos alunos, dos pais e dos responsáveis, as antigas estruturas, por não saber tirar partido das novas por falta de competências e ferramentas, mas sobretudo de uma identidade clara e de um desejo de ser responsável pelos progressos individuais, mais do que um administrador de um grupo de formação. A mudança passa por uma *dupla espiral* (Gather Thurler, 1993b): a evolução das representações e dos hábitos das pessoas prepara e estimula a evolução das instituições e das culturas, e vice-versa.

MUDAR A RELAÇÃO COM A COOPERAÇÃO PROFISSIONAL

Pode-se lutar sozinho contra o fracasso escolar? Com certeza. Todo mundo conhece alguns professores admiráveis que, seguindo os passos de Freinet, reinventam a escola entre as quatro paredes de sua sala de aula. Temos muito o que aprender com essas experiências isoladas. No fim das contas, pode acontecer que cada um se depare sozinho com o outro e com suas responsabilidades. Os "combatentes solitários" que invertem *localmente* os mecanismos de fabricação do fracasso escolar testemunham a inventividade, a obstinação, a continuidade e a coragem sem as quais seria impossível avançar. Entretanto, apenas excepcionalmente todos os recursos exigidos podem ser reunidos por uma única pessoa, que em geral tem um itinerário atípico ao qual se alia uma personalidade singular, pouco cômoda, e envolvimentos militantes. Esse modelo não conviria a muitos professores. Ora, sem ser indiferente a tais casos, quem poderia satisfazer-se com a existência de alguns oásis? Já temos o péssimo costume de colocar o problema da desigualdade na escola no nível de um só sistema educativo, nacional ou regional, sem nos preocuparmos com o que ocorre cem ou mil quilômetros mais longe. Não podemos contentar-nos em mostrar alguns estabelecimentos ou classes exemplares. Contrariamente ao jogo das crianças, eles "não conhecem a banda", assim como alguns médicos geniais não garantem uma boa medicina. A luta contra o fracasso escolar passa por inúmeras práticas cotidianas, tantas quanto o número de professores. Podemos multiplicar os conselhos didáticos, os meios de ensino, as formações, mas chega um momento em que cada um se encontra sozinho frente a "seus" alunos. E nesse momento ressurgem os medos, os preconceitos, as cegueiras, os limites.

O trabalho em equipe pedagógica não é um remédio milagroso. Em primeiro lugar, porque exige um imenso esforço de abertura, de questionamento, de paciente, de escuta para se tornar "pagante" Trabalhar em equipe significa "dividir sua parcela de loucura" (Perrenoud, 1993f; 1994d), pois em uma profissão humanista, em uma "profissão impossível" (Cifali, 1994), em uma profissão na qual a racionalidade é limitada pela complexidade e pela necessária negociação com o outro, em uma profissão que se assemelha mais a um trabalho de amador que a uma ciência aplicada (Perrenoud, 1983, 1994b), é muito difícil aceitar o olhar e o julgamento de um colega sobre suas atitudes, suas práticas, seus limites e seus subterfúgios. Em uma sala de aula, sempre se tenta salvar as aparências – o professor dedica parte de sua energia a seguir a máxima de Cocteau: "Como todos esses mistérios superam o meu alcance, vamos fingir que sou seu organizador". Nem sempre os alunos são simplórios, mas geralmente eles só têm uma vaga idéia das incertezas, dos dilemas, das angústias, das arbitrariedades e dos truques de seus professores. Um outro profissional consegue discernir mais rápido a sedução, a injustiça, a rejeição ou o tratamento diferenciado, as passagens vazias, os erros estratégicos, as falhas teóricas ou *narcísicas*, as obsessões e os bloqueios. "Ensinamos o que somos", é o que se diz. Uma bela fórmula, fácil de repetir, sobretudo quando esquecemos as zonas de sombra de cada um. Sob o olhar de um colega, é difícil esconder durante muito tempo aquilo que realmente somos.

Para aceitar revelar seu funcionamento relacional, sua relação com o poder, com o desvio, com a ordem com possível tumulto com o saber e o erro, é preciso ter uma imensa coragem, uma grande maturidade e uma verdadeira reciprocidade. Seria leviano convidar os professores a trabalhar em equipe minimizando os riscos do empreendimento. Para não reconhecer as dificuldades, afiançamos *pseudo-equipes*, que limitam os intercâmbios às zonas tranqüilizadoras das convicções e dos discursos descontextualizados. A verdadeira equipe começa quando estamos prontos para enfrentar juntos os grupos de alunos, quando cada um aceita avançar como pode, com sua personalidade, seus valores, suas formas de fazer. O *team teaching* não é um fim em si mesmo, mas um modo de análise: quando os membros de uma equipe pedagógica confessam que nunca puseram os pés na classe de um colega da equipe, que nunca ensinaram em conjunto, podemos dizer que a cooperação terminou antes de chegar ao centro da ação pedagógica.

O fato de cada um aceitar o olhar do outro sobre sua prática não é suficiente para garantir uma verdadeira cooperação profissional. Essa não passa de uma condição necessária. Também é preciso aprender a comunicar, a decidir, a agir eficazmente em grupo. Muitos professores têm certas reticências nesse sentido: "Passamos horas discutindo detalhes, sem chegar a nenhuma conclusão, enquanto sozinho vou mais rápido em minha classe, sei o que quero e o faço". Sem dúvida, a *cooperação* é irremediavelmente mais lenta que o diálogo interno, pois ela pressupõe a expressão e a aproximação de pontos de vista e de propostas divergentes no ponto de partida. Saber trabalhar em equipe talvez seja, sobretudo, saber discernir o que merece negociação, confronto, e o que provém da autonomia e até mesmo da arbitrariedade de cada um. Também é saber que, em caso de urgência, as pessoas são mais eficazes sozinhas: se a equipe não consegue antecipar os problemas, o mais sábio é deixar cada um "se virar" como pode e dar-lhe crédito. Quando um avião está com algum problema, ninguém imagina uma reunião de um grupo de pilotos para tomar as medidas mais adequadas para a sobrevivência. A cooperação é uma ferramenta, não uma norma em si mesma, é preciso discernir quando usá-la (Gather Thurler, 1994a). Ora, superar as doenças infantis de um funcionamento cooperativo passa por um longo caminho, sobretudo por causa das práticas individualistas do ensino, com as quais se pretende "ser o único chefe a bordo".

Então, por que não dizer que, no fim das contas, seria melhor assumir o luto por uma cooperação tão difícil de ser realizada? Por uma simples razão: ela é indispensável para lutar contra o fracasso escolar e para aumentar a eficácia da ação pedagógica:

– os dispositivos de individualização dos percursos de formação e de regulação dos processos de aprendizagem envolvem necessariamente vários professores que trabalham em equipe; não é possível conceber caminhadas diferentes em um único ano de programa e em um único grupo, uma única disciplina, um único lugar;

– o trabalho sobre o sentido, as relações intersubjetivas, o desejo de aprender, a distância entre cultura familiar e cultura escolar passa por uma descentralização, um intercâmbio contínuo sobre as atitudes e as práticas recíprocas; outras profissões humanistas já compreenderam isso há muito tempo: sem supervisão, sem um olhar externo, sem recursos, todos se fecham, asfixiam-se, esclerosam-se, sofrem ou se endurecem, defendem-se como podem, mas, no fim das contas, não encontram forças para mudar.

É suficiente apelar para o espírito de equipe? É claro que não. Podemos imaginar dois mecanismos principais de mudança, que são complementares:

1. Criar estruturas que convidem, incitem e até obriguem a uma progressiva cooperação. Algumas pessoas precisam trabalhar em equipe e conseguem fazê-lo apesar dos pesares. As outras – a maioria – são muito hesitantes, ambivalentes e assustadas para dar os primeiros passos e ter um interessse visível. Com a criação das estruturas não se pretende dar uma ordem para marchar, mas tornar a cooperação necessária ou, ao menos, mais necessária. Atualmente, com a porta fechada, sem prestar contas a ninguém, sem discutir com os colegas nada mais comprometedor que a chuva e o bom tempo, tudo funciona muito bem. Os professores não são avaliados por sua capacidade de cooperação nem por sua eficácia na luta contra o fracasso escolar. Basta não ser tão severo ou permissivo quanto os outros e aprovar todos os anos o número habitual de alunos aceitáveis para não ser incomodado. Nada, na estrutura da profissão e na divisão do trabalho, premia a cooperação. Ao contrário: em vários estabelecimentos, os que querem trabalhar em equipe assumem riscos e expõem-se às reprimendas dos colegas e à desconfiança da autoridade: "Eles complicam a vida de todo mundo" (Perrenoud, 1993f). Assim, há muito a fazer para favorecer a cooperação, recordando que o melhor é o inimigo do bem: a cooperação só pode ser *progressiva*. Se a autoridade escolar, os inovadores ou os sindicatos partidários da idéia de trabalho em equipe avançam rápido demais, ignoram as resistências, suscitam conflitos, mecanismos de defesa e de recuo e permitem que os céticos afirmem que "Isso não pode dar certo".

A Pedagogia na Escola das Diferenças **201**

2. Trabalhar com a identidade e as culturas profissionais no contexto da formação inicial e contínua e dos projetos de estabelecimentos. Podemos compreender a agressividade ou o desagrado dos individualistas que vêem o trabalho em equipe ser jogado às faces como uma nova norma, um sinal de modernidade ou de profissionalismo, à maneira de alguém que zomba de um médico que não conhece o escaner* ou a penicilina. O trabalho em equipe não é uma tecnologia nem uma metodologia. Ele afeta o que existe de mais profundo em cada um, sua relação consigo mesmo e com o outro, o medo de ser crucificado ou devorado, a confiança, a dependência, a autonomia, o gosto pelo poder, o desejo de ser aceito, reconhecido, estimado, a necessidade de solidão e a necessidade contrária de fusão em um grupo. Tudo isso está arraigado na "natureza humana". Entretanto, como bem sabemos, essa natureza inscreve-se em uma cultura que a transforma e especifica. Biologicamente, somos capazes de um individualismo agudo ou de um comportamento gregário, de dominação e de dependência, etc. É claro que pertencemos a uma sociedade global, somos oriundos de uma classe social e de uma família cujas respectivas culturas canalizaram nossa educação. É difícil esperar de uma formação e de uma cultura profissionais que elas atendam às tendências da sociedade na qual se exerce uma profissão. Seria muito simplista subestimar a autonomia relativa das culturas profissionais. Em um pano de fundo comum globalmente individualista nas sociedades pós-modernas, as culturas profissionais constroem modos específicos de pensamento e de ação. É provável que o mundo do ensino tenha valorizado o individualismo mais que a sociedade ambiente e diversas outras profissões de qualificação comparável, atraindo, talvez mais que outros ofícios, pessoas que se sentem mais à vontade com crianças ou adolescentes que com adultos, que se sentem bem nessas "caixas de ovos" (Lortie, 1975) que são as escolas, cada um em seu alvéolo, protegido dos choques, mas também das influências benéficas. Não podemos sonhar em reverter essa tendência de um dia para o outro. No entanto, não basta formar novos professores no trabalho em equipe, nem apresentar-lhes uma imagem da profissão que acentue a cooperação. Essa formação e essa imagem logo serão equilibradas pelas normas e pelos costumes em vigor nos estabelecimentos. Sem dúvida, a formação contínua pode contri-

---

* N. de R. Máquina especialmente utilizada por médicos que usam o computador a fim de obter imagens internas de uma parte do corpo a partir de raio-X ou de outras técnicas, como a cintilografia

buir para mudar atitudes, ou talvez possamos esperar a contribuição principal dos projetos de estabelecimentos e da gestão participativa das escolas. Na ação é que se aprende a trabalhar em equipe. As representações evoluem conforme a experiência. É preciso ter a oportunidade de vivê-la, de refletir sobre ela e de falar dela, de extrair lições e de superar reações violentas de rejeição ou defesa. Para que as relações e a cultura profissional evoluam gradualmente no sentido de uma *cultura de cooperação* (Gather Thurler, 1993c), é importante que os professores envolvam-se em processos de "profissionalização interativa" (Gather Thurler, 1994a), isto é, em tarefas comuns em torno de projetos e problemas profissionais. A cooperação só pode ser aprendida cooperando-se.

MUDAR A RELAÇÃO COM OS SABERES, A APRENDIZAGEM, O SENTIDO

É mais fácil falar de ciclos de aprendizagem ou de dispositivos de individualização dos percursos do que daquilo que acontece todos os dias na relação pedagógica. Na escola, todos se ocultam atrás das estruturas para não ter de enfrentar as práticas; contudo, o fazer aprender também reside nisso. Certamente, os programas, a organização dos cursos, a formação dos grupos de alunos, os procedimentos de avaliação e os meios de ensino tornam esse milagre possível: colocar cada aluno com freqüência diante de situações fecundas para ele, que sejam ao mesmo tempo significativas, vivenciadas e situadas em sua "zona de desenvolvimento proximal" (Vygotsky, 1985). Em última instância, os professores, sozinhos ou em equipe pedagógica, é que transformarão – ou não – essa virtualidade em realidade. Nesse caso, deverão mobilizar suas competências profissionais, assim como uma relação com os saberes, a aprendizagem, o sentido que vem de mais longe, que se enraiza na cultura familiar, na história de vida, na ancoragem social de cada um.

Quando se é professor, a identidade é construída através de uma relação íntima e positiva com a cultura geral e com os saberes graças aos quais foi possível aceder aos estudos longos e a uma formação universitária ou afim e, portanto, atingir uma posição relativamente invejável na divisão do trabalho, ao lado dos "intelectuais" ou, ao menos, dos "não-manuais". Compreender que essa relação com os saberes não é "natural", exige uma espécie de ascese, de *trabalho* de descentralização, de relativização de tudo aquilo em que acreditamos, daquilo de nos sentimos feitos.

A PEDAGOGIA NA ESCOLA DAS DIFERENÇAS **203**

Os professores provenientes das classes populares talvez se lembrem do trajeto que tiveram de realizar, muitas vezes sozinhos, contra a cultura de sua família, mesmo que ela apoiasse sua ascensão social. Ainda é preciso não renegar sua herança e assumir, ao mesmo tempo, sua origem e sua diferença. Os professores provenientes da classe média, que hoje são a maioria, mesmo no ensino fundamental, têm dificuldade de *imaginar* que estão falando chinês com uma parte de seus alunos. Em sentido estrito: as palavras que as crianças das classes populares ouvem na escola não são as mesmas de sua tribo. Quando convidamos alguns alunos a "explicitar seu raciocínio" ou a "ser mais tolerantes com os colegas", sempre percebemos que essas expressões são muito abstratas, desconhecidas e aumentam as distâncias? Sem falar das palavras utilizadas nos exercícios e nas lições. Fala-se chinês em um sentido mais amplo: as palavras remetem a valores, modos de vida, evidências que não são comuns nem compartilhadas. Podemos dizer a uma criança "Lave as mãos", em vez "Um pouco de higiene não faria mal". Será que ela entende em que sistema de normas e valores se inscreve a injunção? Charlot, Bautier e Rochex (1992) mostram que a relação com o saber dos alunos é um fator essencial para seu sucesso ou fracasso. Ora, essa relação não funciona independentemente da relação que o professor mantém com o saber.

E relação com a aprendizagem também: nem todos os que trabalham nas escolas foram bons alunos. No entanto, ao menos a maioria acabou aprendendo da maneira como isso era exigido há 20 ou 40 anos: trabalhando duro, memorizando regras e palavras, associando a aprendizagem ao domínio dos exercícios e das formas de excelência exigidas para ser bem-sucedido, até mesmo distinguido. Os professores conhecem a *profissão de aluno* (Perrenoud, 1994b) *a partir do interior* e, às vezes, lembram-se disso para acabar com a indisciplina de sua classe ou de determinado "aluno pernicioso que acha que não compreendemos suas manobras". Duvidamos que essa familiaridade tenha feito com que os professores entendessem até que ponto, nas pedagogias tradicionais, a profissão de aluno é redutora, até que ponto ele participa de uma imagem da aprendizagem irrealista e malthusiana. Ao fazer de conta que a escola mudou radicalmente de paradigma, evitamos trabalhar na formação profissional com a história de vida dos futuros professores, com suas lembranças escolares, com a forma como muitas vezes foram impedidos de aprender porque o território foi constantemente balizado, algumas perguntas foram proibidas, o conformismo foi recompensado em lugar da curiosidade ou da dúvida, foram comparados a ordem e a imitação e foram privilegiados os funcionamentos individuais com a norma ou a média do grupo, no texto do saber progrediu conforme um planejamento rígido em vez de seguir caminhos transversais. Em outra obra (Perrenoud, 1991a, 1994a), por exemplo, analisei a relação perversa da escola com a transparência – "Um bom aluno não tem estratégias, pode-se ler em seu espírito como em um livro aberto" – ou com o silêncio, sempre de ouro quando o professor o impõe, sempre inútil quando o rompe, impedindo os alunos de pensar. Poderíamos multiplicar os exemplos. Minha intenção não é jogar pedras nos professores, mas apenas destacar que essa profissão, paradoxalmente, dá mais importância às representações míticas da aprendizagem – voluntarista, organizada, ordenada, séria – do que aquilo que todos conhecem sobre seu caráter fantasmagórico ao seu caráter aleatório, irracional, lúdico, narcisista, anarquista e frágil, que depende dos humores, das relações intersubjetivas, do clima, das solidariedades, das atrações e repulsões radicais por pessoas, das palavras, das obras, das atividades...

E, por fim, relação com o sentido: quando é que os adultos cessarão de ter memória curta, quando é que eles reconhecerão que aprenderam o que sabem não para "vencer na vida", nem mesmo para obter bons resultados escolares, mas porque o professor parecia-lhes simpático e justo, porque tinham vontade de ser amados, porque animavam-se com o jogo, porque cuidavam bem dos seus trocados, porque tinham medo de ser repreendidos, porque seu melhor amigo interessava-se por tal disciplina, ou porque queriam brilhar, seduzir, impressionar os adultos ou os colegas? É verdade que, algumas vezes, aprendemos para saber ou para satisfazer as exigências da seleção. Se esse fosse o único motor, progrediriam apenas os alunos particularmente curiosos ou razoáveis. Ao admitir que muitos de nós aprendemos por diversas outras razões, ou talvez sem razão, podemos começar a perguntar o que fazemos ao privilegiar de modo inconsciente ou com conhecimento de causa este ou aquele receio, competição, curiosidade. E podemos começar a compreender que nem todos os pretextos são equivalentes, por motivos éticos e educativos, e também porque preparam de maneira desigual para a transferência dos conhecimentos, para a sua verdadeira apropriação, para o seu reinvestimento em novas situações de aprendizagem ou de ação.

MUDAR A RELAÇÃO COM AS PESSOAS E AS FAMÍLIAS

Na origem do fracasso escolar, com freqüência encontramos a rejeição de uma pessoa. Às vezes, essa rejeição ocorre em função do que essa pessoa desperta em nós, daquilo que nos incomoda mais profundamente. Como escreveu Mireille Cifali (1986, p. 128-129):

> Uma das especificidades dessa profissão reside nesse encontro com uma ou várias crianças que nos observam em um face a face inevitável. Alguns afirmaram que quem realiza o ato de educar não se depara apenas com aquela criança viva para a qual formula um projeto, mas também e, sobretudo, com a criança que ele foi, a lembrança idealizada que guarda dela, a criança "enjeitada" que dita a maioria de suas reações.

Às vezes, a rejeição depende da cultura, da educação, das maneiras de ser do aluno, ou seja, do meio do qual provém. Por que deveríamos gostar de todas as crianças, de todos os adolescentes, inclusive daqueles que não gostam de nós e que nos agridem? Daqueles que nos ignoram ou nos desprezam? Daqueles que burlam toda autoridade? Daqueles que destroem os livros? Daqueles que cheiram mal? Daqueles que mentem abertamente e evitam nosso olhar? Daqueles que acusam os colegas? Daqueles que são sexistas, racistas, obscenos, violentos? Daqueles que se ausentam sem motivo? Daqueles que sempre têm razão? Daqueles que "comem como porcos" ou nunca dão descarga no vaso? Os espíritos privilegiados falam abertamente da tolerância, eles que moram em bons bairros e escolhem com cuidado seus relacionamentos. Ser professor é ter de enfrentar, no ensino fundamental, no ensino médio ou no curso profissionalizante, a diversidade de culturas e de modos de vida e, por conseguinte, pessoas que negam ou ironizam nossos próprios valores, nossos gostos e, por vezes, nossos direitos. Sem dúvida, isso se deve em parte a uma violência legal, a escolarização obrigatória, e a uma violência social, através da degradação da periferia, do desemprego, da precariedade da moradia. Para conservar nossa serenidade, é melhor permanecer bem longe da realidade. É claro que a profissão docente exige, assim como acontece com os enfermeiros, a capacidade de entrar em relação com pessoas e famílias de todas as culturas, de todas as classes sociais, de todas as condições econômicas e de todas as crenças. Em contrapartida, precisamos reconhecer que a tarefa é muito difícil, que exige qualidades de abertura, de escuta, de diálogo, de reconhecimento do outro em sua diferença, qualidades que estão na antípoda daquilo que aprendemos desde a nossa infância e que são pouco trabalhadas na formação inicial e contínua.

O enfoque antropológico e psicossociológico da distância cultural não invalida a abordagem psicanalítica da distância pessoal (e vice-versa!). Nós somos feitos, indissociavelmente, de nossa história mais singular e de nossas origens sociais. Podemos viver com essas distâncias, rejeitar o passado, criar uma carapaça, porém às custas da rejeição e, portanto, do fracasso escolar dos excluídos da "boa sociedade". Estimular uma mudança na relação com as pessoas e as famílias, não é apelar para a virtude ou para o heroísmo de cada um. Nem todos os que querem conseguem tornar-se Madre Teresa ou Dr. Schweizer. O mais importante é reconhecer *nossa extrema dificuldade em aceitar espontaneamente a diferença* e trabalhar com isso na formação profissional.

MUDAR A RELAÇÃO COM A MUDANÇA

Todos os problemas que acabamos de evocar podem levar-nos à depressão imediata. Ora, embora seja tão difícil lutar contra o fracasso escolar, isso não ocorre porque sejamos idiotas ou perversos, e sim porque a reprodução das desigualdades é a tendência mais forte das nossas sociedades. Romper com esse círculo infernal é um empreendimento coletivo, a longo prazo e incerto. Não significa que todos podemos remeter-nos ao "sistema", pois o sistema somos nós. Portanto, ninguém pode mudá-lo sozinho. Vocês conhecem aquele desenho divulgado pelo GFEN, que mostra um grupo de pessoas abastadas olhando aflitas para um excluído e perguntando-se: "Que posso fazer sozinho?" Seria tão destrutivo sentir-se culpado pela sua impotência pessoal quanto por subestimar o poder de uma ação coletiva. Isso quer dizer que ninguém é responsável nem tem de encontrar sozinho a solução, mas pode trabalhar *com os outros* para colocar e resolver o problema no contexto de um estabelecimento, de uma equipe, de uma rede, de uma associação profissional, de um centro de pesquisa ou de formação. A primeira mudança é refutar a escolha redutora entre o fatalismo (biológico e sociológico) e a megalomania.

O fracasso escolar confronta-nos com as contradições, com a complexidade de nossa sociedade. Ninguém pode ter certeza de que seus esforços darão frutos, nem mesmo que está seguindo o caminho correto. Se a medicina atacasse o câncer ou o vírus da AIDS como a escola ataca o fracasso escolar, podemos estar certos de que não teríamos avançado uma polegada em 50 anos. Infelizmente, no pensamento dos pedagogos falta paciência e humildade. Por outro lado, pretender agir sozinho é condenar-se a não agir. A luta contra o fracasso escolar só pode ser sistemática, coletiva, organizada em larga escala e tem de durar décadas. Cada ministro, cada pesquisador, cada movimento pedagógico que acredita ter a solução retarda o movimento. Eles reforçam o pensamento mágico, a ilusão de que, enfim, encontraram a pedra filosofal. Quantas reformas foram abandonadas antes de surtir efeito? Quantas pistas interessantes foram deixadas de lado por não levar a milagres imediatos? Nossa relação com a mudança continua sendo mágica, do tipo tudo ou nada, como se os saberes, as práticas e as instituições pudessem mudar por decreto ou como se alguém tivesse a fórmula mágica. Para nós, é muito difícil aceitar que a razão não provoca nenhum efeito por si mesma, que é preciso reconstruir incessantemente objetivos, estratégias, coordenações e adesões.

Não podemos sonhar em substituir pura e simplesmente as pedagogias dominantes por uma pedagogia diferenciada "de sonho", pois ela só pode desenvolver-se gradualmente, baseada em estratégias realistas de mudança. Realistas porque partem das pessoas tais quais elas são, de onde elas estão, nos estabelecimentos.

Monica Gather Thurler (1993a), baseando-se nos estudos das reformas escolares sucessivas e de seu semifracasso, propõe cinco "receitas" bastante simples:

1. Levar em conta as práticas, as necessidades, os interesses, os problemas e os sonhos dos professores.
2. Levar os professores a utilizar as soluções já existentes.
3. Preocupar-se com o método.
4. Definir o campo da inovação da maneira mais ampla possível.
5. Prever as condições de trabalho (orçamento, tempo, formas de trabalho, etc.) necessárias para permitir a realização das quatro receitas anteriores.

Particularmente, insistirei no quarto ponto. Os pesquisadores, idealizadores, autores de métodos, de meios de ensino, de didáticas, são, por definição, especialistas que colocam em circulação produtos sofisticados, porque puderam distanciar-se por um momento da complexidade para preparar uma determinada ferramenta de avaliação, um método de ensino da leitura, uma seqüência didática bastante completa e coerente, um *software* interessante para trabalhar uma competência particular ou até mesmo um conceito isolado. Muito bem. Os problemas começam quando eles desejam implantar sua "invenção" em uma prática sem levar em conta o conjunto do sistema. Então, lamentam-se ao ver suas idéias empobrecidas, deturpadas, caricaturizadas, esquecidas; culpam a falta de formação, as "resistências irracionais à mudança" ou qualquer outro bode expiatório, sem se perguntar, por um segundo sequer, se o enxerto não funciona simplesmente porque não é *compatível* com o equilíbrio do grupo-classe, com o contrato didático em vigor, com o sistema de avaliação, de gestão de classe, de informação aos pais, de manutenção da ordem, etc.

Não vale a pena propor soluções aos professores e menos ainda soluções concebidas em outro contexto. Mas não é isso o que eles pedem, perguntamos? Muitas vezes, sim. Contudo, melhor seria resistir a isso e propor-lhes um método para colocar os problemas em sua complexidade e resolvê-los progressivamente, incorporando em cada etapa propostas provenientes de fora, no momento em que seja possível dar-lhes sentido e integrá-las. Em outros termos, favorecer os procedimentos de projeto, acompanhá-los, apóia-los, mas não tomar o lugar dos especialistas. Eles é que mudam – ou não –, ninguém pode mudar no lugar deles, assim como eles não podem aprender no lugar dos alunos...

Uma relação diferente com a mudança é, em primeiro lugar, uma relação que leva em conta algumas décadas de reformas centralizadas, burocráticas, tecnocráticas. Em resumo: isso não funciona. Por isso, vamos tentar algo diferente, vamos insistir na formação inicial, na pesquisa em educação, no acompanhamento dos estabelecimentos no seguinte sentido: menos soluções feitas, mais recursos de análise dos problemas e de regulação dos projetos. Vamos refletir sobre a difusão dos saberes provenientes da pesquisa educacional e sobre a forma como os especialistas podem apropriar-se dos mesmos (Huberman e Gather Thurler, 1991).

DE NOVO, A PROFISSIONALIZAÇÃO DO OFÍCIO!

E a metacognição, a gestão mental, as oficinas lógicas, o desenvolvimento instrumental, o tratamento do erro, a aprendizagem da abstração, as neurociências? E as didáticas disciplinares de ponta? Não as esqueci. Apenas optei por não recorrer a essas questões que estão tão na moda. Não as coloco todas em um mesmo saco, há "poções mágicas", mas também há avanços reais. Mesmo neste último caso, o principal problema continua sendo: quem vai colocar em prática essas magníficas idéias? Os professores, é claro. Será suficiente informá-los, formá-los, proporcionar-lhes guias e ferramentas?

Pelo menos no que se refere ao fracasso escolar e à eficácia da escola, o mecanismo é diferente. É evidente que é preciso formar os professores. Mas em quê? Nessa *nova profissão* mencionada por Meirieu (1989c). Em *especialistas que refletem* (Schön, 1983, 1987, 1991; St-Arnaud, 1992) mais que em executantes qualificados, porém dóceis às estratégias de ensino concebidas pelos generais que moram na noosfera, esse estado-maior da pedagogia, capaz de ganhar todas as batalhas no papel.

Quanto à *profissionalização*, como evitar todos os mal-entendidos que essa palavra suscita? Talvez valesse mais a pena renunciar a isso. No entanto, como ela está em nossa paisagem e ninguém tem o poder de expurgá-la, vamos utilizá-la da melhor maneira possível. É claro que os professores são pessoas de ofício, sérias, conscientes, formadas, responsáveis. Nesse sentido, são *profissionais*. A profissionalização – a expressão e o debate provêm do mundo anglo-saxão – é outra coisa. É a evolução de um ofício constituído para o *status* de profissão, ou seja, o acesso a uma forma de autonomia e de responsabilidade individuais e coletivas, baseadas em uma especialização, em competências iguais àquelas que hoje são reconhecidas aos médicos, aos engenheiros, aos advogados. A profissionalização suscita o problema da formação inicial e contínua dos professores, da autoridade e do papel dos enquadres, do *status* e da gestão dos estabelecimentos, da avaliação dos professores e muitos outros (Altet, 1994; Bourdoncle, 1991, 1993; Carbonneau, 1992; Labaree, 1991; Lemosse, 1989; Perrenoud, 1994b, 1994i, 1994j).

Aqui me limitarei a um tema, desenvolvido a propósito da pedagogia de domínio como utopia racionalista (Perrenoud, 1988a): em um ofício confrontado com o outro e com sua complexidade, somente os especialistas têm todos os elementos para construir uma resposta adaptada, ótima. No dia em que tiverem as competências, a identidade e o *status* associados a uma verdadeira profissionalização, poderão eles mesmos lutar contra o fracasso escolar e as desigualdades com os meios mais eficazes. Portanto, é urgente adotar uma estratégia de desvio: jamais serviremos melhor à democratização no ensino senão trabalhando por uma crescente profissionalização do ofício de professor.

A REPRODUÇÃO ACABOU?

Maio de 68. *La reproduction*, de Bourdieu e Passeron (1970), sacudia o mundo da escola. Será que tudo isso está ultrapassado hoje? Infelizmente, não! Os sociólogos da educação abandonaram a análise das desigualdades sociais na escola para se refugiarem no individualismo contemporâneo, dissertando sobre o "retorno do ator"? Absolutamente. As oportunidades de sucesso escolar continuam muito desiguais, desde o início do percurso, em função do fato de o aluno vir de uma família popular ou não. O fracasso escolar não desapareceu e nossos sistemas educativos sempre engendram fortes hierarquias de excelência, com uma elite que provém principalmente das classes favorecidas e uma franja que está no limite do analfabetismo, oriunda sobretudo das classes populares.

Quando pleiteamos pedagogias diferenciadas, deparamo-nos com inúmeros mecanismos de fabricação do fracasso escolar. Em última instância, se admitirmos que esses mecanismos não são "naturais", mas solidários com as relações de classe e com as políticas educacionais, chegaremos à questão da fabricação da fabricação (Perrenoud, 1989b, 1992c). A reprodução das classes sociais ainda é atual? Será que ela impede toda democratização do ensino baseada em uma pedagogia diferenciada? Vamos ver, alguns fenômenos embaralharam as cartas.

A desigualdade no crescimento

A atual crise econômica não deve dissimular o crescimento econômico dos países desenvolvidos, em nível global, há 25 anos. O acesso ao consumo, ao lazer, à mídia e à escolarização generalizou-se. Continua havendo desigualdades, mas reconstruídas em um nível superior, conforme a imagem da escada em um elevador: ela sobe, mas continua sendo uma escada (Hutmacher, 1993). Em matéria de escolarização, ocorre o mesmo fenômeno: a duração dos estudos foi ampliada, os níveis de formação foram elevados, porém a desigualdade é restabelecida em um nível superior. Nos anos 60, um terço dos jovens entrava diretamente no mercado de trabalho quando terminava a escolaridade obrigatória. Hoje em dia, uma grande maioria permanece em formação até os 18 ou 20 anos. Que isso não mascare as hierarquias nem a desigualdade de oportunidades frente ao emprego e aos empregos!

As novas classes médias

Em sentido estrito, a democratização exigiria a igualdade de oportunidade de acesso a qualquer tipo de carreira e nível de formação, independentemente de sexo, origem social ou nacional, origem étnica, lingüística ou confessional. Essa forma de igualdade não progrediu muito, exceto entre os sexos. Em contraposição, observa-se uma democratização dos estudos em sentido amplo, assimilada à ampliação do recrutamento daqueles que realizam estudos longos. Quem se beneficia com essa evolução? Essencialmente, as *classes médias*: excluídas das carreiras nobres há 30 anos, hoje elas têm amplo acesso a elas. Ao mesmo tempo, elas se transformaram e em seu seio ampliam-se as "novas classes médias", que não devem mais seu *status* à propriedade (como os artesãos e os pequenos comerciantes), mas ao nível de formação: assistentes sociais, professores, enfermeiros, publicitários e jornalistas, quadros médios, profissões universitárias menos bem situadas. Esses novos eleitores levaram ao poder governos moderados (de centro-esquerda ou de centro-direita), com a expectativa de abrir aos seus filhos o caminho dos estudos longos. Atualmente, o objetivo foi alcançado. Não é mais prioritário que os filhos das classes populares, que continuam excluídos, tenham acesso aos mesmos estudos, pois isso poderia ir contra os interesses das classes médias hoje majoritárias, ou mesmo dominantes, nas sociedades terciárias.

A diversidade nas classes sociais

Uma análise mais precisa das desigualdades na escola permitiu superar o espetáculo impressionante, porém abstrato, das classes sociais confrontadas com a cultura escolar. Por um lado, surgiu o interesse pelas famílias, por sua cultura e seu funcionamento, suas estratégias de educação e de escolarização. E sua diversidade foi posta em evidência. Por outro, destacou-se a diversidade não menor dos estabelecimentos, das práticas pedagógicas e dos conteúdos reais do ensino. De repente, as abstrações simplificadoras foram substituídas por um discurso mais matizado. Todos começaram a se interessar, por exemplo, pelas famílias populares cujos filhos são bem-sucedidos, pelas famílias favorecidas cujos filhos fracassam, pelas escolas que não fabricam tantos fracassos escolares quanto outras... A explosão e a diversificação dos movimentos migratórios também dificultaram a percepção do panorama.

A ambigüidade das políticas

Desde 1970, a análise das organizações escolares e das políticas educacionais mostrou que o poder político não estava realizando necessariamente uma política de reprodução das classes sociais. A Europa conheceu vários governos de esquerda, visando à democratização. Também vimos que suas declarações de intenção não eram suficientes para transformar a escola: a autonomia relativa do sistema educativo e dos estabelecimentos, das equipes pedagógicas e, por fim, dos professores interditava um controle absoluto do ensino pelas classes dirigentes. Por outro lado, estas dividiram-se, tornaram-se ambivalentes. A esquerda no poder aprendeu que uma política social sem crescimento econômico aumenta as desigualdades. A direita sabe que um sistema educativo malthusiano é um grave *handicap* na competição internacional e na modernização do aparelho de produção e da sociedade. No âmbito das políticas educacionais, os campos não são muito claros. Por outro lado, várias estratégias de luta contra o fracasso escolar foram realizadas por governos de diversas tendências: escolas médias integradas, zonas de educação prioritária, apoio pedagógico, diferenciação, introdução dos ciclos de aprendizagem, avaliação mais formativa.

Todas essas tentativas não eram miragens. Seus resultados, muitas vezes decepcionantes, não podem ser interpretados de forma simples: ambivalência, falta de coerência e de continuidade, fundamentos teóricos frágeis, mas também resistência à realidade!

Paremos de simplificar

Seria absurdo negar a existência das classes sociais ou fazer de conta que elas não desempenham um papel significativo nas desigualdades escolares. Mas também é absurdo repetir o esquema simplista do complô das classes abastadas. A reprodução das desigualdades é produto de uma sociedade inteira, na qual os favorecidos atualmente são majoritários. Como mostra Hutmacher (1993), pode ser que as classes médias, que fazem e desfazem as maiorias, considerem que, no fim das contas, como já garantiram a "salvação" de seus filhos por e através da escola, talvez não seja mais útil ampliar ainda mais o círculo dos eleitos... Estamos muito longe da luta de classes do século XIX e da sociedade sem classes unida em busca do sucesso de todos!

Referências bibliográficas

ALLAL L. (1980), «Recherche sur les interactions aptitudes-traitement: implications pour l'évaluation formative», *Éducation et recherche*, n. 2, p. 59-71.

ALLAL L. (1983), «Évaluation formative: entre l'intuition et l'instrumentation», *Mesure et évaluation en éducation*, vol. 6, n. 5, p. 37-57.

ALLAL L. (1988a), «Vers un élargissement de la pédagogie de maîtrise: processus de régulation interactive, rétroactive et proactive», in HUBERMAN, M. (dir.), *Maîtriser les processus d'apprentissage. Fondements et perspectives de la pédagogie de maîtrise*, Paris, Delachaux et Niestlé, p. 86-126.

ALLAL L. (1988b), «Pour une formation transdisciplinaire à l'évaluation formative», in GATHER THURLER M. e PERRENOUD Ph. (dir.), *Savoir évaluer pour mieux enseigner. Quelle formation des maîtres?*, Genève, Service de la recherche sociologique, Cahier n. 26, p. 39-56.

ALLAL L. (1989), «Stratégies d'évaluation formative: conceptions psycho-pédagogiques et modalités d'application», in ALLAL L., CARDINET J., PERRENOUD Ph. (dir.), *L'évaluation formative-dans un enseignement différencié*, Berne, Lang, p. 130-156 (1re éd. 1979).

ALLAL L., BAIN D. e PERRENOUD Ph. (dir.) (1993), *Évaluation formative et didactique du français*, Neuchâtel et Paris, Delachaux et Niestlé.

ALLAL L., CARDINET J. e PERRENOUD Ph. (dir.) (1989), *L'évaluation formative dans un enseignement différencié*, Berne, Lang (1re éd. 1979).

ALLAL L. e SCHUBAUER-LEONI M.-L. (1991), *Progression scolaire des élèves: la facette redoublement*, Genève, Faculté de psychologie et des sciences de l'éducation.

ALTET M. (1994), *La formation professionnelle des enseignants*, Paris, PUF.

ANDREWS B., BUONOMO N. et BORZYKOWSKI R. (1986), *Au fil de l'appui. Jalons pour une micro-histoire*, Genève, Service de la recherche pédagogique, Cahier n. 32.

ARIES Ph. *(1973)*, *L'enfant et la vie familiale sous l'Ancien Régime*, Paris, Le Seuil.

ASSOCIATION DES ENSEIGNANTS ET CHERCHEURS EN SCIENCES DE L'ÉDUCATION (1990), *L'établissement, politique nationale ou stratégie locale ?*, Paris, AECSE.

216 Philippe Perrenoud

ASTOLFI J.-P. (1992), *L'école pour apprendre,* Paris, ESF éditeur.

BAIN D. (1980), *Orientation scolaire et fonctionnement de l'école,* Berne, Lang.

BAIN D. (1985), «Un point de vue de psychologue devant les interprétations sociologiques de l'échec scolaire», in PLAISANCE É. (dir.): *L'échec scolaire: Nouveaux débats, nouvelles approches sociologiques,* Paris, CNRS, p. 165-177.

BAIN D. (1988), «Pour une formation à l'évaluation formative intégrée à la didactique», in GATHER THURLER M. e PERRENOUD Ph. (dir.), *Savoir évaluer pour mieux enseigner. Quelle formation des maîtres ?,* Genève, Service de la recherche sociologique, Cahier n. 26, p. 21-37.

BALLION R. (1982), *Les consommateurs d'école,* Paris, Stock.

BARBIER J.-M. (1985), *L'évaluation en formation,* Paris, PUF.

BARTH B.-M. (1993), *Le savoir en construction,* Paris, Retz.

BAUDELOT C. e ESTABLET R. (1971), *L'école capitaliste en France,* Paris, Maspéro.

BAUTHIER É., BERBAUM J. e MEIRIEU Ph. (dir.) (1993), *Individualiser les parcours de formation,* Lyon, Association des enseignants-chercheurs en sciences de l'éducation (AECSE).

BERNSTEIN B. (1971a), «On the Classification and Framing of Educational Knowledge», in YOUNG M. (dir.), *Knowledge and Control,* London, Collier e MacMillan, p. 47-70.

BERNSTEIN B. (1971b), *Class, Codes and Control. Vol. I: Theoretical Studies towards a Sociology of Language,* London, Routledge and Kegan.

BERNSTEIN B. (1973), *Class, Codes and Control. Vol. II: Applied Studies towards a Sociology of Language,* London, Routledge and Kegan.

BERNSTEIN B. (1975a), Class, *Codes and Control, Vol. III: Toward a Theory of Educational Transmissions,* London, Routledge and Kegan.

BERNSTEIN B. (1975b), *Langages et classes sociales. Codes socio-linguistiques et contrôle social,* Paris, Éd. de Minuit.

BERNSTEIN B. (1975c), *Classe et pédagogies: visibles et invisibles,* Paris, OCDE.

BERTHELOT J.-M. (1983), *Le piège scolaire,* Paris, PUF.

BETTELHEIM B. e ZELAN K. (1983), *La lecture et l'enfant,* Paris, Laffont.

BISSERET N. (1974), *Les inégaux ou la sélection universitaire,* Paris, PUF.

BLOCK J. e ANDERSON L. (1975), *Mastery Learning in Classroom Instruction,* New York, MacMillan.

BLOOM B.S. (1972), *Apprendre pour maîtriser,* Lausanne, Payot.

BLOOM B.S. (1975), *Taxonomie des objectifs pédagogiques,* Québec, Les Presses de l'Université.

BLOOM B.S. (1976), *Human Characteristics and School Learning,* New York, McGraw-Hill.

BLOOM B.S. (1979), *Caractéristiques individuelles et apprentissages scolaires,* Bruxelles, Labor, Paris, Nathan.

BLOOM B.S. (1980), «Une direction nouvelle de la recherche en éducation: les variables changeables», *Éducation et Recherche,* n. 3, p. 7-16.

BLOOM B.S., HASTINGS J.T. e MADAUS G.F. (dir.) (1971), *Handbook on Formative and Summative Evaluation of Student Learning*, New York, McGraw-Hill.

BOILLOT H. e LE DU M. (1994), *La pédagogie du vide*, Paris, PUF.

BOURDONCLE R. (1991), «La professionnalisation des enseignants: analyses sociologiques anglaises et américaines», *Revue française de pédagogie*, n. 94, p. 73-92.

BOURDONCLE R. (1993), «La professionnalisation des enseignants: les limites d'un mythe», *Revue française de pédagogie*, n. 105, p. 83-119.

BOLTANSKI L. e THÉVENOT L. (1987), *Les économies de la grandeur*, Paris, PUF.

BOUDON R. (1977), *Effets pervers et ordre social*, Paris, PUF.

BOURDIEU P. (1966), «L'école conservatrice. L'inégalité sociale devant l'école et devant la culture», *Revue française de sociologie*, n. 3, p. 325-347.

BOURDIEU P. (1979), *La distinction. Critique sociale du jugement*, Paris, Éd. de Minuit.

BOURDIEU P. (1980), *Le sens pratique*, Paris, Éd. de Minuit.

BOURDIEU P. e DE SAINT-MARTIN M. (1970), «L'excellence scolaire et les valeurs du système d'enseignement français,» *Annales*, n. 1, p. 147-175.

BOURDIEU P. e DE SAINT-MARTIN M. (1975), «Les catégories de l'entendement professoral», *Actes de la recherche en sciences sociales*, n. 3, p. 68-93.

BOURDIEU P. e GROS F. (1989), Principes pour une réflexion sur les contenus de l'enseignement, *Le Monde de l'Éducation*, n. 159, p. 15-18.

BOURDIEU P. e PASSERON J.-C. (1965), *Les héritiers. Les étudiants et la culture*, Paris, Éd. de Minuit.

BOURDIEU P. e PASSERON J.-C. (1967-1968), «L'examen d'une illusion», *Revue française de sociologie*, nº especial «Sociologie de l'éducation», p. 227-253.

BOURDIEU P. PASSERON J.-C. (1970), *La reproduction. Éléments pour une théorie du système d'enseignement*, Paris, Éd. de Minuit.

BRONCKART J.-P. e SCHNEUWLY B. (1991). «La didactique du français langue maternelle: l'émergence d'une utopie indispensable», *Éducation et Recherche*, 13, n. 1, p. 8-26.

CARBONNEAU M. (1993), «Modèles de formation et professionnalisation de l'enseignement: analyse critique de tendances nord-américaines», *Revue des sciences de l'éducation* (Montréal), vol. XIX, n. 1 p. 33-57.

CARDINET J. (1976), «L'inégalité devant l'examen», *Études pédagogiques*.

CARDINET J. (1977), *Objectifs pédagogiques et fonctions de l'évaluation*, Neuchâtel, Institut romand de recherches et de documentation pédagogiques.

CARDINET J. (1981), «L'évaluation formative à l'école primaire», *Éducation et recherche*, n. 3, p. 288-295.

CARDINET J. (1982), «La cohérence nécessaire dans le choix des procédures d'évaluation scolaire», *Revue européenne des sciences sociales*, n. 63, p. 41-57.

CARDINET J. (1986a), *Pour apprécier le travail des élèves*, Bruxelles, De Boeck.

CARDINET J. (1986b), *Évaluation scolaire et pratique*, Bruxelles, De Boeck.

CARDINET J. (1988), «La maîtrise, communication réussie», in HUBERMAN M. (dir.), *Maîtriser les processus d'apprentissage. Fondements et perspectives de la pédagogie de maîtrise*, Paris, Delachaux et Niestlé, p. 155-195.

CARROLL J. (1963), «A model of school learning», *Teachers College Record*, n. 64, p. 723-733.

CHARLOT B., BAUTIER É. e ROCHEX J.-Y. (1992). *École et savoir dans les banlieues... et ailleurs*, Paris, Armand Colin.

CHARTIER R., JULIA D. e COMPÈRE M.-M. (1976), *L'éducation en France du XVIe au XVIIIe siècles*, Paris, Société d'édition d'enseignement supérieur.

CHERKAOUI M. (1979), *Les paradoxes de la réussite scolaire*, Paris, PUF.

CHEVALIER L. (1978), *Classes laborieuses et classes dangereuses*, Librairie Générale Française.

CHEVALLARD Y. (1985), *La transposition didactique. Du savoir savant au savoir enseigné*, Grenoble, La Pensée sauvage Éditions.

CHEVALLARD Y. (1986a), «Les programmes et la transposition didactique. Illusions, contraintes et possibles», *Bulletin de l'A.M.P.E.P*, n. 352, fevereiro, p. 32-50.

CHEVALLARD Y. (1986 b), «Vers une analyse didactique des faits d'évaluation», in DE KETELE J.-M., *L'évaluation: approche descriptive ou prescriptive ?*, Bruxelles, De Boeck, p. 31-59.

CIFALI M. (1986), «L'infini éducatif: mise en perspectives», in FAIN M. et al. (dir.), *Les trois métiers impossibles*, Paris, Les Belles Lettres, Confluents psychanalytiques.

CIFALI M. (1994), *Le lien éducatif: contre-jour psychanalytique*, Paris, PUF.

CLAPARÈDE E. (1973), *L'éducation fonctionnelle*, Neuchâtel, Delachaux et Niestlé.

CLERC F. (1992), *Enseigner en modules*, Paris, Hachette.

COLLÈGE DE FRANCE (1985), *Propositions pour l'enseignement de l'avenir*, Paris, Collège de France.

COMISSION «ÉGALISATION DES CHANCES» (1978), *De l'égalité des chances à l'égalité des niveaux de formation*, Genève, Département de l'instruction publique.

CRAHAY M. (1991), *Équité éducative et temps d'enseignement*, Liège, Université, Service de pédagogie expérimentale.

CRAHAY M. (1992a), *Échec des élèves, échec de l'école? La Communauté française de Belgique en échec scolaire*, Liège, Université, Service de pédagogie expérimentale.

CRAHAY M. (1992b), *Échec scolaire et efficacité des systèmes d'enseignement*, Genève, Faculté de psychologie et des sciences de l'éducation (Fascículo 1 do Curso de Pedagogia Geral).

CRESAS (1978), *Le handicap socioculturel en question*, Paris, ESF.

CRESAS (1981), *L'échec scolaire n'est pas une fatalité*, Paris, ESF.

CRESAS (1987), *On n'apprend pas tout seul! Interactions sociales et construction des connaissances*, Paris, ESF.

CRESAS (1991), *Naissance d'une pédagogie interactive*, Paris, ESF éditeur.

CROZIER M. e FRIEDBERG E. (1977), *L'acteur et le système*, Paris, Le Seuil.

DE KETELE J.-M. (dir.) (1986), *L'évaluation: approche descriptive ou prescriptive?*, Bruxelles, De Boeck.

DELAMONT S. (1976), *Interaction in the classroom*, London, Methuen.

DELAY-MALHERBE N. (1981), *De la philanthropie au travail social,* Genève, Service de la recherche sociologique.

DELAY-MALHERBE N. (1982), *Enfance protégée, familles encadrées. Matériaux pour une histoire des services officiels de protection de l'enfance à Genève,* Genève, Service de la recherche sociologique, Cahier n. 16, 1982.

DEMAILLY L. (1991), *Le collège. Crise, mythes et métiers,* Lille, Presses Universitaires de Lille.

DEMAILLY L. (1990), «Gestion participative et changement dans les établissements scolaires», in ASSOCIATION DES ENSEIGNANTS ET CHERCHEURS EN SCIENCES DE L'ÉDUCATION, *L'établissement, politique nationale ou stratégie locale?,* Paris, AECSE, p. 278-284.

DEROUET J.-L. (1985), «Des enseignants sociologues de leur établissement», *Revue française de pédagogie,* n. 72, p. 113-124.

DEROUET J.-L. (1988), «Désaccord et arrangements dans les collèges: vingt collègues face à la rénovation», *Revue française de pédagogie,* n. 83.

DEROUET J.-L. (1991), «Projet politique et projet scientifique: la connaissance des phénomènes éducatifs dans une conjoncture de renégociation des équivalences», in UNITÉ DE RECHERCHE EN SOCIOLOGIE DE L'EDUCATION, *Penser le changement en éducation,* Paris, Université René Descartes et CNRS, p. 325-340.

DEROUET J.-L. (1992), *Ecole et justice. De l'égalité des chances aux compromis locaux,* Paris, Métailié.

DEVELAY M. (1991), *De l'apprentissage à l'enseignement,* Paris, ESF éditeur.

DOTTRENS R. (1971), *L'enseignement individualisé,* Neuchâtel, Delachaux et Niestlé.

DOUET B. (1987), *Discipline et punitions à l'école,* Paris, PUF.

DUBET E. (1991), *Les lycéens,* Paris, Le Seuil.

DUNETON C. (1978), *Parler croquant,* Paris, Stock+Plus.

EGGLESTON J. (1977), *The Sociology of the School Curriculum,* London, Routledge and Kegan.

EGGLESTON J. (dir.) (1979), *Teacher Decision-Making in the Classroom,* London, Routledge and Kegan.

FAVRE B. e PERRENOUD Ph. (1985a), «L'enseignement de la lecture: de la méthode unique à une pédagogie différenciée», *Perspectives,* XV, n. 1, p. 97-112.

FAVRE B. e PERRENOUD Ph. (1985b), «Organisation du curriculum et différenciation de l'enseignement», in PLAISANCE É. (dir.), *L'échec scolaire: Nouveaux débats, nouvelles approches sociologiques,* Paris, CNRS, p. 55-73.

FELDER D. (1984), *Obligation scolaire et scolarisation,* Genève, Service de la recherche sociologique.

FORQUIN J.-C. (1979a), «La sociologie des inégalités d'éducation: principales orientations, principaux résultats depuis 1965. I», *Revue française de pédagogie,* n. 48, p. 90-100.

FORQUIN J.-C. (1979b), «La sociologie des inégalités d'éducation: principales orientations, principaux résultats depuis 1965 II», *Revue française de pédagogie,* n. 49, p. 87-99.

FORQUIN J.-C. (1980), «La sociologie des inégalités d'éducation: principales orientations, principaux résultats depuis 1965 III», *Revue française de pédagogie,* n. 51 p. 77-92.

FORQUIN J.-C (1982), «L'approche sociologique de la réussite et de l'échec scolaires: inégalités de réussite scolaire et appartenance sociale I», *Revue française de pédagogie,* n. 59, p. 52-750.

FORQUIN J.-C. (1984), «Les inégalités scolaires et les apports de la pensée sociologique: éléments pour une réflexion critique», in BERTHELOT J.-M. (dir.), *Pour un bilan de la sociologie de l'éducation,* Toulouse, Centre de recherches sociologiques de l'Université de Toulouse-Le. Mirail, Cahier n. 2, p. 67-85.

FOUCAULT M. (1975), *Surveiller et punir. Naissance de la prison,* Paris, Gallimard.

FRAGNIÈRE J.-P. (1976), «Vers une sociologie du travail social», *Revue suisse de sociologie,* n. 2, p. 175-182.

FRAGNIÈRE J.-P. e VUILLE M. (dir.) (1982), *Assister, éduquer et soigner,* Éd. Réalités sociales, Lausanne, 1982.

GATHER THURLER M. (1992), *Les dynamiques de changement internes aux systèmes éducatifs: comment les praticiens réfléchissent à leurs pratiques,* Genève, Faculté de psychologie et des sciences de l'éducation.

GATHER THURLER M. (1993a), «Amener les enseignants vers une construction active du changement. Pour une nouvelle conception de la gestion de l'innovation», *Education et Recherche,* n. 2, p. 218-235.

GATHER THURLER M. (1993b), «Renouveau pédagogique et responsabilités de la direction de l'établissement», in ACTES DU COLLOQUE FRANCO-SUISSE DE L'AFIDES, *Le directeur/la directrice d'établissement scolaire et le renouveau pédagogique»,* Morges Suisse.

GATHER THURLER M. (1994a), *Coopération et professionnalisation: compétences nécessaires et liens possibles,* Genève, Faculté de psychologie et des sciences de l'éducation.

GATHER THURLER M. (1994b), «L'efficacité des établissements ne se mesure pas: elle se construit, se négocie, se pratique et se vit», dans CRAHAY M. (dir.), *Problématique et méthodologie de l'évaluation des établissements de formation,* Bruxelles, De Boeck, (no prelo).

GATHER THURLER M. (1994c), Relations professionnelles et culture des établissements scolaires: au-delà du culte de l'individualisme?, *Revue française de pédagogie,* outubro – novembro.

GATHER THURLER M. e PERRENOUD Ph. (dir.) (1988). *Savoir évaluer pour mieux enseigner. Quelle formation des maîtres ?,* Genève, Service de la recherche sociologique, Cahier n. 26.

GATHER THURLER M. e PERRENOUD Ph. (1990), L'école apprend si elle s'en donne le droit, s'en croit capable et s'organise dans ce sens !», in SOCIÉTÉ SUISSE DE RECHERCHE EN ÉDUCATION (SSRE), *L'institution scolaire est-elle capable d'apprendre ?,* Lucerne, Zentralschweizerischer Beratungsdienst für Schulfragen, p. 75-92.

GAUTHIER C. (1993), «La raison du pédagogue», in GAUTHIER C., MELLOUKI M. e TARDIF M. (éd), *Le savoir des enseignants. Que savent-ils ?,* Montréal, Éditions Logiques, p. 187-206.

GILLIÉRON P. (1988), *Réforme scolaire et prise en charge des élèves en difficulté: les cas du canton de Vaud 1976-1984,* Genève, Faculté de psychologie et des sciences de l'éducation, mémoire de licence.

GIOLITTO P. (1983), *Histoire de l'enseignement primaire au XIXe siècle. L'organisation pédagogique,* Paris, Nathan.

GOFFMAN E. (1968), *Asiles. Études sur la condition sociale des malades mentaux,* Paris, Éd. de Minuit.

GRISAY A. (1982), *Rendement en français, notes et échecs à l'école primaire: les mirages de l'évaluation scolaire,* Liège, Laboratoire de pédagogie expérimentale de l'Universite de Liège.

GRISAY A. (1984), «Les mirages de l'évaluation scolaire. Rendement en français, notes et échecs à l'école primaire», *Revue de la Direction générale de l'organisation des études* (Bruxelles), 5 e 6, p. 29-42 e p. 9-23.

GRISAY A. (1986), «Que peut-on "prescrire" en matière d'évaluation-bilan?», in DE KETELE J.-M. (dir.), *L'évaluation: approche descriptive ou prescriptive?,* Bruxelles, De Boeck, p. 165-177.

GRISAY A. (1988a), «La pédagogie de maîtrise face aux rationalités inégalitaires des systèmes d'enseignement», in HUBERMAN M. (dir.), *Maîtriser les processus d'apprentissage. Fondements et perspectives de la pédagogie de maîtrise,* Paris, Delachaux et Niestlé, p. 235-265.

GRISAY A. (1988b), *Améliorer l'évaluation-bilan à l'école primaire. La recherche APER fait chuter les taux de retard scolaire,* Liège, Service de pédagogie expérimentale de l'Université de Liège.

GRISAY A. (1988c), *Réduire l'échec en début de secondaire: que suggère la recherche?,* Liège, Service de pédagogie expérimentale de l'Université de Liège.

GRISAY A. (1988d), *Rendement en français, notes et échecs à l'école primaire: les mirages de l'évaluation scolaire,* Liège, Laboratoire de pédagogie expérimentale de l'Université de Liège.

GROUPE FRANÇAIS D'ÉDUCATION NOUVELLE (1974), *Pédagogie de soutien? Les contenus de l'enseignement et l'échec scolaire,* Paris, GFEN, Cahier n. 5.

GROUPE FRANÇAIS D'ÉDUCATION NOUVELLE (1977), *Réussir à l'école. «Pédagogie de soutien» ou soutien de la pédagogie ?,* Paris, Éd. Sociales.

GROUPE RAPSODIE (1977), *Recherche-action sur les Prérequis scolaires, les Objectifs, la Différenciation et l'Individualisation de l'Enseignement,* Genève, Département de l'instruction publique.

GROUPE RAPSODIE (1979), «Prévenir les inégalités scolaires par une pédagogie différenciée: à propos d'une recherche-action dans l'enseignement primaire genevois», in ALLAL L., CARDINET J. e PERRENOUD Ph. (dir.), *L'évaluation formative dans un enseignement différencié*, Berne, Lang, p. 68-108.

Groupe Rapsodie (1981), *A propos d'une recherche-action orientée vers la différenciation de l'action pédagogique. Redéfinition des objectifs et de l'organisation de Rapsodie*, Genève, Direction de l'enseignement primaire.

HADORN R. (1985a), *L'échec de la lutte contre l'ignorance. Une relecture de l'échec scolaire*, Genève, Service de la recherche sociologique.

HADORN R. (1985b), «La lutte contre l'échec scolaire et les autres enjeux de la recherche-action RAPSODIE», in PLAISANCE É. (dir.), *«L'échec scolaire»: Nouveaux débats, nouvelles approches sociologiques*, Paris, CNRS, p. 43-51.

HAMELINE D. (1971), *Du savoir et des hommes. Contribution à l'analise de l'intention d'instruire*, Paris, Gauthier-Villars.

HAMELINE D. (1979), *Les objectifs pédagogiques en formation initiale et continue*, Paris, ESF éditeur.

HAMELINE D. e DARDELIN M.-J. (1977), *La liberté d'apprendre*, Paris, Éd. Ouvrières.

HAMON H. e ROTMAN P. (1984), *Tant qu'il y aura des profs*, Paris, Le Seuil.

HARAMEIN A., HUTMACHER, W. e PERRENOUD Ph. (1979), «Vers une action pédagogique égalitaire: pluralisme des contenus et différenciation des interventions», *Revue des sciences de l'éducation* (Québec), n. 2, p. 227-270.

HARAMEIN A. e PERRENOUD Ph. (1981), «Rapsodie, une recherche-action, du projet à l'acteur collectif», *Revue eurupéenne des sciances sociales*, n· 59, p. 175-231.

HUBERMAN M. (1983a), *Et si l'on passait à l'acte. Une analyse conceptuelle et empirique de la pédagogie de la maîtrise*, Genève, Faculté de psychologie et de sciences de l'éducation.

HUBERMAN M. (1983b), «Répertoires, recettes et vie de classe. Comment les enseignants utilisent l'information», *Éducation et recherche*, n. 2, p. 157-177.

HUBERMAN M. (1988a), «La pédagogie de maîtrise: idées-force, analyses, bilans», in HUBERMAN M. (dir.), *Maîtriser les processus d'apprentissage. Fondements et perspectives de la pédagogie de maîtrise*, Paris, Delachaux et Niestlé, p. 12-44.

HUBERMAN M. (dir.) (1988b), *Maîtriser les processus d'apprentissage. Fondements et perspectives de la pédagogie de maîtrise*, Paris, Delachaux et Niestlé.

HUBERMAN M. (1989), *La vie des enseignants. Évolution et bilan d'une profession*, Neuchâtel et Paris, Delachaux et Niestlé.

HUBERMAN M. e GATHER THURLER M. (1991), *De la recherche à la pratique*, Berne, Lang.

HUTMACHER W. (1978), *La diversité des cultures et l'inégalité devant l'école. Éléments pour une sociologie de l'action pédagogique*, Genève, Service de la recherche sociologique,

HUTMACHER, W. (1982), «École et société: changements quantitatifs et structurels. Le cas du canton de Genève 1960-1978», *Bulletin d'information de la Conférence suisse des directeurs cantonaux de l'instruction publique*, Réévaluation de la planification de l'éducation dans un pays fédéraliste: la Suisse. Contributions à un projet de l'OCDE, n. 33, 1982, p. 20-66.

HUTMACHER W. (1983). *Négociation du sens de la déclaration d'échec scolaire entre l'école, la famille et l'élève,* Genève, Service de la recherche sociologique.

HUTMACHER W. (1985), «Enjeux autour de l'école dans une collectivité de type post-industriel», in PLAISANCE E. (dir.), *«L'échec scolaire: Nouveaux débats, nouvelles approches sociologiques,* Paris, CNRS, p. 29-42.

HUTMACHER W. (1987a), «Enjeux culturels dans les politiques éducatives: une rétrospective», in CERI/OCDE, *L'éducation multiculturelle,* Paris, p. 356-375.

HUTMACHER W. (1987b), «Le passeport ou la position sociale?», in CERI/OCDE, *Les enfants de migrants à l'école,* Paris, p. 228-256.

HUTMACHER W. (1990), *L'école dans tous ses états. Des politiques de systèmes aux stratégies d'établissement,* Genève, Service de la recherche sociologique.

HUTMACHER W. (1992), «L'école a besoin de l'échec», in FRAGNIÈRE J.-P. e COMPAGNON A. (dir.), *Échec scolaire et illettrisme,* Lausanne, École d'études sociales et pédagogiques (EESP), Cahier n. 14.

HUTMACHER W. (1993), *Quand la réalité résiste à la lutte contre l'échec scolaire. Analyse du redoublement dans l'enseignement primaire genevois,* Genève, Service de la recherche sociologique, Cahier n. 36.

ILLICH. (1971), *Une société sans école,* Paris, Le Seuil.

IMBERT F. (1994), *Médiations, institutions et loi dans la classe,* Paris, ESF éditeur.

ISAMBERT-JAMATI V. (1973), «Les "handicaps socioculturels" et leurs remèdes pédagogiques», *L'orientation scolaire et professionnelle,* n. 4, p. 303-318.

ISAMBERT-JAMATI V. (1984), *Culture technique et critique sociale à l'école élémentaire,* Paris, PUF.

ISAMBERT-JAMATI V. (1985), «Quelques rappels de l'émergence de l'échec scolaire comme "problème social" dans les milieux pédagogiques français», in PLAISANCE É. (dir.), *«L'échec scolaire»: Nouveaux débats, nouvelles approches sociologiques,* Paris, CNRS, p. 155-163 (retornado em PIERREHUMBERT B. (dir), *L'échec à l'école: échec de* l'école, Paris, Delachaux et Niestlé, 1992).

ISAMBERT-JAMATI V. (1990), *Les savoirs scolaires,* Paris, Éditions universitaires.

ISAMBERT-JAMATI V. e GROSPIRON M.-F. (1985), «Types de pratiques pédagogiques en français au lycée et différenciation sociale des résultats scolaires», in PLAISANCE E. (dir.) *L'échec scolaire: Nouveaux débats, nouvelles approches sociologiques,* Paris, CNRS.

JACKSON Ph.W. (1968), *Life in Classrooms,* New York, Holt, Rinehart and Winston.

JACQUARD A. (1978), *Éloge de la diffférence. La ginétique et les hommes,* Paris, Le Seuil.

LABAREE D.F. (1992), «Power, Knowledge and the Rationalization of Teaching: A Genealogy of the Movement to Professionalize Teaching», *Harvard Educational Review,* (62), n. 2, p. 123-154.

LABOV W. (1978), *Le parler ordinaire,* Paris, Éd. de Minuit, 2 vol.

LAFONTAINE D. e GRISAY A. (1988), *Pour un parcours scolaire sans raté. Réduire l'échec en début de secondaire: que suggère la recherche?,* Liège, Service de pédagogie expérimentale de l'Université de Liège.

224 PHILIPPE PERRENOUD

LAHIRE B. (1993), *Culture écrite et inégalités* scolaires, Lyon, Presses universitaires de Lyon.

LANGOUET G. (1985), *Suffit-il d'innover?*, Paris, PUF.

LAUTREY J. (1980), *Classe sociale, milieu familial, intelligence,* Paris, PUF.

LEBRUN M. e PARET M.-C. (dir.) (1993), *L'hétérogénéité des apprenants,* Neuchâtel et Paris, Delachaux et Niestlé.

LÉGER A. e TRIPIER M. (1986), *Fuir ou construire l'école populaire?*, Paris, Klinsieck.

LEGRAND L. (1976), *La différenciation pédagogique,* Paris, Éd. du Scarabée.

LEGRAND L. (1977), *Pour une politique démocratique de l'éducation,* Paris, Presses Universitaires de France.

LEGRAND L. (1982), *Pour un collège démocratique,* Paris, La Documentation Française.

LEMOSSE M. (1989), «Le "professionnalisme" des enseignants: le point de vue anglais», *Recherche et formation,* n. 6, p. 55-66.

LORTIE D.C. (1975), *Schoolteacher: A sociological analysis,* Chicago, University of Chicago Press.

LUNDGREN U.P. (1977), *Modet Analysis* of *Pedagogical Processes. Studies in Curriculum Theory and Cultural Reproduction* 2 from Stockholm Institute of Education, Lund, CKW Gleerup.

LURÇAT L. (1976), *L'échec et le désintérêt scolaire à l'école primaire,* Paris, Cerf.

MAISON DES TROIS ESPACES (1993), *Apprendre ensemble, apprendre en cycles,* Paris, ESF éditeur.

MEHAN H. (1992), «Undestanding Inequality in Schools: The Contribution of Interpretive Studies», *Sociology of Education,* vol. 65, janeiro, p. 1-20.

MEIRIEU Ph. (1987a), *Itinéraire des pédagogies de groupe,* Lyon, Chronique sociale.

MEIRIEU Ph. (1987b), *Les devoirs à la maison,* Paris, Syros.

MEIRIEU Ph. (1988), *L'école, mode d'emploi. Des "méthodes actives" à la pédagogie différenciée,* Paris, ESF éditeur, 11e éd.

MEIRIEU Ph. (1989a), *Outils pour apprendre en groupe,* Lyon, Chronique sociale.

MEIRIEU Ph. (1989b), *Apprendre... oui, mais comment?*, Paris, ESF éditeur, 14e éd. (Em português: *Aprender... sim, mas como?* Artmed, 1998.

MEIRIEU Ph. (1989c), *Enseigner, scénario pour un métier nouveau,* Paris, ESF éditeur, 7e éd.

MEIRIEU Ph. (1991), *Le choix d'éduquer. Éthique et pédagogie,* Paris, ESF éditeur, 4e éd.

MEIRIEU Ph. (dir.) (1992), *Différencier la pédagogie. Des objectifs à l'aide individualisée,* Paris, Cahiers pédagogiques.

MEIRIEU Ph. e DEVELAY M. (1992), *Émile, reviens vite... ils sont devenus fous,* Paris, ESF éditeur, 3e éd.

MEIRIEU Ph., ROUCHE, N. et 40 ENSAIGNANTS (1987), *Réussir à l'école. Des enseignants relèvent le défi,* Bruxelles, Vie Ouvrière Édition.

MILNER J.-C. (1984), *De l'école,* Paris, Le Seuil.

MONJARDET D. e BENGUIGUI G. (19821, «L'utopie gestionnaire. Les couches moyennes entre l'État et les rapports de classe», *Revue française de sociologie,* XXIII, n. 4, p. 605-638.

MONJARDET D. e BENGUIGUI G. (1984), «Utopie gestionnaire, utopie sociologique? Réflexions sur un débat», *Revue firançaise de sociologie,* XXV, n. 1, p. 91-99.

MONTANDON Cl. (1987), «Pratiques éducatives, relations avec l'école et paradigme familial», in MOUNTANDON C. e PERRENOUD Ph. (dir.), *Entre parents et enseignants: un dialogue impossible?,* Berne, Lang.

MORIN E. (1977), *La méthode. Tome I La nature de la nature,* Paris, Le Seuil.

MOUVET B. (1989), *Pour une approche positive et intégrée de l'alphabétisation,* Liège, Service de pédagogie générale et de méthodologie de l'enseignement de l'Université de Liège.

MOUVET B. (1990), *Pour une approche positive et intégrée de l'alphabétisation. Rapport final,* Liège, Service de pédagogie générale et de méthodologie de l'enseignement de l'Université de Liège.

NIZET J. e HERNIAUX J.P. (1985), *Violence et ennui,* Paris, PUF.

NUNZIATI G. (1990), «Pour construire un dispositif d'évaluation formatrice», *Cahiers-pédagogiques,* n. 280, p. 47-64.

OURY F. e PAIN J. (1972), *Chronique de l'école-caserne,* Paris, Maspéro.

PAIN J. (1992), *Violence ou Pédagogie?,* Vigneux, Matrice.

PERRENOUD Ph. (1970), *Stratification socioculturelle et réussite scolaire. Les défaillances de l'explication causale,* Genève, Droz.

PERRENOUD Ph. (1976), «Déviance: objet sociologique ou problème de société?», *Revue européenne des sciences sociales,* n. 36, p. 123-184.

PERRENOUD Ph. (1977), *L'inégalité sociale devant l'évaluation des compétences,* Genève, Service de la recherche sociologique.

PERRENOUD Ph. (1978), «Les politiques de démocratisation de l'enseignement et leurs fondements idéologiques. Esquisse d'un cadre théorique», *Revue suisse de sociologie,* n. 1, p. 129-179.

PERRENOUD Ph. (1979), «Des différences culturelles aux inégalités scolaires l'évaluation et la norme dans un enseignement indifférencié», in ALLAL L., CARDINET J. e PERRENOUD Ph. (dir.), *L'évaluation formative dans un enseignement différencié,* Berne, Lang, p. 20-55 (5e rééd. 1989).

PERRENOUD Ph. (1980), *Pourquoi la recherche action,* Genève, Service de la recherche sociologique.

PERRENOUD Ph. (1981), *L'exigence d'égalité devant l'éducation: quelques réflexions,* Genève, Service de la recherche sociologique.

PERRENOUD Ph. (1982a), «L'inégalité quotidienne devant le système d'enseignement. Uaction pédagogique et la différence», *Revue européenne des sciences* sociales, n. 63, p. 87-142.

PERRENOUD Ph. (1982b), *L'évaluation est-elle créatrice des inégalités de réussite scolaire?,* Genève, Service de la recherche sociologique, Cahier n. 17.

PERRENOUD Ph. (1983), «La pratique pédagogique entre l'improvisation réglée et le bricolage», *Éducation et Recherche,* n. 2, p. 198-212.

226 PHILIPPE PERRENOUD

PERRENOUD Ph. (1984), *La fabrication de l'excellence scolaire: du curriculum aux pratiques d'évaluation*, Genève, Droz.

PERRENOUD Ph. (1985a), «La place d'une sociologie de l'évaluation dans l'explication de l'échec scolaire et des inégalités devant l'école», *Revue européenne de sciences sociales*, n. 70, p. 165-186.

PERRENOUD Ph. (1985b), *Comment combattre l'échec scolaire en dix leçons...*, Genève, Service de la recherche sociologique.

PERRENOUD Ph. (1985d), *Les pédagogies nouvelles sont-elles élitaires? Réflexions sur les contradictions de l'école active*, Genève, Service de la recherche sociologique.

PERRENOUD Ph. (1985d), «Scolarisation et sens des savoirs. Réflexions sur l'obsession d'instruire la jeunesse», *Revue suisse de sociologie*, n. 2, p. 213-226.

PERRENOUD Ph. (1986a), *Différencier tout de suite!*, Genève, Service de la recherche sociologique.

PERRENOUD Ph. (1986b), *La différenciation rêvée*, Genève, Service de la recherche sociologique.

PERRENOUD Ph. (1986c), «De quoi la réussite scolaire est-elle faite?», *Éducation et Recherche*, n. 1, p. 133-160.

PERRENOUD Ph. (1987a), «De l'école active à l'école interactive: un nouveau mythe?», in CRESAS, *On n'apprend pas tout seul! Interactions sociales et construction des connaissances*, Paris, ESF, p. 139-148.

PERRENOUD Ph. (1987b), «Travail d'équipe et différenciation de l'enseignement», in VIEKE A. (dir.), *Travailler ensemble. Collaboration en équipe pédagogique*, Genève, Département de l'instruction publique – Groupe Rapsodie, p. 47-51.

PERRENOUD Ph. (1987c), «Anatomie de l'excellence scolaire», *Autrement*, janeiro, p. 95-100.

PERRENOUD Ph. (1988a), «La pédagogie de maîtrise, une utopie rationaliste?», dans HUBERMAN M. (dir.), *Maîtriser les processus d'apprentissage. Fondements et perspectives de la pédagogie de maîtrise*, Paris, Delachaux et Niestlé, p. 198-233.

PERRENOUD Ph. (1988b), «Nouvelles didactiques et stratégies des élèves face au travail scolaire», in PERRENOUD Ph. et MONTANDON Ce. (dir.), *Qui maîtrise l'école? Politiques d'institutions et pratiques des acteurs*, Lausanne, Réalités sociales, p. 175-195.

PERRENOUD Ph. (1988c), «Échec scolaire: recherche-action et sociologie de l'intervention dans un établissement», *Revue suisse de sociologie*, n. 3, p. 471-493.

PERRENOUD Ph. (1988d), «La part d'évaluation fon-native dans toute évaluation continue», in INRAP, *Évaluer l'évaluation*, Dijon», INRAP, p. 202-210.

PERRENOUD Ph. (1988e), «Évaluation formative: cinquième roue du char ou cheval de Troie ?», Journal *de l'Association pour le développement de la mesure et de l'évaluation en éducation* (ADMÉÉ-CANADA), vol. 5, n. 4, p. 21-28.

PERRENOUD Ph. (1988f), «Les enjeux de la division du travail pédagogique», *Éducateur*, n. 5, junho de 1988, p. 6-9.

PERRENOUD Ph. (1989a), «Douze bons élèves trois heures par jour...», *Éducateur*, n. 6, p. 19-21.

PERRENOUD Ph. (1989b), «La triple fabrication de l'échec scolaire», *Psychologie française*, n. 34-4, p. 237-245.

PERRENOUD Ph. (1990), L'indispensable et impossible allégement des programmes», in PERRET J.-F. e PERRENOUD Ph. (dir.), *Qui définit le curriculum, pour qui? Autour de la reformulation des programmes de l'école primaire en Suisse romande*, Cousset (Fribourg), Delval, p. 97-109.

PERRENOUD Ph. (1991a), «Ambigüités et paradoxes de la communication en classe. Toute interaction ne contribue pas à la régulation des apprentissages», in WEISS J. (dir.), *L'évaluation: problème de communication*, Cousset, Delval-IRDP, p. 9-33.

PERRENOUD Ph. (1991b), *Le soutien pédagogique, une réponse à l'échec scolaire?* Genève, Service de la recherche sociologique et Faculté de psychologie et des sciences de l'éducation, 38 p.

PERRENOUD Ph. (1991c), *Du soutien pédagogique à une vraie différenciation de l'enseignement: évolution ou rupture?*, Genève, Service de la recherche sociologique et Faculté de psychologie et des sciences de l'éducation.

PERRENOUD Ph. (1991d), *Diversifier le curriculum et les formes d'excellence à l'école primaire, une stratégie de démocratisation?*, Genève, Service de la recherche sociologique et Faculté de psychologie et des sciences de l'éducation.

PERRENOUD Ph. (1991e), «Pour une approche pragmatique de l'évaluation formative», *Mesure et évaluation en éducation*, vol. 13, n. 4, p. 49-81.

PERRENOUD Ph. (1991e), *L'échec scolaire vous dérange? Il y a peut-être quelque chose à faire*, Genève, Service de la recherche sociologique et Faculté de psychologie et des sciences de l'éducation.

PERRENOUD Ph. (1991g), «Avancer vers l'observation formative et une pédagogie différenciée», *Journal de l'enseignement primaire*, n. 34, p. 14-17.

PERRENOUD Ph. (1992a), «Différenciation de l'enseignement: résistances, deuils et paradoxes», *Cahiers pédagogiques*, n. 306, p. 49-55.

PERRENOUD Ph. (1992b), *Les procédures ordinaires d'évaluation, freins au changement des pratiques pédagogiques*, Genève, Service de la recherche sociologique et Faculté de psychologie et des sciences de l'éducation.

PERRENOUD Ph. (1992c), «La triple fabrication de l'échec scolaire», in PIERREHUMBERT B. (dir.), *L'échec à l'école: échec de l'école*, Paris, Delachaux et Niestlé, p. 85-102.

PERRENOUD Ph. (1992d), «Regards sociologiques sur la communication en classe», in Actes du Colloque *Education et communication*, Université de Lausanne», Institut des sciences sociales et pédagogiques, p. 37-48.

PERRENOUD Ph. (1993a), «Décloisonnement des classes et travail en équipe pédagogique», *L'École Valdôtaine* (Aoste, Italie), n. 210, p. 3- 10.

PERRENOUD Ph. (1993b), «Organiser l'individualisation des parcours de formation: peurs à dépasser et maîtrises à construire», in BAUTHIER É., BERBAUM J. e MEIRIEU Ph. (dir.), *Individualiser les parcours dé forma*tion, Lyon, Association des enseignants-chercheurs en sciences de l'éducation (AECSE), p. 145-182.

PERRENOUD Ph. (1993c), «Vers des démarches didactiques favorisant une régulation individualisée des apprentissages», in ALLAL L., BAIN D. e PERRENOUD Ph. (dir.), *Évaluation formative et didactique du français,* Neuchâtel et Paris, Delachaux et Niestlé, p. 31-48.

PERRENOUD Ph. (1993d), «Curriculum: le réel, le formel, le caché», in HOUSSAYE J. (dir.), *La pédagogie: une encyclopédie pour aujourd'hui,* Paris, ESF éditeur, p. 61-76.

PERRENOUD Ph. (1993e), «La division du travail pédagogique à l'école primaire», in HENRIOT-VAN ZANTEN A., PLAISANCE É e SIROTA R. (dir.), *Les transformations du système éducatif. Acteurs et politiques,* Paris, L'Harmattan, p. 29-46.

PERRENOUD Ph. (1993f), *Travailler en équipe pédagogique: résistances et enjeux,* Genève, Service de la recherche sociologique et Faculté de psychologie et des sciences de l'éducation.

PERRENOUD Ph. (1994a), Métier *d'élève et sens du travail scolaire,* Paris, ESF éditeur.

PERRENOUD Ph. (1994b), *La formation des enseignants entre théorie et pratique,* Paris, L'Harmattan.

PERRENOUD Ph. (1994c), «Cycles pédagogiques et projets d'école: facile à dire», *Cahiers pédagogiques,* n. 321-322, p. 28-33.

PERRENOUD Ph. (1994d), «Travailler en équipe pédagogique, c'est partager sa part de folie», *Cahiers pédagogiques,* n. 325, p. 68-71.

PERRENOUD Ph. (1994e), «La communication en classe: onze dilemmes», *Cahiers pédagogiques,* n. 326, p. 13-18.

PERRENOUD Ph. (1994f), «Compétences, habitus et savoirs professionnels», *European Journal of Teacher Education,* vol. 17, n. 1/2, 1994, p. 45-48.

PERRENOUD Ph. (1994g), *Rendre l'élève actif... c'est vite dit!,* Genève, Faculté de psychologie et des sciences de l'éducation et Service de la recherche sociologique.

PERRENOUD Ph. (1994h), *Le travail sur l'habitus dans la formation des enseignants. Analyse des pratiques et prise de conscience,* Genève, Faculté de psychologie et des sciences de l'éducation et Service de la recherche sociologique.

PERRENOUD Ph. (1994i), *La formation continue comme vecteur de professionnalisation du métier d'enseignant,* Genève, Faculté de psychologie et des sciences de l'éducation et Service de la recherche sociologique.

PERRENOUD Ph. (1994j), *L'ambigüité des savoirs et du rapport au savoir dans le métier d'enseignant,* Genève, Service de la recherche sociologique et Faculté de psychologie et des sciences de l'éducation.

PERRENOUD Ph. e Montandon Cl. (dir.) (1988), *Qui maîtrise l'école? Politiques d'institutions et pratiques des acteurs,* Lausanne, Réalités sociales.

PERRET J.-F. (1985), *Comprendre l'écriture des nombres,* Berne, Lang.

PERRET J.-F. e PERRENOUD Ph. (dir.) (1990), *Qui définit le curriculum, pour qui? Autour de la reformulation des programmes de l'école primaire en Suisse romande,* Cousset, (Fribourg), Delval.

PERRET-CLERMONT A.-N. (1979), *La construction de l'intelligence dans l'interaction sociale,* Berne, Lang.

PETITAT A. (1982), *Production de l'école – Production de la société,* Genève, Droz.

A Pedagogia na Escola das Diferenças 229

PIERREHUMBERT B. (dir.) (1992), *L'échec à l'école: échec de l'école*, Paris, Delachaux et Niestlé.

PINELL P. e ZAFIROPOULOS M. (1983), *Un siècle d'échecs scalaires (1882-1982)*, Paris, Les Éditions ouvrières.

PINI G. (1991), «Effets et méfaits du discours pédagogique: échec scolaire et redoublement vus par les enseignants», *Éducation et Recherche*, n. 3, p. 255-272.

PLAISANCE É. (dir.) (1985a), *L'échec scolaire: Nouveaux débats, nouvelles approches sociologiques*, Paris, CNRS.

PLAISANCE É. (1995b), «Les modèles éducatifs dans l'école maternelle française entre 1945 et 1980 à travers ranalyse de 100 rapports d'inspection», in PLAISANCE É. (dir.), *L'échec scolaire: Nouveaux débat, nouvelles approches sociologiques*, Paris, CNRS, 1985.

PLAISANCE É. (1986), *L'enfant, la maternelle, la société*, Paris, PUF.

POURTOIS J.-P. (1977), *Le niveau d'expectation de l'examinateur est-il influencé par l'appartenance sociale de l'enfant?*, Mons, Université.

PROST A. (1968), *L'enseignement en France (1810-1967)*, Paris, A. Colin, 1968.

PROST A. (1983), «Quand l'école de Jules Ferry est-elle morte?», in FRIJHOFF E. (dir.), *L'offre d'école. Éléments pour une étude comparée des politiques éducatives au XIXe siècle*, Paris, Publications de la Sorbonne, Institut national de recherche pédagogique, p. 357-369.

RANJARD P. (1984), *Les enseignants persécutés, Paris,* Robert Jauze.

RIEBEN L. (1988), «Un point de vue constructiviste sur la pédagogie de maîtrise», in HUBERMAN M. (dir.), *Maîtriser les processus d'apprentissage. Fondements et perspectives de la pédagogie de maîtrise*, Paris, Delachaux et Niestlé, p. 127-154.

ROSENTHAL R. e JACOBSON L. (1968), *Pygmalion in the Classroom*, New York, Holt, Rinehart and Winston.

SCHIFF M. (1982), *L'intelligence gaspillée. Inégalité sociale, injustice scolaire*, Paris, Le Seuil, 1982.

SCHNEUWLY B. e BRONCKART J.-P. (dir.) (1985), *Vygotsky aujourd'hui*, Neuchâtel et Paris, Delachaux et Niestlé.

SCHÖN D, (1983), *The Reflective Practitioner,* New York, Basic Books.

SCHÖN D. (1987), *Educating the Reflective Practitioner,* San Francisco, Jossey – Bass. (Em português: *Educando o profissional reflexivo*. Artmed, 2000).

SCHÖN D. (1991), *Cases in reflective practice*, New York, Teachers College Press.

SCHUBAUER-LEONI M.-L. (1988), *Maître-élève-savoir: analyse psychosociale du jeu et des enjeux de la relation didactique*, Genève, Faculté de psychologie et des sciences de l'éducation (tese).

SCHWARTZ B. (1977), *Une autre école*, Paris, Flammarion.

SCHWEISGUTH É. (1983), «Les salariés moyens sont-ils des petits bourgeois?», *Revue française de sociologie*, XXIV, n. 4, p. 679-704.

SCRIVEN M. (1967), «The Methodology of Evaluation», in STAKE R. *Perspectives of curriculum evaluation*, Chicago, Rand McNally.

SERMET G. (1981), *Essai d'une autre forme de collaboration entre la famille et l'école,* Genève, Service de la recherche sociologique.

SIROTA R. (1988), *L'école primaire au quotidien,* Paris, PUF. (Em português: *A escola primária no cotidiano.* Artmed, 1994).

SNYDERS G. (1973), *Où vont les pédagogies non-directives,* Paris, PUF.

ST-ARNAUD Y. (1992), *Connaître par l'action,* Montréal, Les Presses de l'Université de Montréal.

TESTANIÈRE J. (1967-68), «Chahut traditionnel et chahut anomique dans l'enseignement du second degré», *Revue française de sociologie,* n. especial «Sociologie de l'éducation», p. 17-33.

TESTANIÈRE J. (1985), «Les enseignants et la lutte contre l'échec scolaire», in PLAISANCE É. (dir.), *«L'échec scolaire»: Nouveaux débats, nouvelles approches sociologiques,* Paris, CNRS.

TROUTOT P.-Y. e MONTANDON Cl. (19881, «Systèmes d'action familiaux, attitudes éducatives et rapport à l'école: une mise en perspective typologique», in PERRENOUD Ph. e MONTANDON Cl. (dir.), *Qui maîtrise l'école? Politiques d'institutions et pratiques des acteurs,* Lausanne, Réalités sociales.

VERGNAUD G. (dir.). (1994), *Apprentissages et didactiques, où en est-on?* Paris, Hachette Éducation.

VIAL M., PLAISANCE É. e BEAUVAIS J. (1970), *Les mauvais élèves,* Paris, PUF.

VINCENT G. (1980), *L'école primaire française,* Lyon, Presses Universitaires de Lyon.

VINCENT G. (1994), *L'éducation prisonnière de la forme scolaire,* Lyon, Presses Universitaires de Lyon.

VYGOTSKY L.S. (1985), «Le problème du développement mental et de l'enseignement à l'âge scolaire», in SCHNEUWLY B. e BRONCKART J.-P. (dir.), *Vygotsky aujourd'hui,* Neuchâtel et Paris, Delachaux et Niestlé, p. 95-117.

WEISS J. (1986), «La subjectivité blanchie?», in DE KETELE J.-M. (dir.), *L'évaluation: approche descriptive ou prescriptive?,* Bruxelles, De Boeck, p. 91-105.

WEISS J. (1989), «L'évaluation formative dans un enseignement différencié du français: une conception de la formation à dépasser», in ALLAL L., CARDINET J. e PERRENOUD Ph. (dir), *L'évaluation formative dans un enseignement différencié,* Berne, Lang, p. 231-240 (1re éd. 1979).

WIRTHNER M., MARTIN D. e PERRENOUD Ph. (dir.) (1991), *Parole étouffée, parole libérée. Fondements et limites d'une pédagogie de l'oral,* Neuchâtel et Paris, Delachaux et Niestlé.

WOODS P. (1979), *The Divided School,* London, Routledge and Kegan.

WOODS P. (1983), *Sociology and the School. An Interactionist Point of View,* London, Routledge and Kegan.

WOODS P. e HAMMERSLEY M. (dir.) (1977), *School Experience,* New York, St. Martin.

YOUNG M. e WHITTY G. (1977), *Society, State and Schooling,* Brighton, The Falmer Press.

YOUNG M. (dir.) (1971), *Knowledge and Control,* London, Collier and MacMillan.

ZIMMERMANN D. (1982), *La sélection non verbale à l'école,* Paris, ESF.